渋谷要

Shibuya Kaname

続・『世界資本主義と共同体』

エコロジスト・ルージュ宣言

社 会 評 論 社

エコロジスト・ルージュ宣言　続・『世界資本主義と共同体』＊目次

序章●平和のための「世界地図」を構想してゆくために
〈何を、どのように考えるべきか・批判するべきか〉 11
［補論］自著を読む　『世界資本主義と共同体――原子力事故と緑の地域主義』（社会評論社）
共同体的ラジカリズムの方へ（渋谷要）…21

第一章●資本主義国家批判の方法について
レーニン『国家と革命』の問題点と資本主義権力論 27
〈収奪に基づく国家〉と〈搾取に基づく国家〉との違い…27
階級支配分析の方法をめぐる問題…31
資本主義国家における階級性の解明としての経済学…36
国家意志論の課題…41
「共同体―内―国家」（狭義の国家）と「共同体―即―国家」（広義の国家）
――ロシア・マルクス主義における「狭義の国家」論への一面化…45
アルチュセールの「重層的決定」と廣松渉の「国家の四箇条」規定、
および〈物象化としての国家〉について…52

第二章●国家基本法と実体主義的社会観
自民党「憲法改正草案」の社会実在論と戦後民主主義憲法の社会唯名論 59
はじめに――「解釈改憲」での「集団的自衛権の行使容認」に対して…59
憲法問題に現われた社会唯名論と社会実在論の対立…65
廣松渉の憲法論に対する問題提起…66

社会実在論と社会唯名論…67
個人主義対全体主義…70
帝国憲法の「天皇」と自民党憲法改正草案の「天皇」…73
国家権威主義的な脈絡での法実証主義の問題…75
明治国家的社会観の復活…78
人権と「公共」のもつ意味の違い——「草案」の国家権威主義的法実証主義…79
国家権威主義的法実証主義と戦後民主主義憲法（一九四七年施行）との「人権」の違い——まとめ——…84
戦争国家の国家基本法を明記…89
「国家緊急権」の明記と反革命基本法…92
緊急事態＝緊急勅令の復活…93
戦後民主主義憲法では緊急権規定は一切禁止…96
最高法規の削除＝革命権・抵抗権の否定…97
人権の「国民」規定と国家・天皇制問題…97
社会唯名論と社会実在論をこえて——民衆的共同体社会への飛躍…99
［補論①］「平和的生存権」と「抵抗権」に関するノート…103
［補論②］「その他」の「未遂」で逮捕可能——秘密法の特質…116
第三章●近代生産力主義と京都学派・鈴木成高の近代批判
廣松渉の「近代の超克」論への言及を視軸にして——121
はじめに——廣松渉の京都学派論から…121

京都学派・鈴木成高の問題意識…124
資本主義の機動力としての産業革命（―工業の技術的展開）…126
生産諸力の世界性と生産の支配の民族国家性との矛盾…128
機械文明の定義と戦前京都学派の「広域圏」の概念…129
近代生産力主義―その超克の課題…131
おわりに…136
【補足データ】廣松哲学のターミノロジーのために…138

第四章●「自由・意味・自然の喪失」とエコロジスト的問題意識
石塚省二『ポストモダン状況論―現代社会の基礎理論』との対話 141
「ポストモダン状況」の解読―福島原発事故が意味するもの…142
イヴァン・イリイッチにおける〈自由・意味・自然の喪失〉…146
「自由喪失」「意味喪失」とは何か…148
「自然」とは何か…150

第五章●世襲資本主義と税制社会国家
トマ・ピケティ『21世紀の資本』を読む 155
はじめに…155
ピケティの『21世紀の資本』での統計の方法について…158
富裕層の状態＝格差の状態…159
格差の原因（r＞g）…161
富裕税論…163

新自由主義者・フリードマンの所得再分配政策批判…166
【注】資本収益率（r）の考え方…171

第六章●ボリシェビキ革命の省察

官僚制国家集産主義と軍政化（一般民主主義の否定）

はじめに――本論の位置づけについて…173
第一節　一般民主主義と革命政権…176
立憲民主党（カデット）非合法化の問題点…180
ボリシェビキにとって憲法制定議会は解散させる必要があった…182
一九一七年一二月　レーニン「憲法制定議会についてのテーゼ」…184
ローザ・ルクセンブルクの立法議会解散政策に対する批判…185
一般民主主義と党の独裁――ロシア一八年憲法の「制限選挙」規定について…187
制限選挙の思想――初期ソ連のリーダー・トロッキーの『テロリズムと共産主義』から…190
レーニンのカウツキー批判
――「プロレタリア革命と背教者カウツキー」（一九一八年一〇月～一一月執筆）から…192
「一般民主主義」の先進的役割について――廣松渉の問題提起…195
レーニンは他党との同盟をどう考えていたか…197
第二節　チェーカー独裁と軍政化…200
チェーカーの形成…200
殺人指令文書「レーニン秘密資料」の存在…200
チェーカー独裁がスターリン主義への道を掃き清めた…201

ロシア内戦期の段階的（時期的）区分について…206
ボリシェビキの軍政化としての内戦…208
総体として――人質・収容所・軍事規律化・密告・銃殺…209
労働運動において――人質政策・強制収容所・銃殺独裁…211
農民運動と農村に対して
――食糧徴発・「匪賊」（緑軍）絶滅・人質政策・村焼き討ち・銃殺・毒ガス・大量虐殺…216
知識人に対する弾圧――国外追放・掃討―浄化…222
メリグーノフの資料から――労働者ストライキ銃殺・農民大量虐殺…223
内戦は、〈国家集産主義的均質化〉の過程だった…227
第三節　国家資本主義的独裁――党の独裁的指導…230
レーニンの「国家資本主義→社会主義」路線――「経済政策、とくに銀行政策の基本原則」（全文）…230
レーニン「『左翼的』な児戯と小ブルジョア性とについて」をめぐって
――前衛独裁の考え方＝党の階級に対する意志統一…233
鉄道独裁――ボリシェヴィキの独裁的指導…238
国家資本主義化の方策としての「労働組合」問題…241
第四節　クロンシュタット反乱の正義…245
クロンシュタット綱領は何を示しているのか…245
ネップへの転換と大虐殺でしのいだレーニンたち…248
クロンシュタット反乱に対する弾圧…251
コミンテルンによるクロンシュタット批判…252
まとめ――「ソビエト民主主義」では前衛主義を止揚できない…254
［補論］「唯一の歴史的真理の所有者」＝ボリシェビキという前衛独裁の言説について…256

[参考資料] 左翼エスエルについて――左翼・社会主義者―革命家党綱領草案を読む…265
[参考論文] 自由と責任のエシックス―「革命無罪」は虚構の論理　黒木慶子…278

終章●エコロジスト・ルージュ（赤と緑）――287
本書の構成と問題意識…287
「緑の地域主義」――その方法的措定をめぐる問題…291
緑の地域主義と農耕共同体の位置づけ…293
原子力帝国解体はエコロジズム実現の絶対条件だ…295
「唯一の前衛」幻想を超えて――共同体運動の負の側面を対象化すること…303
他者との協働…306
[付論] いいだもも著『赤と緑』をめぐって
――二〇一四年六月二二日「いいだもも没後三周年」シンポジウムでの渋谷要の発言…308

あとがき…313

序章●——平和のための「世界地図」を構想してゆくために
〈何を、どのように考えるべきか・批判するべきか〉

本書『エコロジスト・ルージュ宣言——続「世界資本主義と共同体」』は、二〇一四年に刊行した『世界資本主義と共同体——原子力事故と緑の地域主義』（本章の補論参照）の続編である。タイトルにある「世界資本主義」とは、パラダイム的には、かつてのソ連スターリン主義などの官僚制国家資本主義をも包摂した概念としてある。また、本書は近代の社会唯名論や社会実在論・社会有機体説などといった〈実体主義的な社会観〉を問題としているが、本書では、近代国家としての資本主義国家の諸相を考察する。

いろいろな政治的選択の背後には、いろいろな経済学的—経済・社会思想的な選択（考え方）が、介在している。それは、「経済的下部構造」が「政治的上部構造」を、一元的に・「最終審級」的に規定しているというような古典的エンゲルス主義の言説ではなく（それは、はっきり言って間違っている）、人間は、いろいろな経済学的—経済・社会思想的な考えと、いろいろな政治的選択が、相互規定的に・重層的に、かつ、歴史的・文化的・社会的な具体的関係性の中で、相互に作り合いながら、いろいろな決定や運営を行っているということである。もちろん、その思考と行いの実践は、人間の行為として作られたものであり、人間の共同主観性として形成・展開しているものであって、人間の共同主観性から外在化した、経済学的―経済・社会思想的な考え方が客観的に自己運動するように存在していたり、いろいろな政治選択が人間の共同主観性から外在化された実体として存在しているわけではない。

本書では、資本主義を批判するうえでの捉え方の違いをめぐる問題（資本主義批判の方法と、階級社会と国家それ自体との関係をどうとらえるかという問題）、世襲資本主義と税制社会国家、社会（人間）観・経済社会思想と法理念、近代化思想と核開発・原発事故、近代生産力主義と人間疎外、国家集産主義と革命政権の軍政化といった、いろいろな経済学―経済・社会思想と、政治的社会的選択との関係の問題を討究せんとするものである。そして、これらの方法論的な考察をふまえて、最後に、「緑の地域主義」の問題、「赤と緑」（エコロジスト・ルージュ）という問題を〈如何に考えるか〉ということを討究するものである。

そうした方法論をもって書かれる本書の背後にあるものは、以下の本書著者の時代認識である。それがこの「序章」での話ということになる。

＊

一九四五年日帝敗戦から七〇年つづいている「戦後民主主義」の時代（二〇一五年現在）は、変貌をとげながら展開してきた。戦後民主主義は、それ自体、労働者階級、帝国主義からの解放を求める人々、日本の政府・支配階級によって抑圧された三里塚農民（三里塚闘争＝成田空港反対闘争の当該農民）や被差別大衆・被抑圧人民にとっては擬制の民主主義でしかなかった。だが、支配階級は吉田ドクトリンなどを駆使して、軽武装・経済成長路線を歩むことで、その擬制の共同幻想のなかに、経済主義的国民統合を実現してきたのであった。

米ソ冷戦は、また、資本主義にとって、自国農民保護政策と社会保障政策をブルジョアジーに強制し、ソ連・東欧圏よりも資本主義の社会の方が豊かで安定しているとアピールすることで、労農同盟とプロレタリア革命という選択肢を人民がとることを後景化させた。その後景化には、議会主義左翼の体制内日和見主義が同伴していた。ここではブルジョアジーは新自由主義経済政策をとることなど無理だった。新自由主義の全面化は一九八〇年代をその萌芽として、ソ連東欧圏の崩壊を待たねばならなかった。

他方で、米ソ冷戦という世界戦略地図に対しては、日本の戦後新左翼（共産党外のラジカル左派）は、反スターリン主義（広義）という選択肢を用意することになった。ソ連共産党指導部が「平和共存」路線と対米・軍拡競争という二つのカードを展開し、ソ連一国社会主義のスターリニスト官僚の利害に各国階級闘争を従属させようとすることに対し、ソ連スターリニストを弾劾し、プロレタリア世界革命をめざした。それは、共産主義という一つの思想が全世界を獲得するという大きな物語としてあった。

一九八九年ソ連東欧圏は崩壊した。スターリン主義の破産は、しかし、プロレタリア世界革命ではなく、新自由主義の全面的開花を意味した。

そして、その新自由主義は、第三世界においては、イスラム共同体社会に対する圧迫と搾取・収奪を展開するものとなった。この帝国主義の新自由主義グローバリズムに対する反発は、イスラム世界を包むようになった。その情勢はかつてソ連スターリニストのアフガン侵略に対してアメリカ合衆国権力者たちによって支援されていたイスラムゲリラを、反米のイスラム過激派に変え、9・11（これには米権力者たちによる謀略説があるが、今は問題としない）からアメリカ合衆国・有志連合のイラク戦争開戦へと至っていった。

＊

一九九〇年代、日本の政治権力者たちの攻勢はまず、「国連安保理常任理事国入り」政策として開始されていった。さらに日本政府・支配階級は、冷戦期と同様に、米軍部隊の駐留を行わせ、「思いやり予算」を増額させてきた。米ソ冷戦が終わっても、沖縄をはじめ日本には米軍の基地が残り、さらに日本の権力者たちは辺野古、高江などに暴力的な手法でもって新基地を建設しようとしている。

またそこでは、ＴＰＰで中国包囲網を形成しつつ、また逆に中国との協商を重視する米帝の二元的戦略配置や、これに対し、日本権力者たちの対中国・国境離島紛争、自衛隊離島基地建設、侵略戦争居直り、ヤスクニ参拝問題、中国を挑発し日本の軍事大国化・戦争国家化のための憲法改定を図っていこうとする戦略が競合している。これらに対する中国の戦略的な対抗軸として、アジアインフラ投資銀行が存在する。ここで、アジアにおける共産党官僚制国家資本主義諸国についてふれておくなら、すでに、それらの国の指導部は、革命勢力としては失効している。

＊

二一世紀に入り、イラク戦争以降、イスラム過激派は勢力を拡大し、他方で、左翼共産主義諸潮流は、解党、路線転換、社会民主主義化などを含めて弱体化し情勢から後景化している。左翼共産主義諸潮流は、レーニン主義の総括こそ必要だ。ソ連崩壊以後、それまで特定秘密としてしまわれていた（現在は「ロシア現代史文書保存研究センター」というところに保存・公開されている）、ロシア内戦期にレーニンたちが出したいくつもの、農民反乱などに対する虐殺政策などの指示書が公開された。農村にチェーカーや赤軍を送り、例えば村の山間部に隠れた緑軍ゲリラを出せと村の指導者たちに命令する、同時にその村では人質として数十人を拘束する。指導者たちが緑軍を摘発したり、赤軍に居場所を教えたり、差し出したりしない場合は、その村で人質にとった数十人の村人を射殺する。あるいは、村を焼き払うというもの。強制移住もあった。また、一九二一年クロンシュタット反乱に対するトロツキーの虐殺指令『雉を撃つように撃ち殺せ』なるものを象徴的事例とするものなど、多くの殺人指令が発掘されたのだ。それは、レーニンたちにとっては、本書第六章で論述しているように、集産主義（「土地・工場・鉄道・鉱山などの重要な生産手段を国有として政府の管理下に集中・統制すべしとする主義」（広辞苑））的な国家資本主義から社会主義へといった経済体制をきずくためには必要と判断されたものであり、農村にあるボリシェビキとは完全に外在化したヘゲモニーであるＳＲ《エスエル》（社会主義者―革命家党）、左翼エスエルのヘゲモニーを殲滅する必要があったことと直接むすびついているのだ。だが、このレーニン・ボリシェビキの他党派解体政策（一者独裁。「唯一の前衛」幻想）の総括ぬきに、共産主義を再び、かつてのようなエネルギーみなぎる政治へゲモニーとして、一個の独立した、完全に単独の潮流として再生することは絶対にできないと考えるものである。

　これは白軍との戦争がどうだったという問題ではない。白軍との戦争ということでいうなら、ウクライナに広大な解放区を形成し、闘っていたマフノ・革命反乱軍（アナーキスト）の対デニキン軍（白軍）殲滅戦争がなければ、白軍はモスクワに入城していた可能性があるほどだ（アルシーノフ『マフノ運動史』、社会評論社、二〇〇三年、郡山堂前訳、原著一九二三年、一三六頁参照）。つまり、赤軍だけが白軍と闘っていたわけではないのである。例えばウクライナをドイツ軍と白軍から解放したのはマフノである。また、エスエルのアントーノフの農民軍の闘いも、白軍ではない。だがアントーノフ反乱は、レーニンたちの指示書では「クラーク（富農）の反乱」ということになっている。

　そしてボリシェビキの農民抑圧戦争や都市におけるエスエル、メンシェビキの工場ストライキに対する弾圧は、白軍の敗走の後に激化しているのだ。

　だがそれらの総括は、すでに欧米の歴史学者、ソ連研究家たちの手ではおこなわれ、邦訳もでているだろう。現在のロシアの高校生が習う歴史教科書にも何ページにもわたって記述もされ、一九二一年のクロンシュタット反乱なども一節になっているほどだ。共産主義運動、反資本主義の社会運動にそうした歴史研究をもっと大胆に〈自分たちの歴史の総括〉として反映してゆく必要がある。

その場合のポイントは、レーニンたちは、唯一の前衛党が、歴史の法則（なるもの）に合法則的に則した政治を組織できる〈唯一の真理〉を所有したものであり、この党の指導に全人民は従うべきだと考えていたことにある。こうした絶対的真理などは、人間が、自分たちの主張を正当化するために考え出した空想上の産物でしかなく、いつも、それは相対化される運命にしかない。まさに〈絶対の真理〉なるものの物象化の機制＝〈真理の自己運動〉なるものの機制が、そこでは働いているのであり、歴史の目的論が存在しているわけである。そうした「唯一の前衛独裁」「国家資本主義↓社会主義（国有化と計画経済）」（これを本書では、ボリシェビキ官僚主義、国家集産主義などとして表示する）といった全体主義としての、実体主義的社会観と、その実践が総括の対象となる必要がある。つまり、レーニン・ボリシェビキの内なるスターリン主義を内在的に克服する必要があるのだ。

レーニンについては彼が国家権威主義の権力者ではまだなく、革命家であった時代、エスエル左派からも信任されていた時代に表明され実践されていた、プロレタリア民兵論や革命的祖国敗北主義などの〈闘争論〉から学ぶことで充分だ。この総括ぬきに、共産主義運動は決して、その正義の旗をとりもどすことはできないと本書は考えるものである。

また、イスラム過激派との関係で言うならば。

例えばISと、共産主義過激派の違いは、全く明らかだ。ISには階級闘争という考え方が皆無である。彼らには国家しかない。社会実在論＝国家（社会）有機体説に他ならない。敵国の人民であるジャーナリストや軍の兵士と、国家権力者を同等に扱っている。そして敵国の人民を無差別に殺傷している。異教徒の女性に対する性奴隷・強制結婚などの性差別暴力を展開している。たんなるファシストにすぎない。彼らは、二〇世紀の共産主義過激派の地位には決してとって代われない。ISは「カリフ制イスラム国」を創造しようというのだが、その版図の東側はモンゴルのあたりまでにおよんでいる。そういう世界戦争をはじめたのである。

米ソ冷戦の終焉においては、「世界は平和に向かう」と考える向きもあった。だが、事態はそうはならなかった。米ソ冷戦は、熱戦にならないように、米ソ両国が世界中の紛争を管理していたものでもあった。その管理が消滅し、様々なベクトルに紛争が勃発しはじめたのである。

＊

例えばウクライナの事態は、ロシアがウクライナをNATOに対する中間緩衝地帯とする政策が破たんしたことに発し、ソ連スターリン主義のような強力な暴力性で、再び、NATOに対抗し、世界を管理しようとする衝動にほかならない。

アメリカ合衆国の権力者たちはIS掃討作戦を強化し、日本政府権力者たちはその有志連合に参戦し、イスラエル詣でまでやっている。アラブ人民、パレスチナ人民に対する敵対だ。日本国家権力による「集団的自衛権」の行使の下で、日米共同の軍事外交路線が本格化していこうとしている。

そして、国内的には、秘密法など戦時法制を政治体制として構築し、排外主義を醸成して、反戦闘争・階級闘争を抑え込もうとしている。原発再稼動、福島事故の進行と被曝の拡大に対し事故の深刻さを過小評価し、人体や食べ物などの被曝賠償を無いものにしようとしている。日本政府・支配階級は、これらの被害の進行による国民統合の弱体化と市場秩序の混乱を恐れているのだ。また、フクシマの原発事故をヒロシマ、ナガサキ、チェルノブイリと同列・同種にあつかうなどという者たちの言説は、福島事故原発からどれだけの放射能が放出されているかを問わないものであり、それ自体が原発政策の「安全神話」の新たな復活以外のものではないだろう。

まさにこれらのことは、二一世紀の、あらたな政治的構図が、鮮明になりつつあるということをしめしている。

帝国主義ではない、民衆の世界平和をかち取ろうとする者にとっては、あらたな世界地図が必要だ。それは平和のための「世界戦略地図」に他ならない。その世界地図の上にしか、これからのラジカルな社会運動の位置と方向を示すことはできないだろう。自分がどこに位置しているかもわからなくなるだろう。この間の、国会内革新系野党の「テロ非難決議」(＝有志連合参加〈承認決議〉としての意味をもつ。だから決議に対して議場を退席した山本太郎が「ヨルダンの文字を削れ」と注文したのは至言であった）への屈服は、まさに、そういうことだ。

少なくとも近代国民国家である以上、国民がテロで殺害されたわけだから、その議会が「テロ非難決議」をあげるのは当然の話である。だが、その当然なことが、日米軍事同盟の国においては、また、合衆国から対ＩＳ有志連合へ参加したメンバーに加えられている国となってしまっていることにおいては、アメリカ合衆国をはじめとした有志連合への参加〈承認決議〉としての意味をもってしまうことに、もっと注意を払うべきだったということだ。

世界地図が必要だ。

その場合のポイントだが、世界は、ソ連東欧圏崩壊後に登場した世界とは、また違った方向にすすもうとしている。二一世紀中期にかけては、新たなパラダイムが形成されていこうとしている。そのパラダイムづくりに、マルクスのラジカリズムは革命的翼を広くひろげて介入しなければならないだろう。

それが二一世紀の近代資本主義に反対するラジカリズムの方向を提起するものとなるだろう。本書は、その〈地図〉を構想する一環として書かれたものであり、〈何を、どのように考えるべきか・批判するべきか〉という方法論に標準をおいたものに、それは他ならない。

〔補論〕自著を読む　『世界資本主義と共同体——原子力事故と緑の地域主義』（社会評論社）
共同体的ラジカリズムの方へ（渋谷要）

拙著『世界資本主義と共同体』は、著者にとって六年ぶりの単著刊行となるものである。タイトルの「世界資本主義」とは、資本主義世界の諸関係を総称した表現であり、「世界資本主義論」という特定の学説をとる学派などを指示するような意味は含んでいない。また「共同体」とは、世界資本主義に対する対抗原理としての〈共同体〉という意味である。別名が「緑の地域主義」だ。

そして、世界資本主義文明（既成の社会主義国なども含まれる）が生み出した「原子力事故」は、緑の地域主義の対極に位置する近代生産力主義を象徴する出来事に他ならない。

そこで本書の一つの課題は、環境破壊の経済システムとしての元凶であるグローバリズムを、地域のコミュニティのなかに埋め込むこと、グローバリズムを〈緑の地域主義〉〈共同体〉でいくつにも分離するという戦略を論定するということである。それは著者が本書第三章にあるようにラトゥーシュの「脱成長」の論脈から学んだものであり、それをマルクス経済学の「価値論」（第三章）と共同体論（第六章など）で、主体的に摂取したものが、本書の独自性だということになる。かかる地域主義の社会のなかで、全原発廃炉などの課題も実現する。そうしたことを読み解いてゆくのが、本書が目指していることだ。

序章の「フクシマ三・一一事態と『赤と緑の大合流』——二〇一一年震災以後の生き方を教えるいいだもも廣松渉の反原発論考」は次のようである。「赤＝コミュニズム」には生産力主義の側面があるが、その側面は生産力が近代工業生産力の継承であり、それが生み出す、廃物・廃熱＝エントロピーの問題、環境負荷の問題がある。環境負荷の制約に〈赤〉も制約されている。そこで緑との合流が問われるということだ。赤は、生産・生活の質を、近代工業化の価値観から転換する必要があるという課題である。そういうことに二〇世紀のソ連や中国のスターリン主義は無頓着であった。それらの問題を如何に対自化するかを考察している。

第一章「人間生態系の破壊としての原発事故——『成長の限界』の限界」は、福島第一原発事故の強度とその拡大とを見てゆくことで、放射能汚染が、他の環境汚染とは違う特殊性をもっていることを考察している。CO2の排出など、化石燃料の消費による環境汚染では、人口と資本の幾何級数的増大を緩和し、さらに、それを阻止してゆく方向で経済活動のありかたを変えれば、汚染は軽減してゆく。だがこれに対し放射能汚染は、放射性物質の半減期（セシウム137なら半減期は約三〇年）に、決定的に規定される。それは放射性物質が「核力」により形成されたものであり、人間の科学力では分解することができないということに起因しているのだ。原子力事故災害からの自由はただ、廃炉あるのみだということである。ここから核エネルギーの環境汚染を度外視したローマクラブ『成長の限界』の限界を批判した。

この考え方に沿って、第二章「福島原発のアルケオロジー」では、日本の原発政策でのいろいろな問題点を検討している。その原発事故の被曝に対する〈汚染者負担の原則〉に係わる課題など、原発事故における諸問題を概括的に把握することをめざした。

第三章「グローバリゼーションと緑の地域主義——ラトゥーシュ〈脱成長〉論の価値論的解明」

は、グローバリズムと環境破壊との関連を、現在日本で問題となっているＴＰＰ問題に事例をとりつつ確認するところから論述した。

グローバリゼーションを寸断し地域のコミュニティの中に埋め込んでゆくという戦略は、ラトゥーシュによれば資本主義の下で商品化されていた労働（力）・土地・貨幣の脱商品化を軸としている。これを受けた本書の討究の結論は、労働力の商品化を生産者の生産自治でなくし、土地の商品化を土地の使用目的規制でなくし、貨幣の商品化を地域貨幣化で制限してゆく、そうしてグローバリズムを地域コミュニティで切断するということになる。それがどこまで妥当なのか、世界中で試みられている諸運動の紹介をまじえて考察した。

第四章「〇八年恐慌と共同体主義の復権――資本主義景気循環と労働者の生産自治」は、その労働者の生産自治について、問題意識となると考えられるものを整理した。

第五章「『労働力商品化』をめぐって――いいだももによる梅本・宇野論争の分析から」では、第三章で展開した価値法則や資本主義の価値増殖運動、資本主義社会における「商品」の概念などをめぐり、いわゆる「正統派」と宇野経済学の考え方の異同を確認し、宇野経済学に学ぶことを宣揚している。

第六章「ロシア農耕共同体と世界資本主義」は、現代の農業協同組合のラジカルな位置づけを考えるうえで、一九～二〇世紀の経験から学ぼうとするものだ。ソ連東欧圏スターリン主義の崩壊は、新自由主義的なブルジョアジーにとって既成社会主義国に対する国民統合的対抗的な社会保障政策をこれ以上、続ける必要がなくなったことを意味していた。日本では、今や、「雇用者」の三八％

以上が非正規雇用労働者だ。それは資本家が労働者を自分の都合のいいように使い捨てにする状況を生み出している。これに対し、資本からパージされた労働者を農業協同組合（広義）がその生活を保障するものとなるような自由さをもって広がってゆき、こちらの方が新自由主義よりも人間らしく生きられるということになれば、都市労働者には農業耕作者になることを選ぶという選択肢ができる。その下で労働組合の課題としてその戦略に立脚した生活防衛闘争を設定してゆくことができるという戦略論の、初めのとっかかりを、展開した。

ポイントは、マルクスの「共産党宣言ロシア語第二版序文」「ザスーリッチへの手紙」などに見られる、ロシア農耕共同体がヨーロッパのプロレタリア革命と結合するならば「共産主義的共同体」建設の出発点となることができるという革命思想を、どのように継承するかだ。

ここでは宇野派経済学者の渡辺寛が行なった研究成果（『レーニンの農業理論』など）を援用した。カウツキーの、資本主義化による農民層の資本家と労働者への階級的両極分解論に影響を受けた、レーニンの〈ミール農耕共同体は商品経済（市場）の農村部への浸透によって必然的に解体する〉という分析（「いわゆる市場問題について」など。それはナロードニキとの党派闘争においてなされたものだ）がなぜ誤算となったのかを分析。農耕共同体は、後進ロシアの原始的蓄積の狭隘性（社会的労働実態）を背景に、反地主の農民闘争の継続という主体性によって解体をのがれ、一九一八年ロシア農業革命の拠点となったことを論じた。共同体的ラジカリズムの方へ！「緑の地域主義」については、続編（本書のこと——著者加筆）を刊行する予定である。

（初出：季刊『変革のアソシエ』No.17、発行・変革のアソシエ、発売・社会評論社、二〇一四年八月刊行、掲載）

＊『世界資本主義と共同体——原子力事故と緑の地域主義』正誤表

四頁一行目　序章→序論
四頁二行目　いだもも→いいだもも
六八頁一三行目　経済外→経済内
一一六頁五行目　二〇一二年→二〇一一年、ちくま新書

第一章●——資本主義国家批判の方法について

レーニン『国家と革命』の問題点と資本主義権力論

●——〈収奪に基づく国家〉と〈搾取に基づく国家〉との違い

実質賃金の低下、非正規雇用の拡大、残業代ゼロ支配（労働時間で労働を区切らず、企業のいいように労働者を支配従属させることにつながる）、社会保障費の減額、消費税率アップ、企業優遇税制など、新自由主義政策が拡大する現代社会。これからの経済社会矛盾が、政治危機に転化するのを恐れた政府・支配階級は、中国との国境危機をあおりながら、秘密保護法制定、集団的自衛権の法制化など一連の戦争国家化に突き進んでいる。

こうした国家の右傾化・ファシズム化を如何にとらえてゆくか。その前提となるものは、単に政治過程を分析することにとどまらず、資本主義国家をどのようなものとして把握するかという前提での検証が、重要である。

マルクス主義国家論の領域においては、かねてから、国家論の基本をなす論述として、マルクス・

エンゲルスの国家に関する学説を、よくまとめたものとして、レーニン『国家と革命』が、とりあげられてきた。

だが、そのレーニン国家論の研究は、同時に、その不十分さの指摘をも生産することになり、戦後日本における、スターリン主義批判やロシア・マルクス主義の国家論に対する検討において、宇野弘蔵、三浦つとむ、埴谷雄高、梅本克己、吉本隆明、いいだもも、廣松渉、滝村隆一（保守論客であった竹村健一ではない）などのイデオローグや社会批評家たちによって、レーニン国家論の不十分性を補い、また、マルクス主義国家論を発展させてゆく、試みがなされてきたのであった。

ここでは、それらをふまえつつ、本論における論述を始めてゆくしだいである。

レーニンの『国家と革命』は、「国家論」として論ずるべき論述方法としては、レーニンが読むことができた限りでのマルクスとエンゲルスの原典との格闘をふまえたものとなっているが、サブタイトルに「マルクス主義の国家学説と、革命におけるプロレタリアートの任務」とあるように、情勢的には一九一七年の一〇月蜂起の時期に書かれたものであり、ボリシェビキ全党と彼らの民兵組織、労働者政治部隊であった「赤衛隊」を、武装蜂起に向けて意志統一し、右派エスエルとメンシェビキの民主主義秩序派路線では、革命を最後まで貫徹することができないという党派闘争の意思統一を内容とするものであった。まさに武装蜂起と暴力革命の必然性を、共産主義社会の建設という革命運動の目的をも鮮明に提起しつつ、意志統一したものだった。だが、そこには、これからみるように、きわめて大きな空洞が生じることになっているのである。つまり、これを、マルクス主義国家論の一般理論として読んだ場合、マルクス主義国家論について、きわめて一面的な理解となる以外ではない、ということだ。

端的に言って、第一に、国家暴力論が、ゴジラ化（極度に強調され中心命題化）されている。また、第二に、資本主義国家の階級的特性と、それまでの階級国家との、かなり決定的に相違した構造が把握できていない、という以外ないものにほかならないのだ。

そもそもレーニンの『国家と革命』は、ロシア革命という「蜂起―プロレタリア独裁樹立」のための闘争の理論的意志統一の内容をもつものだから、むしろ、こういってよければ、それは、そのようにしか、書けなかった側面もある。

また、レーニンの生きた時代は、マルクス国家論の中心的論考となる『ドイツ・イデオロギー』も、まだ発見されていなかった時代的制約もあり、また『経済学・哲学草稿』なども知られていなかったころのことだ。

こうした、実践的・イデオロギー的な制約において、『国家と革命』は、マルクス主義国家論の全体像としては、これから見るように、きわめて、過程的・途上的・部分的なものであるということができる。

まず、ひとつ問題点を、あげることからスタートしよう。

（一）レーニンの国家論における「階級支配」の定義について。資本主義の「階級支配」（搾取中心）とそれ以前の社会の階級支配（収奪）の区別がない。

（二）それは、〈収奪〉が、経済外的強制にもとづくものであるのに対して、〈搾取〉が、労働力の商品化に基づき、流通過程が生産過程をとりこんで自律的に経済循環を行う、経済外的強制なしの社会＝資本主義社会でのものであるという、根本的な違いを捨象するものである。

（三）この場合、何が問題となるかというと、収奪を基本とした社会と、搾取を基本とした社会では、階級支配の政治的社会的構成が、明確に異なる点である。

（四）収奪をこととした前資本主義の諸社会では、支配階級＝国家権力であった。これに対し、資本主義では国家権力―市民社会という構成のもとで、資本家（階級）は、ブルジョア民主主義政治秩序を媒介に階級支配を貫徹する。その場合の機制は、資本―利子、土地―地代、労働―企業者利得と賃金の三位一体的な構成の下、諸個人は自由な商品所有者の交換関係として、その役割を担い、階級関係はかかる三位一体的な「自由幻想」（マルクス）の下に、隠蔽される。この自由な商品所有者の交換関係という階級関係の隠ぺいを通して、個人にとって自由平等なブルジョア民主主義が成立する。人々は市民社会の市民として「平等」な個人として存在する。この個人主義の経済的政治的破産が起こされたときは、国家有機体論にもとづく社会実在論的な全体主義に転化する。この場合、共同幻想は前者の場合は「民主主義国家（の公共的秩序）」であり、また後者では、日本では、「皇室を宗家とした家族国家（天皇の赤子論）」を土台とする「八紘一宇」の世界を建設するなどの天皇中心主義などといわれたものに他ならない。

（国家共同幻想は、国家暴力の正当化の論理として登場するのであり、これら「幻想」と「暴力」の二つを実体化させて、対立させるようなものではない。だが、「幻想」か「暴力」か、どちらが「本質か」という問題は、とくに問題ではない。現実の中では、国家とは、治安維持法との闘いと八紘一宇との闘いが帝国主義権力との闘いでは、一体でしかないように、また、秘密法と「自由と民主主義」という共同幻想との闘いが一体でしかないように、それは、現実問題としてはすでに、解消される問題である。だから、この場合は、〈国家共同幻想論者が、「国家暴力」に対して、これを過小評価することに対する闘い〉ということだけが、課題となるだろう）。

問題なのは、次の点にある。

（五）レーニンの国家論での、「階級支配」の定義は、資本主義以前と資本主義成立以後の（四）で見たような根本的な違いを区別しているとはいえず、また、レーニンが、エンゲルスの『家族・私有財産および国家の起源』などでの「第三権力論」で、その「階級支配」（国家）に関する解説をなしているがゆえに、歴史貫通的な俗流的政治支配の形態論的な規定に陥没していることにこそある。ここに、エンゲルス・レーニン・スターリンと連なる「唯物史観主義」（形態論的なタダモノ史観）が横たわっており、そこでは、資本主義国家権力の独自の構成的特徴が、まったく不十分にしか説明できないということになっているのである。それでは、一体何と如何に闘うのかということが措定できなくなるのである。

●——階級支配分析の方法をめぐる問題

誤解のないように確認するが、本論はメンシェビキ主義（近代民主主義）の立場からのレーニン批判ではない。革命的マルクス主義の立場からの批判である。この点を前提として、本章ではレーニンの言説と対話する。

【二】レーニンは『国家と革命』「第一章　階級社会と国家」で、つぎのように、問題意識をのべている。

レーニンは、国家は「階級対立の非和解性の産物」であり、「階級対立が和解させることができないところに、その限りで、発生する。逆にまた国家は、階級対立が和解できないものであることを証明している」（以下、レーニンからの引用はレーニン全集第二五巻、原書頁で三五七頁以降より）と論じている。

「マルクスによれば、国家は階級支配の機関であり、一階級が他の階級を抑圧する機関であり、階級の衝突を緩和させながら、この抑圧を法律化し強固なものにする『秩序』を創出することである。小ブルジョア政治家の意見によれば、秩序とは、ほかならぬ階級の和解であって、一階級が他の階級を抑圧することではなく、また衝突を緩和させることは和解させることであって、抑圧者をうち倒すための一定の闘争手段と闘争方法とを被抑圧階級からうばいとることではないのである」。

そして、「たとえば、一九一七年の革命で、国家の役割と意義の問題が全貌をあらわすと、すなわち、それが即時の行動、しかもそれが大衆的な規模での行動の問題として実践的に現われると、エスエル（社会革命党）とメンシェビキはみな、『国家』は階級を『和解』させるという小ブルジョア理論へ、たちまち完全に転落してしまった」と論じ、階級対立の非和解性としての国家からの被抑圧階級の解放のためには、「暴力革命なしには不可能であるばかりでなく、さらに、支配階級によってつくりだされ、この『疎外』を体現している国家権力機関を破壊することなしには不可能であるということが、それである」としている。

つまり、一九一七年ロシア革命は、革命の前に立ちはだかる国家権力を打倒し、ソビエト運動として国家権力と二重権力状態を形成している革命派が権力を武装蜂起によって奪取する以外、革命権力を樹立して勝利することはできない、というレーニンのボリシェビキ革命勢力に対する意思統一の内容がはっきりと表明されているものにほかならない。

この場合、このレーニンの「階級対立の非和解性の産物としての国家」という規定自体は、マルクスの国家論としては、その〈一つの〉ポイントをなすものといえる。レーニンの意図としては「普通選挙権」を「ブルジョアジーの支配の道具」とエンゲルスを援用して批判し、「常備軍と警察」を中心とする国家の暴力装置」「武装した人間の特殊な部隊」としての国家のゲバルト装置に対する闘いの意志統一を目的にしたものであった。

だがこうした「国家暴力」論〈のみ〉では、資本主義的搾取に基づく資本主義国家の特徴的構成は不十分にしか把握できない。また、これから見るように、以下のようなエンゲルスからの引用内容で説明をなそうとしたことによって、その不十分さを決定づけることになったのである。

【二】レーニンは「国家＝階級支配の機関」を論証するためにエンゲルスの『家族・私有財産および国家の起源』から、例えば次のような個所を引用している。

「相争う経済的利害をもつ諸階級が無益な闘争のうちに自分自身と社会を滅ぼさないためには、外見的にはこの衝突のうえに立ってこの衝突を緩和し、それを『秩序』の枠内にたもつべき権力が必要となった。そして、社会から生まれながら社会の上にたち、社会に対してますます外的なものとなっていくこの権力が国家である」。

それは、〈階級対立を統御する政治委員会〉としての統治機構の歴史貫通的な一般論としての定義が与えられていること以外ではない。

また、エンゲルスの『反デューリング論』から、次のように引用している。

「階級対立のうちに運動してきたこれまでの社会には、国家が必要であった。言いかえれば、そのときどきの搾取階級（この定義が、間違っている――引用者）が自分たちの外的な生産諸条件を維持するため、したがって、とりわけ現在の生産様式によってきめられている抑圧条件（奴隷制、農奴制あるいは隷農制、賃労働）のもとに被搾取階級を暴力的におさえつけておくための組織が必要であった。しかし、国家がこうしたものであったのは、それがそれぞれの時代にみずから全社会を代表していた階級の国家――古代では奴隷所有市民の、中世では封建貴族の、現代ではブルジョアジーの国家――であったにすぎなかった。それはついに実際に全社会の代表者になることによって、自分自身をよけいなものにする」。

エンゲルスの論述はここから国家の死滅へと至るという舞台回しとなり、「自由な人民国家」の形容矛盾（自由と国家との矛盾）を批判することになるわけだが、このような国家に関する論述を、レーニンは、「被抑圧階級を搾取する機関としての国家」の死滅の規定としてもちいているのである。

これらにおいてわかることは、収奪に基づく国家（支配階級＝or≒国家権力）と、搾取にもとづく国家（個人は自由平等の仮象の下に市民社会を構成し、資本家階級は議会制度をはじめとした民主主義政治秩序を媒介に階級支配を展開する）での支配の区別が、全くないものとなっているということだ。そして、「国家暴力」を、それぞれの時代の支配階級が握ることで、階級国家を成してきたという説明が、なされているということである。

これは歴史汎通的な国家《なるもの》の一般的な形が形態論的に描写されているにすぎないものにほかならない。これでは、歴史的諸社会における国家の特質が、一般的な生産手段所有者の政治支配として直接的に規定されるだけであり、それらの各々の特質的構成は抽象化されるという論法に、それはほかならない。

【三】つまり、エンゲルス・レーニンの以上のような論述は、〈政治革命〉の必要性から言われるものとしては、一九一七〜一八年においては、「国家暴力」の論証としてはクリアーしたわけだが、〈社会革命〉を射程として、資本主義国家の搾取に基づく基本構造を、その社会的基軸性を中心に解明することにおいてはこの規定では、まったく不十分なのである。レーニンのエンゲルスからの引用による定義では、資本主義的搾取に基づく国家の構造的特徴を内容上の対象とするものではなく、国家（階級支配）のありようを歴史汎通的な国家権力の一般的一面的な位置づけの規定に、抽象するものにすぎないのだ。

【一】ここで、収奪と搾取との区別の問題が登場するのである。

宇野弘蔵は次のように述べている。

「資本主義に先立つ諸社会もその範囲は種々異なるにしても、社会生活をなすのであって、その社会的経済生活は……何等かの社会的規制を要するのであるが、それは何らかの宗教的な、慣習的な、権力的な、あるいは政治的な制度をもってなされたのであった。いいかえれば経済原則（社会的再生産のシステムのこと——引用者）は純経済的な方法をもってではなく、多かれ少なかれ付随的な要因を加えられた方法によって遵守されてきたのである。商品経済はその点では全く異なっている」（『経済学方法論』、東京大学出版会、六〜七頁）。

「資本主義社会は商品経済を根底とし、それを全面的に展開するものとして、歴史的に一社会をなすのであるが、それは封建社会と異なって直接的な支配服従関係を原理とする階級社会ではない。表面的には、商品交換という、自由と平等を本性とする社会関係を基礎とするものである。しかしそれは……労働力自身を商品化する資本主義社会としてはじめて歴史的に一社会をなすのであって、旧来の階級的社会関係をもこの形態のうちに解消して、いわゆる近代化を実現し、その階級性は、商品形態に完全に隠蔽されることになる。科学としての（この「科学としての」という表現には、引用者は違和感をもっているが——引用者）経済学が初めてそれを暴露するのである」（『経済原論』、岩波全書、初版一九六四年、二二一〜二二三頁）ということになるわけである。

そこで、その前資本主義社会との構造的な相違として、前資本主義社会における「収奪」と、資本主義的搾取の相違という話になる。

【一】収奪にもとづく社会・国家では、経済外的強制が支配している。それは、封建的土地所有者が直接生産者である農民から地代を徴収するために組織していた強制力として形成していたものだ。領主のもつ武力と裁判権を基軸とした身分的支配と、土地への農民の緊縛（移動・移住の自由がないか、もしくは制限されているという意味）などを通じて展開した社会制度だった。

【二】それに対して、搾取にもとづく社会・国家とは、労働力の商品化にもとづき、労働・生産過程（価値形成・増殖過程）における資本の労働に対する処分権の発動をつうじて、労働者の「必要労働」（賃金分の価値に対妥当する時間労働）に対する「剰余労働」（剰余価値の産出として消費される時間労働）の率を高めることを、つまり搾取率・剰余価値率を高めることを土台に、最終的には利潤率を上昇させることをもって成立する搾取の機制に基づく社会だということである。

以下は、資本家階級と労働者階級の階級対立が、どのように非和解性があるものとしてつくられているのか、その基礎にある〈機制〉の分析であり、マルクスの『資本論』や宇野弘蔵の『経済原論』などで論じられている内容ということになる。

資本家的商品経済社会の労働生産過程（価値形成・増殖過程）においては、商品価値w＝不変資本（生産手段）C＋可変資本（労働力）v＋剰余価値mという構成があたえられる。この場合、ポイントは、〈v＋mは生きた労働vが生産した価値〉だということである。労働力が可変資本というのは、剰余価値mの生産というように、価値を増殖させるからだ。生産手段が「不変資本」なのは、価値を増殖するのではなく不変のままで生産物に価値を移転するから。

ここで注意を要するのは、「必要労働時間」と「剰余労働時間」という時間が区切られてあるわけではないということだ。生産過程では、労働力は「新たな価値を形成する」（新たな商品生産をなす）が、「剰余価値は、労働力の買い入れに支払われた価値とこの新たなる価値との差額に他ならない。とくに剰余価値として生産されるわけではない」（宇野弘蔵『経済原論』、六六頁）ということだ。

また利潤の取得だが、例えば「最大限利潤の法則」といわれるもので「最大限の利潤」〈なるもの〉を得るというようには、資本家は利潤を得るということにはならず、市場の競争を通じて形成された〈平均利潤率〉（による市場生産価格（費用価格＋平均利潤）の形成）に基づき、市場を媒介に、より生産性の高い企業に、剰余価値がより多く分配されていくことをとおした利潤の配分が展開することになる。

ここで、〈商品価値〉は、〈生産価格〉に転形する。

（A）労働生産過程（＝価値形成・増殖過程）で展開していた、〈商品価値〉W＝不変資本（生産手段）C＋可変資本（労働力）V＋剰余価値m（このv＋mが、生きた労働vが生産した価値）は、

（B）〈生産価格〉＝費用価格K（C＋V）＋平均利潤Pとなる。この場合、剰余価値を生み出したVは、剰余価値を生み出さない（＝価値を増殖しない）不変量としての費用価格の一部と規定される。そしてv＋mから分離した剰余価値mが、平均利潤Pになる。

ポイントは、労働力商品のコストがまさに文字通り〈投下資本としてのみ〉の位置づけを与えられ費用価格とされることで、それ自体、利潤（――剰余価値）を生み出さないものとして扱われ、労働力の剰余価値を生産する可変資本としての性格が完全に隠蔽される。このことを通じて剰余労働の搾取・生産ということが隠蔽されるのである。

この場合、利潤率の機制がはたらく。剰余価値mは資本家の立場から見れば総資本（投下資本総額C＋V）の増加分である。だから、総資本に対する増加分の値が利潤率として定立する。つまり利潤率は「剰余価値m／総資本（C＋V）」である。これにより、増加分の利潤率での計算は、剰余価値（m）が労働力（V）によって増加（剰余労働）分として産出されていることを隠ぺいし、総資本（C＋V）にプラスして与えられたということになるのである。

またさらに、このような生産価格による販売の結果をつうじて、市場の需給関係の諸結果にもとづいた、各々の労働実態への労働力と生産手段の市場をつうじた比例的配分が実現されてゆくことになる。

また、そのような社会では、労働力商品の担い手である労働者は、資本家から身分的関係としては自由であり、自由・平等な「市民」となっている。

＊これらが、『資本論』の第一巻と第三巻でのべられている搾取論についての概要だが、こうした機制が、具体的にどのように、価値を配分するかは、資本論第二巻で展開された社会的再生産による社会形成のモデルをとおして把握する必要があるが、本論では、これ以上、複雑にするのは論旨に反すると考え、省略する。

【四】 宇野は述べている。「中世的な農民のように領主に対して直接的な支配従属関係にあるものにあっては、その労働力を自由に商品として販売するというわけにはいかない。かくて資本の産業資本的形式は、一方で、貨幣財産の蓄積と、他方でマルクスのいわゆる二重の意味で自由なる、すなわち支配従属関係から自由であると同時に、自己の労働の実現のために必要な生産手段をもたないという意味で、それからも自由な、いわゆる近代的無産労働者の大量的産出によって初めて可能なことになる。後者は、いわゆる資本の原始的蓄積の過程として、……領主と農民との支配従属関係が一般的に破壊され、近代的国民国家に統一される過程の内に実現されたのであった」(『経済原論』、四三〜四四頁)。

以上のことを、簡単に言うなら、収奪に基づく社会とは、階級関係が露出し、それが王様の権威その他での身分社会が、むしろ正当化されている社会。

これに対し、搾取に基づく社会は、商品経済社会の商品所有者の交換関係(労働力商品の所有者としての労働者と、生産手段の商品所有者としての資本家との契約などという関係、etc)に階級関係が隠蔽され、諸個人は、自由平等な「市民」となっている。つまり階級関係が隠蔽されている社会に他ならない。

「格差社会」もそれは「貧富格差」とのみいわれ、それが階級的搾取の徹底化を目的とした資本家階級の新自由主義的方針だということは隠蔽され、景気循環の問題にされて、例えば「不況からの脱却を」などという問題に一面化・矮小化されている。

こうして、前資本主義と資本主義とは、おなじ階級社会・階級国家といっても、その構造は、全く違うものであり、そこにおける、社会革命の課題も、こうした構造を対象化してはじめて、明確になるということにほかならない。

（なお、「価値論」でのこれ以上、詳細な解明は、拙著では『アウトノミーのマルクス主義へ』（社会評論社）の第二部第一章「資本の専制」、第二部第二章「資本の物象化とブルジョア・アトミズムの形成――三位一体的範式による階級関係の隠蔽」を参照されたい。）

●――国家意志論の課題

【二】以上からレーニンの〈支配階級＝支配的所有階級＝国家権力〉としての国家権力論では、近代国家の機能が総合的に分析できないことがわかるだろう。結局、「国家暴力」論の一面的強調は、暴力的権力機構（Organ, Gewalt）と経済的下部構造のヘゲモニーである支配階級の政治的社会的決定との〈直接的〉な関係として国家を見るという事でしかない。それは、重層的でない〈一元的〉な決定としての、経済的下部構造決定論（経済構造が、国家の絶対的な方向性を決定し、作り出しているという見解）の一つの形をなすものということができるだろう。

そこでは、端的に言って、国家暴力論の一面的強調の要因として、「国家意志論」が抜け落ちているという問題が存在するのである。

この意志論に着目した論者に三浦つとむ（一九一一～八九年）がいる。言語学者でありマルクス主義哲学者であった三浦は、「国家意志説」を唱えた。

「レーニンの国家論は、国家を『一階級の他の階級に対する支配を維持するための機構』と見る、国家機構説であった。講義『国家について』（一九一九年）にいわく。……『統治だけを仕事とし、統治のために特殊な強制機関、他人の意志を暴力に服従させるための機関――監獄、特殊な人間部隊、軍隊、その他――を必要とする特殊な人間集団が出現するときに、国家は出現するのである。』

これはレーニンにおける俗流唯物論ののこりかすを意味している。国家は『他人の意志を暴力に服従させる』のではない。他人の意志を国家意志に服従させこの服従を拒否する場合暴力で国家意志を強制するのである。国家意志は、特定の行動に出た場合あるいは怠った場合に、死刑や懲役や禁錮など暴力の使用が行なわれるむね規定している。国家としてももっとも望ましいのは暴力を使用することなしに統治が行なわれることであり、人びとが自ら進んで国家意志に服従することである。その望ましい状態をつくり出そうと、国家はイデオロギー教育を積極的に押しすすめる。天皇制のイデオロギー教育は徹底的に行なわれ、天皇のために御国のためによろこんで命を捧げようという忠君愛国の人びとが、侵略戦争に武勇を発揮した。官許マルクス主義（ロシア・マルクス主義のこと――引用者・渋谷）の国家論では、この天皇制のイデオロギー的な側面を解明できなかった。そしてそのことは、『イデオロギー的な権力』（ideorogische macht）が『国家意志』（Staatswillen）によって支配を行っているという、官許マルクス主義の無視しているマルクス＝エンゲルスの指摘に心ある人びとを注目させることとなった」（三浦つとむ『マルクス主義の復原』、初版一九六九年、勁草書房、一四二～一四三頁）。

ここから三浦は、マルクスと初期エンゲルスの『ドイツ・イデオロギー』の「聖マックス」の項から、次のような引用をするのである。

「『彼らの人格的権力（persönliche Macht）は、多数の人びとにとって共同的なものとして発展するところの生活諸条件にもとづいており、彼らは、それらのものの存続を支配者として他人に対して主張すると同時に、また万人にとっても通用するものとして主張しなければならない。彼らの共同利害によって制約された意志（gemeinschaftlichen Interessen bedingten Willens）の表現こそ、法律である』」。

「官許マルクス主義は……国家意志の表現である法律の機能のほうを暴力的な機関に解消させてしまう。権力が人間の人間に対する指導ないし支配として存在するときは、経済的権力であろうと政治的権力であろうと意志に対する他の意志の働きかけが存在するのであるから、権力論は意志論を不可分のものとしてその中にふくんでいる。しかも権力は社会的な性格を持つのであって、その権力の意志も単なる個人の意志ではなく、多かれ少なかれ各個意志の合成として存在する。国王の意志も周囲の家臣たちの意志に規定され、家臣の意志はまた経済的権力を支配する者の意志に規定されるのである。官許マルクス主義には意志論がないから、権力論を展開することもできない」（前掲一四三〜一四五頁）。

【二】こうした「国家意志論」は、滝村隆一によって、さらに権力論との関係で、概念的に整理されていった。

それが、「社会的権力（soziale macht）」の三規定（Kräft, Macht, Gewalt）である。ここでは概念規定だけをおさえることにする。

「社会的諸力としての生産力や、その構成要素としての生産手段、労働力、あるいはMachtとして組織され結集されていない即自的な状態におかれた人間集団、さらに自然の諸力などといった物理的に作用する諸力は、すべてKräftなのであり、これらの諸力が、意志関係の創造を媒介にして、諸個人との有機的な関連において組織され構成され、社会的な力として（対自的な力として）押し出されたとき、Machtと呼ばれるのである（補注Ｉ）。それゆえ社会におけるMacht（……）は、諸個人（集団）の共同利害に基礎づけられて生み出された共通の意志が、対象化された一般的・普遍的な意志として成立し、各人は自己の意志をこれに服従させるという意志の支配＝服従の関係を本質としている。これに対してGewaltは……人間が創り出した社会的諸力であれ、雷などの自然諸力であれ、人間に対して暴力あるいは強力として作用する状態におかれたすべての諸力（Kräft）を指している」。

この文章中、「補注Ｉ」として書かれたものでは、次のように、Machtを定義している。

「〈権力〉Machtとは、諸個人が〈生活の生産〉において直接・間接にとり結んだ関係を基礎にしてつくりだされた・規範としての〈共通意志〉による支配＝服従関係を本質とした・〈支配力〉に他ならない」（滝村隆一『増補・マルクス主義国家論』、三一書房、初版一九七四年、二一六〜二一八頁）。

これがMachtとGewaltの、滝村がしめす定義づけということになる。

滝村は、この国家意志論を一つのベースにしつつ、「狭義の国家」と「広義の国家」、「共同体―内―国家」（共同体―内―社会分業）と「共同体―即―国家」（共同体―間―社会分業）という、国家の発生と構成に関わる論理を作り上げていった。

●――「共同体―内―国家」（狭義の国家）と「共同体―即―国家」（広義の国家）
――ロシア・マルクス主義における「狭義の国家」論への一面化

【一】滝村は次のように展開する。

まず、「狭義の国家」「共同体―内―国家」の規定から見てゆこう。

「マルクス＝エンゲルスは、〈国家〉を原理的＝方法的に二つのレベルから捉えている。一つは〈国家〉を当該〈社会構成体〉として、もう少し精確にいえば、一定の〈社会構成体〉内部において、〈国家意志〉を基軸として展開された政治的支配＝被支配関係のなかで、構造的に位置づけられた〈政治的＝イデオロギー的権力〉としての〈第三権力〉を、〈共同体〉内〈国家権力〉として実体的に把握するもので、私はかく規定された〈国家〉を、〈狭義の国家〉ないし〈国家権力〉と規定した。それ故、〈狭義の国家〉とか〈国家権力〉という捉え方は、〈共同体―内―国家〉という原理的＝方法的な発想に他ならないといえる」（前掲二一二～二一三頁）。これが滝村による「狭義の国家」の規定である。

この場合、「国家権力」を「第三権力」というのは、「国家とは、この相対抗する経済的利害をもつ二つの階級相互間の、不断の公然たる闘争によって、彼ら自身と社会を滅ぼしてしまわないために、外見上相抗争する二つの階級の Macht のうえに立って、彼らの公然たる衝突を抑圧し、緩和して階級闘争をせいぜい〈経済的〉な分野で闘わせ、それを一定の「秩序」のわくのなかに保つべき使命をもった第三の Macht（第三の権力）として現出してくるのである」（前掲六三頁）という規定として概念化されるものであり、要するに、〈共同幻想としての国家権力〉という意味である。滝村も、それを「第三の Macht による二つの相抗争する階級の soziale Macht に対する支配と統制と、社会全体の共同利害の幻想的な形態（一口でいえば幻想上の共同社会性）としての〈公的イデオロギー〉すなわち〈国家意志〉への服従と従属を要求した……ものであって、この意味で〈第三権力〉としての国家権力は〈イデオロギー的権力〉と呼ばれるのである」と明記している（前掲六四頁）。

また、それらは、階級支配のための共同幻想的形態である以上、「一般に国家的支配は、その階級性の故に当然にも〈国家としての〉強力の発動を不可避とするから、国家権力のなかでも国家的支配のための中核でありその集中的表現でもある行政権力、政府権力を、武装した人間集団（警察や軍隊等のこと――引用者）との媒介関係において何よりも Gewalt として捉えることがこの意味で本質的には正しいのである」（前掲一〇九頁）と規定されるものである。

【二】これに対し、「広義の国家」「共同体―即―国家」の規定がある。

「いま一つの原理的＝方法的視座は、当該〈社会構成体〉の〈政治的〉側面、すなわち〈政治的構成体〉の側面を、他ならぬ〈国家〉として把握する発想である。別言すれば、〈国家〉を〈政治的〉諸関係の総体として、すなわち〈国家意志〉を基軸とした政治的支配＝被支配関係を一つの有機的な〈体制〉とりもなおさずgemeinschaftlichに構成された幻想的な〈体制〉、つまり〈政治的共同体〉として把握するもので、私はかく規定された〈国家〉を〈広義の国家〉ないし〈国家〉」と規定したと展開する。

そこで滝村はマルクス・エンゲルスの『ドイツ・イデオロギー』から、その国家の概念内容を次のように、援用している。

「国家は、支配階級の諸個人が彼らの共同利害を主張する形態、そして一時代の市民社会全体が総括され（zusammenfasste）ている形態である」と。

このような「広義の国家」とは、「かかる内的規定性ばかりか、対外的な政治的諸関係にも媒介的に規定された、つまり内的・外的な規定性を内に孕んだ、より高次な相対的な概念といえる。それ故、〈広義の国家〉とか〈国家〉という捉え方は、何よりも〈国家〉としての〈共同体〉、すなわち〈共同体―即―国家〉という原理的＝方法的発想を提起するものに他ならない」のであるという。ここでのポイントは、〈狭義の国家〉が、「国家―市民社会」構成において、市民社会と二重に重なった位相で、市民社会に対しているのに対し、広義の国家が、狭義の国家と市民社会の二重になった構成それ自体を、包み込むように存在しているということである。

滝村は述べている。

「〈広義の国家〉という場合の対象は、先に国家（狭義の国家）と市民社会との統一と言い表したように、すべてのMachtが有機的な脈絡をもって一つの全体的な連関において想定されている」（前掲一二一頁）。

「国家権力は市民社会からますます疎外されてより強力かつ強大なGewaltとして浮き上がっていく一方、市民社会の諸権力をつぎつぎに自己の体系の中に包摂して巨大な機構をつくりだし……核心的なモメントを構成するようになる。それゆえ〈広義の国家〉は、近代においてとくに、経済的に支配する階級が全人民を支配し抑圧しておくための、国家権力よりもはるかに強大かつ強力な階級支配のための一大Maschine（Werkzeug）となってたちあらわれてくる」（前掲一二二頁）という規定がそれだ。

このような、狭義と広義の二重の構造において、国家は展開しているのである。

【三】この二重の国家の構成の問題は、「共同体」における社会分業のあり方の問題としておさえておかねばならない。

滝村はそれを「〈共同体—内—国家〉生成に対する〈共同体—即—国家〉生成の先行性が、他ならぬ〈共同体—内—社会分業〉に対する〈共同体—間—社会分業〉発生・展開の歴史的＝論理的な先行性によって、基礎づけられているてんである」（前掲二四五〜二四六頁）と総括する。

「社会的分業論のレベルから見れば」、共同体内国家は、共同体内社会分業に対応し、共同体即国家は共同体間社会分業に対応していると滝村は言う。

「〈共同体—即—国家〉という歴史的＝社会的事象は、共同体（種族）の閉鎖的な独立性と、他共同体（種族）との敵対的な関係性（交通関係）によって根底的に媒介されているが、共同体（種族）のかかる独立性と敵対性は、何よりも〈共同体—間—社会分業〉の〈実存〉形態として、換言すれば文化的な発展段階と様式（つまり宗教的・政治的・社会的・経済的な発展段階と様式）

を異にする個々の共同体〈種族〉の〈実存〉形態として、理解されねばなるまい。つまり、〈共同体―即―国家〉生成の問題は、社会的分業論の見地からいえば、〈共同体〈種族〉―間―社会分業〉発生の問題として、把握されるべきなのである。……もとより歴史的に言っても、〈共同体―内―社会分業〉に対する〈共同体〈種族〉―間―社会分業〉発生・展開の先行性については、例えばエンゲルスの『牧畜種族が残りの未開人大衆から分離した。これがすなわち、最初の大きな社会的分業である』(『起源』)(『家族・私有財産および国家の起源』のこと――引用者・渋谷)という有名な指摘もあるごとく、疑う余地がない」(前掲二四六～二四七頁)ということである。

それは、いわゆる「征服国家論」とも違うものである。

「私が提起した〈共同体―即―国家〉という発想は、『征服国家論』における他共同体に対する直接的支配機構(Gewalt)としての征服共同体のみを意味しているわけではない。すなわち、それは……すべての共同体が、他共同体との直接的かつ媒介的な関係性において、……強度の排他性をもった〈宗教的(祭祀的)・政治的(軍事的)・経済的権力〉として押し出されたとき、かかる〈政治的構造〉としての・共同体間諸関係の総体たる・当該世界史的構成のなかで位置づけられた共同体を指しているからである」(前掲二五二頁)。

そこで滝村は、「国家〈生成〉の歴史的=論理的過程」を次のように整理する。

「(1)他共同体〈種族〉との偶然的接触による〈共同体―即―国家〉の現出。

(2)〈共同体―間―社会分業〉の発展に伴う種族間〈交通〉関係の構造化に立脚して〈共同体―即―国家〉の成立→〈共同体〉の内的〈実存〉形態としての〈共同体制度〉つまりGemeindewasen

の強化。

（３）〈共同体―内―社会分業〉の発展に基礎づけられて〈第三権力〉としての〈国家権力〉の成立↓〈共同体―即―国家〉と〈共同体―内―国家〉の成立により（ⅰ）〈国家〉の内的〈実存〉形態としての〈政治的社会構成〉の成立。同時に、（ⅱ）〈共同体―内―秩序〉から〈政治的秩序〉、〈原始的規範（慣習）から〈法的規範〉への転成」（前掲二五三頁）というプロセスを描くということである。

だがしかし、かかる〈共同体―間―社会分業〉による〈共同体―即―国家〉形成という重要なモメントに対する無視・捨象を、行ってきたのが、「俗流マルクス主義」の〈共同体―内―社会分業〉論者にほかならないというのである。

そこで滝村は「ミーチン＝永田理論」の永田広志を引用する。

「永田広志が、かつてカウツキーの『強力説』＝『征服説』を批判しながら、〝正統マルクス主義者〟の伝統的な〝内的発展史観〟を模範的に提出していたことを想い出さずにはいられない。『……奴隷の発生は共同体内部における生産力の発展の結果であって、……後には、共同体内部の成員も債務奴隷となったこと、……従って余剰生産物を生産し得る迄に発展した共同体に階級が発生するのは、この余剰生産物をねらう『貧困』にして勇敢且つ『知能』ある遊牧種族による該共同体〈農業種族〉の征服の結果ではなくて、却って共同体内部の矛盾の発展の結果だということは明白である』（唯物史観講話）」（前掲二四九頁）であるというわけである。これでは「狭義の国家」に重点を置いた分析しかできないことになるだろう。しかし、国家は二重に存在している、ということだ。

【四】レーニンはこうした二重の国家の構造を把握できていないと滝村は指摘する。

「レーニンにあっては、このような〈広義の国家〉の理解を殆んど見ることができない。これは彼がヘーゲル国家論を検討しなかったことにもよるが、根本的には俗流唯物論を理論的に克服できず正しい意志論をもっていなかったところにその主たる原因がある。つまりレーニンにおいては……マルクス＝エンゲルスによって、ポレミッシュな形で特に強調して提起された第三Machtを、これこそ国家なのだと解釈したため、〈広義の国家〉のなかにおける第三Machtの位置と比重を正しく測定することができず、その不当な過大評価に陥ってしまったのである」（前掲一二二頁）。

こう指摘しつつ、滝村は、革命家として権力奪取をめざしたレーニンにあっては、マルクスなどとは「違った意味でこの第三Machtの問題をとくに強調せざるをえなかったとしても、それ自体何ら非難されるべきことではない」としたうえでレーニンにあっては「〈広義の国家〉の問題を基底に据えた体系的な国家論の展開を望むことはできなかった」（前掲一二三頁）としている。

つまり「従来〈国家〉について論じた〝マルクス主義者〟は……〈狭義の国家〉論の大わくのなかで、〈国家権力〉の〈実存〉形態としての〈国家機関〉や〈国家機能〉を、〈実存〉形態として……それをもっぱら直接的かつ実体的にしか捉えられなかった。かくしてレーニンに象徴される〈国家＝暴力機構〉論や、スターリン的な〈国家＝暴力機能〉論が、公認された〝マルクス主義国家論〟として堂々とまかり通ることにもなったわけである」（前掲二一五頁）とロシア・マルクス主義の国家論の位相を分析しているわけである（この問題について、くわしくは、滝村隆一『新版　革命とコンミューン』イザラ書房、初版、一九七七年、二五五〜二六〇頁参照）。

●――アルチュセールの「重層的決定」と廣松渉の「国家の四箇条」規定、および〈物象化としての国家〉について

【二】先述したように、レーニンらロシア・マルクス主義の国家論を規定している、経済的下部構造決定論には、例えば端的に言って、アルチュセールが論じたような〈重層的決定〉という考え方が、欠如している。ここでは字数の関係上、方法論的な指向性の範囲に引用は限定する。

「マルクスでは、経済と政治の暗黙の合致……は消え、そのかわりにあらゆる社会構成体の本質をなす構造――上部構造の複合体における、規定的諸審級の関係という新しい概念が現われる。……マルクスはわれわれに『鎖の両極』をあたえており、探求すべきものは両者のあいだである、とわれわれに告げている。つまり、一方では（経済的）生産様式による最終審級による決定があり、他方では（政治的――引用者）上部構造の相対的自律性とその独自の有効性がある」（「矛盾と重層的決定」、『マルクスのために』所収、原著一九六五年、平凡社ライブラリー、一九九四年、一八一～一八二頁）。

「われわれとしては、ここで、経済的なものによる最終審級における決定に対する有効な諸決定（上部構造および、国内的国際的な特殊な状況から生じる）の集積と呼ぶことのできるものをとりだすだけで充分である。ここにおいてはじめて、わたしが提起した重層的に決定される矛盾という表現が明らかになるように思われる。……この重層的決定は歴史の一見して特殊な、あるいは異常な状態（……）にかかわるものではなく、普遍的なものであり、経済的な弁証法はけっして純粋状態で作用するものではなく、……最初の瞬間にせよ、最後の瞬間にせよ、『最終審級』（経済的下部

構造による決定のこと――引用者）という孤独なときの鐘がなることはけっしてない」（同上、一八四～一八五頁）。

レーニン『国家と革命』のような、経済的支配階級と国家暴力機関の単線的・直接的関係ではなく、こうした重層的決定という事を、アルチュセールは、考えた。そして、このアルチュセールとは別の角度から、国家の諸機能・諸要素に則して、この重層構造を、〈要素概念化〉したものとして、廣松渉の『ドイツ・イデオロギー』の「四箇条」規定があるだろう。

【二】廣松は、マルクス・エンゲルス（初期エンゲルス）の『ドイツ・イデオロギー』の国家論を素材に、「それは次の四箇条に整理できます」（「唯物史観と国家論」の「第一章『ドイツ・イデオロギー』の国家論」、廣松渉著作集一一、岩波書店、三四三頁）として四箇条の規定を次のように示している。

①「幻想的な共同体としての国家」
②「市民社会の総括としての国家」
③「支配階級に属する諸個人の共同体としての国家」
④「支配階級の支配機関としての国家」この四規定である。

この「第一章」の「第三節　四条の規定の統一的視座」では、つぎのように論じている。（この点、『ドイツ・イデオロギー』との論点検証に関しては、拙著では、『国家とマルチチュード』、社会評論社、九三頁以降「『ドイツ・イデオロギー』の国家論」を参照してほしい）。

「現実の歴史的国家の実態を考える場合、近代国家は一見したところ異貌であるにせよ、バイブルに出てくるユダヤ国家、オリエント国家、それにギリシャのポリス、ローマのキヴィタス、これらはたしかにたかだか支配階級の共同体にすぎないという事情が容易に看取されます。そこにおいてすら、イデオローギッシュには成員全体の共同体という思念が現に存在したし、その思念に一定の社会経済的な根拠があったことも否めませんが、まさにそのように表象されている共同体は幻想的共同体であり、実態においては、支配階級が被支配階級を現体制の秩序の埒内につなぎとめておくための、すくなくともそのように機能するところの編制体であり、この意味で支配階級に属する諸個人の共同体と呼ばるべきものであることが判ります」（前掲、三六七頁）。

これを、本論の趣旨に則して展開すると以下のようである。

階級の非和解性から、支配階級キャピタリスト（ブルジョアジー）は、その〈階級支配のための機関としての国家〉④を形成する。それは「官僚的軍事的統治機構」であり、警察権力も中心的な役割を担っている。また、こうした暴力装置に守られたものとして、国家は〈支配階級の諸個人の共同体としての国家〉③である。他方で、搾取の機制は、自律的な商品所有者の交換関係を三位一体的範式のもとに形成し市民社会を定立する。この自由平等な〈「市民」社会の総括としての国家〉②の機能が必要となる。国家は、そもそも、分業的に分裂し、アトム化した諸個人の利害対立の調停・統合をなすとともに、「公共の福祉」という幻想性によって正当性を形成・維持するが、それは、社会契約論的には民主主義的幻想、社会実在論的には軍国主義的幻想であったりするが、いずれも、これが〈幻想的な共同体としての国家〉①であり、社会の政治的社会構成を大きく統合し、また逆に、一人ひとりの価値観に入って、統合する機能を持つということになるだろう。

まさにこの四規定は、これは一つひとつ単独にあるものを連結したものではない。四概念は関係主義的には〈一つの権力的諸関係〉を、概念的に便宜的に四概念に実体化して説明したものにほかならない。「階級支配の手段である国家」は、「市民社会を総括」しないはずはなく、それは「支配階級の諸個人の共同体」ではないはずもない。また「階級支配の手段である国家」は、支配階級のイデオロギーの機関として存在する以外なく、「階級支配と、その暴力的貫徹のためのゲバルト」の行使を「公共の福祉」などとして正当化するために国家共同幻想も、存在しているのである。

【三】こうしてこの四箇条はすべて、相互に連関しているのであり、それ以上に〈一個の権力的諸関係として同一〉なのであって、これらの一項を他の一項と、実体的に・あるいは対立的に区別することはできないと考えるものである。

これらの国家の在り方を通じて、ブルジョアジーが労働者人民を支配するための〈運命共同体としての国家〉という幻想的共同態としての国家が定立する。ここで「共同幻想」というのは、平和的な階級対立の解決という意味では必ずしもない。否！　それよりはむしろ、直接的には、精神拘束的・恫喝的な禁忌・禁制などによる抑圧や禁制などを犯した者に対する罰則、国家暴力の行使などとして、定立している。端的には戦前治安維持法がそれだ。同法は、国体という共同幻想に対する禁制を規定し、これを犯したと公安警察機関が認定した者を罰する国家共同体法制にほかならなかった。また現代では、秘密法が規定する、「国家の安全保障のため」という国家共同幻想の下で、ある人（人々）を「特定秘密を保有する者の管理を害する行為」などという〈禁忌・禁制（共同幻想的規範拘束性〉を破る行為〉を行った者として、国家権力が一方的・恣意的に決めつけて「犯人」にでっち上げるなどが可能となっている。まさに国家共同幻想とは、それ自体が、国家暴力の組織者である。

まさに「共同幻想」と「国家暴力」をば、実体概念として自立化させ、どちらが、国家の本質かなどといっても、それには何の意味もないのである。「共同幻想」とは Macht（共同意志）であり、国家暴力は、まさしく Gewalt（暴力）であって、それらはどちらも、ある種の Organ（機構・機関）をもって機能するのであって、権力作用の機能が違うだけである。まさにそれらは、一つの〈権力的諸関係〉をそうした機能に実体化して概念的に抽出しただけのものであり、「共同幻想」「国家暴力」は、実体としては〈ただ一つの〉分かつことができない〈権力的諸関係〉にほかならない。

だがここで、本論の第一節でも述べたように、以下のことは確認すべきことである。

それは、「国家共同幻想」論者の中に国家暴力を過小評価したり、国家暴力の不正と闘うことに消極的になったりする傾向があるということだ。こうした傾向に対しては、徹底的に批判する必要があるということは課題として確認する必要がある。

たとえば、安保体制をめぐるものや、千葉県三里塚空港建設、原発建設、等々、多くの社会問題には、警備公安警察の指揮の下、警察機動隊の大量投入によって、国家テロという以外ない国家暴力での反対派住民や学生・労働者に対する弾圧がおこなわれてきた。国家暴力を軽視すべきではないのは、自明だ。

【四】最後に、廣松哲学では、「国家」とは、ある種の〈物象化の機制〉だと規定される。こことでは、次の点〈のみ〉にふれておきたい。国家とはそれ自体が自生的に独立自存してあるのではなく、国家というものをつくりだした階級的社会的諸〈関係の産物〉としてあるということだ。ここでポイントは、法律的秩序形成をつうじて、基本法の規定態である国家が逆に社会的諸関係をつくっていると錯視・錯認することが、通常の市民社会での「常識」（この体制的な「常識」）を、廣松哲学では「通用的真理」「通用的正義」などという）となっていることだ。国家主義やレイシズムがはびこる温床となるものの、それは一つだろう。

廣松は言う。

「物象化と呼ばれる事態は、それ自身としてはとりたてて特異なことがらではない。それは日常的意識（フュア・エスの立場――引用者）にとって物象的な（独立自存の――引用者）存在に思えるものが学理的に反省（フュア・ウンスの立場――引用者）してみれば単なる客観的存在ではなく、いわゆる主観の側の働きをも巻き込んだ関係態の『仮現相（錯視されたもの）』である事態を指す」（「現代的世界観への道」、『廣松渉著作集第一三巻』、岩波書店、一三頁）。

「人と人との社会的関係（この関係には事物的契機も媒介的・被媒介的に介在している）が、物と物との関係、ないし物の具えている性質ないしはまた自立的な物象の相で現象する事態」を物象化という、また「人と人との関係が物的な関係・性質・成態の相で現象する事態、これをひとまず物象化現象と呼ぶことができよう」（「物象化論の構図」、『廣松渉著作集第一三巻』、岩波書店、一〇一頁）。

こうした、人間が間主体的に形成した関係態にほかならないものが、物象として独立自存し、その物の性質、働きによって、逆に物象をつくりだした関係の方が、その物象につくられたもの、規定されているものとして意識される、それが物象化ということだ。

「社会とか国家とかいう『もの』が在るかのように思っている。たしかに社会や国家は成員の代数和以上の独自な存在ではある。が、しかし社会や国家というものが独立自存するわけではない」(「現代的世界観への道」、『廣松渉著作集第一三巻』、岩波書店、四頁)ということだ。

さらに国家の死滅とはと廣松は言う。

「国家権力という物象化された力は、無政府主義者が企図するように、それ自体を物のように廃止することは不可能であって、当の物象化を成立せしめる社会的関係を基底的な生産の場で抜本的に再編することなしには廃止できない」。「資本主義的生産関係に存在根拠をもつ物象化」(＝国家)はその関係を止揚することによって克服できると論じている(「物象化論の構図」、『廣松渉著作集第一三巻』、岩波書店、一二三八〜一二三九頁)。

まさに以上のような、「重層的決定」と「四箇条」規定、そして、〈物象化としての国家〉の解明から、本論としては、レーニン『国家と革命』の単線的・機構的暴力国家論は、マルクス主義国家論としては非常に一面的であり、現実の国家分析においては、いかなる国家の対象に対しても分析は不十分となる以外ないと考えるものである。

こうして、われわれは、資本主義国家権力の重層的な構造の解明を前提とした、権力分析の端緒にたつことが、できたのではないか。

第二章●――国家基本法と実体主義的社会観

自民党「憲法改正草案」の社会実在論と戦後民主主義憲法の社会唯名論

●――はじめに――「解釈改憲」での「集団的自衛権の行使容認」に対して

今は、二〇一五年だ。自民党政権は、同党の「日本国憲法改正草案」にもとづく憲法「改正」へと、いろいろな布石を打っている。例えば、秘密保護法もその一つだろう。同法は、「草案」の「九条の二　国防軍の5」にある「国防軍の機密に関する罪」の先取りにほかならない（本論の補論②を参照せよ）。また、これまで憲法九条が禁止してきた「集団的自衛権」の行使容認の「閣議決定」と、関連法制の整備・確立などとしてすすめられているものだ。

これに対し日本弁護士連合会は、二〇一五年五月一四日、「安全保障法制改定案に反対する会長声明」を発表した。「集団的自衛権」に関し、国会に上程された法案の要点を簡潔に批判している。従来からいわれている「武力攻撃事態」に加え、新たに「存立危機事態」「重要影響事態」「国際平和共同対処事態」という三つの「事態」が創作された。この「事態」概念がキーワードだ。短文でまとめられているので、全文を紹介する。

「安全保障法制改定法案に関する会長声明

本日、政府は、自衛隊法、武力攻撃事態法、周辺事態法、国連平和維持活動協力法等を改正する平和安全法制整備法案及び新規立法である国際平和支援法案（以下併せて『本法案』という。）を閣議決定した。

本法案は、昨年7月1日の閣議決定を受け、また本年4月27日の新たな日米防衛協力のための指針の合意に合わせて、自衛隊が、平時から緊急事態に至るまで、地理的限定なく世界のどこででも、切れ目なく、自らの武力の行使や、戦争を遂行する他国の支援、停戦処理活動等を広汎に行うことを可能とするものである。

本法案の問題点は極めて多岐にわたるが、次に指摘する点は特に重大である。

まず、我が国と密接な関係にある他国に対する武力攻撃が発生し、これにより我が国の存立が脅かされる等の要件を満たす事態を『存立危機事態』と称し、この場合に、世界のどこででも自衛隊が米国及び他国軍隊とともに武力を行使することを可能としている。しかし、これは、憲法第9条に違反して、国際法上の集団的自衛権の行使を容認するものである。

次に、我が国の平和と安全に重要な影響を与える『重要影響事態』や、国際社会の平和と安全を脅かす『国際平和共同対処事態』において、現に戦闘行為が行われている現場でなければ、地理的限定なくどこででも、自衛隊が戦争を行っている米国及び他国軍隊に、弾薬の提供等まで含む支援活動を行うことを可能としている。これでは、従前禁止されてきた他国との武力行使の一体化は避けられず、憲法第9条が禁止する海外での武力行使に道を開くものである。

さらに、これまでの国連平和維持活動（ＰＫＯ）のほかに、国連が統括しない有志連合等の『国際連携平和安全活動』にまで業務範囲を拡大し、従来ＰＫＯにおいてその危険性故に禁止されてきた安全確保業務や『駆け付け警護』を行うこと、及びそれに伴う任務遂行のための武器使用を認めている。しかし、この武器使用は、自己保存のための限度を超えて、相手の妨害を排除するためのものであり、自衛隊員を殺傷の現場にさらし、さらには戦闘行為から武力の行使に発展する道を開くものである。その危険性は、新たに自衛隊の任務として認められた在外邦人救出等の活動についても同様である。

これらに加え、本法案は、武力攻撃に至らない侵害への対処として、新たに他国軍隊の武器等の防護を自衛官の権限として認めている。これは、現場の判断により戦闘行為に発展しかねない危険性を飛躍的に高めるものである。

以上のとおり、本法案は、徹底した恒久平和主義を定め、平和的生存権を保障した憲法前文及び第9条に違反し、平和国家としての日本の国の在り方を根底から覆すものである。また、これらの憲法の条項を法律で改変するものとして立憲主義の基本理念に真っ向から反する。さらに、憲法改正手続を踏むことなく憲法の実質的改正をしようとするものとして国民主権の基本原理にも反する。

よって、当連合会は、本法案による安全保障法制の改定に強く反対するとともに、基本的人権の擁護を使命とする法律家の団体として、本法案が成立することのないよう、その違憲性を強く訴えるものである。

２０１５年（平成27年）５月14日、日本弁護士連合会、会長　村越　進」

そもそも、「憲法九条」（第二項）は「戦力不保持」を規定し、「陸海空軍、その他の戦力は、これを保持しない」と定めているのであり、自衛隊は、軍隊でないと仮に規定したとしても、「その他の戦力」に該当する。これに対し戦後司法権力は「統治行為論」などをとって、自衛隊が合憲か違憲かの判断を避けてきたわけである。ここには、「閣議決定」で「解釈改憲」の下地がある。

だが、戦後憲法学界の通説・多数説（例えば清宮四郎『憲法一』、有斐閣）によれば、憲法九条は「徹底的な平和主義」「平和主義も、『個人の尊厳』という根元的原理にもとづく」とされるもの（前掲本一〇八頁）であって、「集団的自衛権」はおろか、「個別的自衛権」のための「戦力の保持」「交戦権」行使なども禁止（「交戦権の否認」）しているのである。

ここにこれから見るように「個人主義」を原理とした憲法の平和条項が表明されている。

そして「国権の発動たる戦争と武力による威嚇又は武力の行使は、国際紛争の解決手段としては、永久にこれを放棄する」（九条第一項）として、他国の戦争を支援することはもとより、自国の領土などに関する国際紛争においても、戦争によらず、平和外交で解決する平和国家（枢軸国ファシズム「大日本帝国」が解体したという意味をもつ）の規定をしめしている。これらのことからも分かるように、「集団的自衛権」の行使とその法整備は、改憲をもって初めて合法なものとなるであろう。

それを憲法改定ではなく、「閣議決定」で変更することは、立憲主義と民主主義法秩序を破壊するファシスト的行為であって、絶対に容認するべきではない。

ここではまた「自衛のための最小限度の実力の行使」という「個別的自衛権」に限定した日帝権力者たちの、数十年にわたる日米安保体制との関係での軍拡が行なわれ、それを基礎にして、かかる「閣議決定」での「集団的自衛権」容認と、法制化という一連のプロセスが進められることになったということを確認しておく必要があるだろう。

本論著者の主張としては、「集団的自衛権」にとどまらず、かかる戦争の機関としてある、資本主義権力者たちの〈軍隊的・官僚的・警察的専制統治〉そのもの、「国家＝戦争機械」の解体を希求するということにほかならない。

今日、「集団的自衛権の行使容認」に反対する人々は、「総がかり行動」などとして、これまでの政治潮流的な垣根をとっぱらい、連合して集会デモなどを行っている。国会周辺にはおおくの何千人、何万人という人々があつまって、「戦争法案反対」の声をあげている。すばらしいことである。だが、その中で、「立憲主義」を重視した主張が展開されている。そこには、「個別的自衛権」ならいい（九条は個別的自衛権まで否定していないという、憲法解釈がその背後にある。それは、戦後憲法学界の多数説である絶対平和主義とは、別のものだ）という主張も見え隠れしている。それは端的に言って、今現在ある日米安保軍（として作られてきた自衛隊）の「個別的自衛権」を容認するものとなっている。それは、日米安保軍を容認するものであり、本論著者の立場からは、従来からの安保闘争の思想（反帝平和主義）の忘却にほかならないということだ。この点は、改めて論じる必要があるだろう。

そのことを本書第一章との関係から言うならば次のように整理されるだろう。国家それ自体が〈戦争機械〉だ。その戦争機械を「民主主義」でくるんでいるのが戦後民主主義憲法であり、この体制が、日本における国家共同幻想の仕組みだ。

護憲、「憲法守れ」というのは、戦争機械それ自体を問わないものになる以外ない。ましてや、「集団的自衛権」反対だけで、「個別的自衛権」の問題は、問わないとなれば、それは、現在の日米安保軍の存在それ自体を肯定してしまうことにもなっていくものだろう。

そんなのは、ナンセンスだ。

例えば、「日本帝国主義打倒」ではなく、「戦後七〇年の自由と民主主義の伝統を守れ」と言う方がいい結果（戦争法案廃案）を導くことができるというのは、機能的論理から言うならば、その通りかもしれない。結果の妥当性如何で、その物の真理性を判断するプラグマティズムがそこにある。しかしそれは、戦争機械に反対する戦いを後景化するのみならず、戦後憲法学説の主流派＝通説である「九条＝絶対平和主義」とも矛盾するものになっている。

そういう「護憲プラグマティズム」をのりこえて、ラジカルな反戦平和運動が、登場すべき時だ。国家共同幻想粉砕！　日本帝国主義＝戦争機械の暴走を許すな！　「戦争機械か、反帝平和か！」、そのことが、今、鋭く問われているということである。

本論では、こうした情勢をふまえつつ、自民党改憲草案と、現憲法（戦後民主主義憲法）との対立関係についてのイデオロギー問題を討究する次第である。

●――憲法問題に現われた社会唯名論と社会実在論の対立

このような〈閣議決定で解釈改憲〉という問題の背後には、そういうことをやった政権と権力者たちの社会観・価値観が存在している。

そして、それを最も鮮明に表現しているのが、自民党の「憲法改正草案」における、「人権」に対する考え方だ。これから見るように、完全に、明治憲法（帝国憲法）の国家権威主義に釘づけにされたものだ。だからこそ、国家権威主義をふりかざし、「解釈改憲」でなりふり構わぬ暴挙が行使できるのである。まさに、それをどのような角度から捉えるかである。

ここでは社会観の問題に焦点を当て、おもに、これから論じるような社会実在論的価値と社会唯名論的価値との対立軸を図式として改憲問題を分析する。

本論では、自民党改憲草案＝社会実在論（全体主義）＝国家権威主義的法実証主義と、戦後民主主義憲法＝社会唯名論（個人主義）＝自然法思想との対立としてとらえる。これら二者はこれから説明するように、全体主義が「社会・国家」（なるもの）を実体化し、個人主義が「個人」（アトム）なるものを実体化した、実体主義的社会観ということができる。この二者との対立では、戦後民主主義憲法を擁護しつつ、この二者のパラダイムを超える視座を提唱するものである。

廣松渉は、一九五六〜六五年（実質的には六四年）までつづいた、戦後初期の、内閣の憲法調査会の〝答申〟を引用して、次のように述べている。

「（答申は次のように言う――引用者・渋谷）『一八世紀的な民主主義は、国家権力を最小限におさえると同時に、個人の自由・人権を最大限にのばすという方向をとった。全体よりも個人を、公共の福祉よりも基本的人権の方に重点を置くというのが一八・九世紀民主主義のとったエッセンスであった』。『古典的民主主義が殊に個人を強調したことについては、それなりの正当性と歴史的必然性があったし、大きな役割を果たしてきた』『けれども、人間は個人として生きていると同時に、社会生活を営んでいるわけであるから……個人の自由・人権をいくら最大限に認めるといっても、……他人とのあいだ、そして社会（国家）とのつながりにおいて、それがまったく無制限であることはできない』。……『個人の自由・人権と社会の福祉という二つのものは、たぶんに矛盾し反撥し合うものである』。……『要するに、人間が社会生活をいとなむ以上、個人の自由・人権にも大きな社会的制約があることを認めないわけにはいかない。したがって人間の社会のなかに平和な秩序ある状態を欲するならば、この社会（国家）に対して各個人が共同の忠誠、服従、奉仕の精神をささげなければならないということになる』云々。

右の一文でさも当然のようにさらりと語られているイデオロギー、これが市民権をうるためには、一八、九世紀的民主主義の個体主義のイデーに対して、かつてはファシストのイデオローグたちがいかに努力を払わねばならなかったことか！　『憲法調査会』の多数派はもとより狭義のファシストではない。今や体制側のイデオロギーは、建前のうえではまだ個体主義的な残滓を留めているにしても、かつてファシストたちが血路を拓いて押しつけた全体主義を、大趣においてはそのまま受容継承しているのである」（「全体主義的イデオロギーの陥穽」、『マルクス主義の理路』、勁草書房、初版一九七四年、所収、二八〇～二八一頁）。

これから見るように、こうした全体主義（社会実在論）による日本国憲法（戦後民主主義憲法）の改定の今日的集大成というべきものが、自民党の「日本国憲法改正草案」にほかならない。

●——社会実在論と社会唯名論

全体主義と個人主義（近代民主主義）の問題について、ここで、理論的な概念設定に入ることをお許し願いたい。

廣松渉『唯物史観と国家論』（講談社学術文庫、一九八九年）では次のようである。近代ブルジョア社会の基本的価値観として、廣松はまず、社会唯名論（個人主義）を次のように規定している。「われわれは近代ブルジョア的〝社会〟観の祖型における特質を〝人間〟観との関連に即して対自化することができる。

第一に、人間が基体 subjectum... として考えられており、社会・国家はたかだか二次的な存在にすぎないとされていること。『本地』authorと『垂迹』personaという伝統的な用語法を踏んでいえば、諸個人があくまで『本地』であって、社会・国家は人工的人格artificial persona、作為的人格personne moraleだとみなされる。

この了解にもとづいて、『社会』という二次的な存在の本質は、〝人間の本性〟human natureから帰結するものとみなされる。近代的社会観の父、すなわち、――デカルトが近代的世界観一般の地平を拓いたと言われうるのと類比的に『近代的社会観の地平を拓いた』と称されうる――ホッブスが、彼の主著『リヴァイアサン』を人間から始めていることにいちはやくそれが象徴されている。モンテスキューは『法の精神』の序文にいう通り『人間を第一に考究』したのであったし、ルソーの『社会契約説』も『人間をありのままにとらえ』そのことに即して『社会秩序』の基本的構造を討究する姿勢になっている。ロックにせよ、ファーガスンにせよ、スミスにせよ、十七・八世紀の著名な社会思想家がsubjectumたる人間の自然的本性から『社会』を規定していることは逐一想起を求めるまでもあるまい」（九一〜九二頁）。

諸個人が「本地」（もとの地、本国、基体）であり、社会は「垂迹」（仮の姿）であるというのが、ここでのポイントである。

「第二に人間の本源的な同型性isomorphismが想定され、この平等な諸個人が語の優れた意味でのindividuum…として考えられており、このような同型的諸個人のもつ自然権をしかるべく保証する制度的定在として社会・国家が了解されていること。

この了解によって、中世的自然法と近世的自然法との異質性が劃される。人間の平等性、それがたとえ〝神の前での平等〟というイデオロギー的屈折を経ているにしても、この同型的なsubjectumの存在権そのものから自然権が定立されているのであって、それはもはや神与の自然法に法源をもつものではない。自然法と言う生得の平等的権利は、生存権から財産権へと及ぶ諸々の定在形態において漸次表象されていったが、ともあれ、同型的諸個人の原子的な同調性と反撥性の弁証法によって、社会の制度化が説明される。この自然権とその譲渡alienationの理説は、絶対主義的国家権力とブルジョアジーとの関係の歴史的変異を相即しつつ周知の変様をとげていくが、原初的な平等性の故に、相互的譲渡（結合契約）は許されても、単なる貢納的呈上（服属契約）は許されないということ、この点に留意を促しておきたい」（同前　九二～九三頁）。

諸個人の平等は、自然権として保障されるものであり、この保障を制度として守るために社会・国家というものがつくられているとするのが、近代ブルジョア的な社会観の特質だということだ。まさに「同型的・自立的なsubjectum（基体）として了解された諸個人を分子的な単位となし、かかる近代的subjektとして了解された諸個人の人格的複合として社会を表象する観方、このような構えAuffassungとして一七・八世紀の〝社会観〟を特徴づけることができよう」（九四頁）。

「諸個人としての人間を分子的単位とみなし、この分子的単位の相関的複合として社会なるものを表象する観方――これは様々な変様形態をとりつつも〝ブルジョア的〟社会観の呪縛となっており、――この観方がわれわれの日常的意識にまで浸透している」（九七頁）ということになる。

この社会唯名論としてのブルジョア的社会観を全体主義（社会実在論）から見た場合、ファシズムに典型的なように、次のような対立軸が描かれることとなる。

廣松渉は、「全体主義的イデオロギーの陥穽」（『マルクス主義の理路』一九七四年初版、勁草書房）では、次のように論じている。――ここでは「個人主義」と「全体主義」との対立軸における論理構成に関し必要と思われる論点だけをとりあげるものとする――。

「ナチズムが『全体主義』の論理を掲げたのは、……理論上の文脈で言えば、近代的個体主義の原理に対するアンチテーゼとしてであった。近代的自然法思想や一七・八世紀の啓蒙主義思想に典型的に顕われている『個体主義の原理』に対するアンチテーゼという点では、同一の思想的構えをイタリアン・ファシズムにも認めることができる。ブルジョア・デモクラシーの理論的基礎をもなす近代的個体主義に対するファシズムの批判は、決して単なる反発ではなく、しかるべき一定の〝学〟に裏打ちされている」（二五八頁）。

近代的個体主義に対するアンチテーゼとして、これから見るように、〈国家共同体〉なるものの実体化を特質とした社会実在論が、ファシストたちによって宣揚された論理構造を廣松は分析する。「近代的個体主義に全体主義を反定立するにあたって、経済学者として出発したシュパンは、個々人は実体的に自存するものではなく、全体の肢節としてのみ存立するという論点を軸にしたのであったが、……法学者ロッコは、法人格を生物学主義的に実体化させる方向で議論を立てている。すなわち、彼は国家・社会の全体性は決して個々人の代数和には還元できないこと、国家社会はそれ固有の目的、固有の生命をもつ独特の存在体であることを直截に主張する。この点において、ロッコはヒットラーやローゼンベルクのそれとも相通ずる議論の構造に定位しているということができる。しかも、彼の議論は『血と地』の理論のごとき、全体主義のイデーそのものにとって本来的には偶有的な論点を含んでおらず、ファシズムの全体主義的社会・国家観をティピカル（典型的・類型的――引用者）に表象するのに恰好である」（二六三頁）。

そこで廣松はロッコの「パルウジア講演の記録（Bigongiari 英訳、長崎太郎邦訳）」を援用する。「ムッソリーニが『私は一字一句これを承認する。君は実に堂に入った方法を以ってファシズムの教理を示してくれた』と評した」（二六三頁）ものだ。

「『人間種族の目的は、ある時点に生存している個々人の目的ではない。それは時として個々人の目的とは相反することすらある。社会団体の目的は、その団体に属する個々人の目的ではなくて、個々人の目的と衝突することすらある。これは種族の保存・発展が、個人の犠牲を要求する場合、つねに明らかなところである』と言い切る」。「『ファシズムは、自由民主主義の基礎にある旧い原子論的・機械論的な国家論に代えうるに、有機体的・歴史的概念を以ってする。われわれはいわゆる国家有機体説をそのまま採る者ではないが、われわれは、個々人の目的、個々人の生命を超越せる固有の生命、固有の目的を社会団体が有するということを言表したいのである』」（二六四～二六五頁）。

このことは、ファシスト的社会（国家）有機体説を表明するものにほかならないということを意味している。まさに社会団体が「固有の生命」をもっており、それが、その目的に即して「個人の犠牲を要求」するということだ。まさに社会・国家有機体説を含有した社会実在論の徹底化という以外ではない。

　そこで廣松は、全体主義の思想の核心が、「国家共同体」なるものの物神崇拝的な形象化であるとする。

「全体主義の思想にとって中枢的な論点は、決して独裁的な指導者の存在や彼と被指導者との一体性といったところに存在するわけではなく、また、領土拡大後のナチスが弁じた通り、必ずしも民族排外主義に存するのでもない。ヒットラー一派はユダヤ民族をスケープゴートに仕立てたが、これとて全体主義思想の論理必然的な契機ではなく、そもそも人種主義的な民族有機体論ですら本質必然的な論点をなしていない。事は一つに懸かって〝国家共同体〟なるものを物神的に形象化し、全国民にそれへの帰依的帰入を求める点にある。

　対外的緊張関係を媒介にして即自的に意識される民族国家という〝共同体〟、それが実際には階級的編成構造をもち、資本の論理を動軸にして存在している場合には、この擬似的〝共同体〟への滅私奉公は、階級的支配・被支配の現構造を強化しつつ資本の論理を維持すること、これ以外の帰結をもたらしえよう筈がない」（二八二～二八三頁）というわけである。

　全体主義は〈国家〉（社会）の実体化に基づいている。個人主義は〈個人〉の実体化に基づいている。これら二つの実体主義的社会観に対する廣松の言うところの「聯関論的統体主義」は徹底した共和制である。

　ここからは本論著者の私見となるが、その廣松いうところの「聯関論的統体主義」は〈個と共同性の共振〉に基づいているだろう。それは「共同体的所有と個的占有」にもとづく共同体社会を編成原理として形成される。もちろん主権は人民にあり、人民は、自分たちの共同体を「全人民武装」と「一切の特権の廃止」ということをルールにして運営し、相互扶助の社会を形成する。したがって日本の場合、この共和制においては特権的身分制である天皇制は廃止することが絶対的前提となる。

以上をふまえ、自民党「改憲草案」の中身を分析してゆこう。

●──帝国憲法の「天皇」と自民党憲法改正草案の「天皇」

ここで話は、「自由民主党日本国憲法改正草案」（草案とする）に移る。まずその分析の前提として、「天皇」の規定を取り上げる。この一項をみるだけで、自民党の草案が、戦後民主主義憲法の形式を残しつつ、だがしかし、内容的には、その正反対の社会実在論的な帝国憲法（明治憲法）の考え方の今日的復活に他ならないことがわかるだろう。「草案」引用中、論点としたいところに〈 〉をつけた。

草案の（前文）を見よう。

「日本国は、長い歴史と固有の文化を持ち、国民統合の象徴である天皇を戴く国家であって、〈国民主権の下〉、立法、行政及び司法の三権分立に基づいて統治される。

我が国は、先の大戦による荒廃や幾多の大災害を乗り越えて発展し、今や国際社会において重要な地位を占めており、平和主義の下、諸外国との友好関係を増進し、世界の平和と繁栄に貢献する」。

この「天皇を頂く国家」の「頂く」というのは文学的表現であって、例えば「象徴」なのか「絶対君主」なのか、あるいはそれ以外なのか、はわからない。法制的規定としては、あいまいな規定だ。だが天皇制国家のことにかわりはないだろう。そこでは国民主権は有名無実であり、「家族や社会全体が互いに助け合って国家を形成する」となっている。ここでは、民主主義国家の「個人」が、ないがしろにされている上、「天皇を頂く」ということに、文章全体が集約できると考えれば、天皇制国家が、社会を包み込むというイメージはぬぐえない。これが、明治憲法の天皇制国家と社会観として通底しているパラダイム上の問題だ。

そこで、今度は、草案の第一条「天皇」を見ていこう。

「（天皇）第一条 天皇は、日本国の〈元首〉であり、日本国及び日本国民統合の象徴であって、その地位は、主権の存する日本国民の総意に基づく」。

草案の〈前文〉を読んで、察しがついていた人もいるだろう。天皇は「元首」になっている。明治憲法の天皇規定〈元首であり統治権の総攬者〉と、イデオロギー的に通底するものとなっている。ここで、明治憲法＝大日本帝国憲法〈帝国憲法とする〉のパラダイムを概観することにしよう。この帝国憲法は〈天皇制国家の回路図〉のようなものである。

帝国憲法は、第一条で天皇の永久的統治権〈万世一系の天皇之を統治す〉を表明し、第三条で、「天皇は神聖にして侵すべからず」と規定している。この規定は伊藤博文の『憲法義解』〈岩波文庫、一九四〇年、二五頁）では「法律は君主を問責するの力を有しない」とし、「独り不敬を以てその身体を干涜すべからざるのみならず、併せて指斥言議の外に在る者とす」としている。これは天皇が専制権力者であること、そういうものとして、尊敬すべきものだということがいいたいのである。

第四条では、天皇は「元首であり統治権の総攬者」であるという規定をもって、国家の主権者であるということを明記している。「草案」も帝国憲法も〈天皇＝元首〉という規定では同じだ。

そうした前提に基づいて、法律の裁可・公布・執行権（第六条）、緊急勅令（第八条）、行政命令（第九条）、軍統帥権（一一条）、戒厳宣告（一四条）、非常大権（三一条）等、十数条の天皇大権が明記されている。

●——国家権威主義的な脈絡での法実証主義の問題

ここで確認される必要があることは、〈天皇と法との関係〉である。

たとえば伊藤博文は、天皇による法律の裁可などを規定した第六条について、次のように述べている。

「裁可は天皇の立法における大権の発動である。故に議会の協賛をへるといえども、裁可なければ法律をなさない」。「我が憲法は法律は必ず王命に由るの積極の主義を取るものである。故に裁可に依て始めて法律を成す。それはただ王命に由る。故に従って裁可せざるの権あり」（前掲二〇〜

三〇頁）。

天皇機関説論争での、美濃部達吉との論争の中心人物であった東大教授、神権天皇制論者の穂積八束の継承者である上杉慎吉は、『憲法述議』（有斐閣、初版一九三八年、二二四頁）で、「大権中心主義」を宣揚している。

ここに、〈天皇と国民との関係〉も規定されている。

「日本臣民は天皇の臣民なり、天皇の統治権に服従し依て以て、一体たり、……日本人は一国一家なり、而してその根本は天皇の臣民たるに存す、……天皇と共に無窮なり、天皇に服従するに依りて、日本国家の哲理的意義を追進し、歴史的使命を完成す」（一四六頁）。

「我が憲法は自由権を保障するも、之を以て天賦の権利なりと為し、統治権もまた之を侵すことを得ざるものとするに非ざるは言を俟たず、臣民は本来権利を有せず、ただ統治権の之を付与するに依りテ、権利を有することを得るのみ」……「我が憲法上における自由権の意義は、一定の自由は天皇定むるところの法律に依るか、又は一定の条件に当たる非ずんば、行政権の命令処分を以て之を制限せざることに存し、また天皇の特に臣民に付与したまうの権なり」（二二四〜二二六頁）。

非常大権との関係では、次のようである。

「憲法三一条は、自由権の規定ありといえども、戦時又は国家事変の場合においては、天皇はこれに拘わらず、法律に依らず、また一切の法律に顧慮せず、自由にいかなる行動をも執ることを得る旨を定めたるものなり。

故に非常大権は、自由権を停止して、統治権の何事をも為すことを得るの原則を実行するものなり、自由権は国民天賦の権利に非ず、主権の特に之を付与するに依りて存するものなり、非常大権は憲法の定めたる此の特例を、一時停止するものたり」（前掲三〇〇頁）。

天賦人権説を否定している。この場合、天賦人権説はただしく、「個人」が、うまれながらにして持つ「前国家的」（そういう表現ではないが）権利とされており、これが、法＝王命という考え方によって否定されているということだ。

この「法＝王命」論は、法学的には〈法実証主義〉といわれるものの一つだ。

法実証主義とは、例えば、暴君が権力をふるうといった独裁政治に対して、「法の支配」「法治国家」という近代的な国民国家を表明するものとして規定されるものだが、それはまたこれから述べるように自然法思想を否定し、その自然法は法規範にはなりえないとする。だから、帝国憲法のように、国家が人民に与えた権利として「人権」はあり、国家の公的秩序を国家が規定するように守る範囲で、「人権」も保障されるという解釈が成立するものということなのである。だからこのような意味での法実証主義は、単に「法の支配」ということのうちに、民主主義的な法体系ではない、専制的抑圧的な法体系の入る余地をのこすものであり、こうした国家が人権の上に立つ基本法体系は、例えば〈国家権威主義的法実証主義〉と規定できるものであろう。

まさに社会唯名論の個人主義（人権を前憲法的なものとして、国家より上位に置く考え方）に対し、「草案」は、次のように社会実在論を表明している。

つまり、ここでは、社会の単位を、自然法思想における「個人」の「契約」としての「社会」という考え方ではなく、家族・国家というものを実体化し、価値化した、社会有機体主義的（社会実在論的）な規定が、社会観となっていることを意味しているのである。

a．「（家族、婚姻等に関する基本原則）第二十四条　家族は、社会の自然かつ基礎的な単位として、尊重される。家族は、互いに助け合わなければならない」。

また、「草案」（前文）では次のようである。「日本国民は、国と郷土を誇りと気概を持って自ら守り、基本的人権を尊重するとともに、和を尊び、〈家族や社会全体〉が互いに助け合って国家を形成する。

我々は、自由と規律を重んじ、美しい国土と自然環境を守りつつ、教育や科学技術を振興し、活力ある経済活動を通じて国を成長させる。日本国民は、良き伝統と我々の国家を末永く子孫に継承するため、ここに、この憲法を制定する」。

⇩社会の単位を近代民主主義の社会構成の基本である「個人」（人権の基礎的な定義に即す）ではなく、「家族」や「国家」にしようとしている。明治憲法の「家族国家」観が復活している。

b．「（信教の自由）第二十条　信教の自由は、保障する。国は、いかなる宗教団体に対しても、特権を与えてはならない。
2　何人も、宗教上の行為、祝典、儀式又は行事に参加することを強制されない。
3　国及び地方自治体その他の公共団体は、特定の宗教のための教育その他の宗教的活動をしてはならない。ただし、社会的儀礼又は習俗的行為の範囲を超えないものについては、この限りでない」。

⇩天皇の宮中三殿の祭礼（今は天皇の私事となっている国家神道儀礼）やヤスクニ神社を「社会的儀礼又は習俗的行為の範囲」に入れようとする狙いがあるものと思われる。つまり天皇の宗教的権威を一般宗教ではない、特別なものとして位置させる狙いがあるのではないかと考えられる。ここにも、人権（個人の自由と平等）の上に国家をおく考え方が表出している。

これらの考え方は、以下の「草案」の人権規定と、関わっているだろう。

●――人権と「公共」のもつ意味の違い――「草案」の国家権威主義的法実証主義

ここで、「草案」における「人権」の位置づけをみよう。引用文中の〈　〉は、引用者による強調である。

a.「（基本的人権の享有）第十一条　国民は、全ての基本的人権を〈享有する〉。この憲法が国民に保障する基本的人権は、侵すことのできない永久の権利である」。

⇩現憲法では「享有を妨げられない」となっている。「妨げられない」が削除されている。
b.「（国民の責務）第十二条　この憲法が国民に保障する自由及び権利は、国民の不断の努力により、保持されなければならない。国民は、これを濫用してはならず、自由及び権利には責任及び義務が伴うことを自覚し、〈常に公益及び公の秩序に反してはならない〉」。
⇩この規定は、後述するような現憲法の「公共の福祉」の考え方には順ぜず、明治憲法の法＝王命説――国家権威主義的法実証主義の、「自由権の制限」の考え方とフレンドであり、実体主義的な「公の秩序」を想定し、その公の秩序が、法律に依って、人民に、自由権を与えているという考え方で書かれている。

この「人権の制限」ということにおいて、「草案」と現憲法がどのように、「人権」の規定で異なった考えを見せているかがわかる。

戦後憲法の通説である宮沢俊義の『憲法Ⅱ――基本的人権（新版）』（有斐閣、一九五九年）から援用する。

日本国憲法における人権濫用の禁止の規定は、次のようである。

「（五）濫用の禁止　国民は、基本的人権を濫用してはならない（一二条後段）。人権は、とかく他人の人権と、いろいろな形で、衝突する危険性がある。濫用とは、自由や、権利を、人権宣言がそれらを保障した目的以外の目的のために使うことをいう。人権の濫用は、他人の人権の犠牲においてのみ、可能なのであるから、それは許されない」。

「近世の世界で公共の福祉の概念が、しばしば全体主義の旗じるしとして使われたことは事実である。たとえば、ナチ・ドイツでは、『公益は、私益に優先する』……が標語とされたが、この『公益』は、つまり、公共の福祉にあたる。戦時中の日本で、それの日本版として『公益優先』ないし『滅私奉公』……が唱えられたことは、まだ人の記憶に新しい。

かように、公共の福祉およびそれに類する言葉には、多かれ少なかれ全体主義的ないし超個人主義的な意味が伝統的に伴いがちであるが、もちろん日本国憲法における公共の福祉にそういう意味をみとめることは、許されない。日本国憲法における公共の福祉という言葉のコンテクストは、明らかに自由国家的・社会国家的国家観に支配されたものであり、『人間性』の尊重をその最高の指導理念とする。ここには、特定の個人の利益ないし価値を超えた利益ないし価値はあるが、すべての個人に優先する『全体』の利益ないし価値というようなものは存しない。

かように考えると、日本国憲法にいう公共の福祉とは、さきに説明されたような、人権相互の間の矛盾・衝突を調整する原理としての実質的公平の原理を意味すると解するのが、憲法の各規定を綜合的に見た場合に、いちばん妥当だと考えられる」（二三四〜二三五頁）。

「ここにいう公共の福祉は、人権の保障そのものの本質から論理必然的に派生する原理」である（二三六頁）。だから「草案」がいう「公の秩序」とは一八〇度意味が違っている。

c.「（人としての尊重等）第十三条　全て国民は、人として尊重される。生命、自由及び幸福追求に対する国民の権利については、〈公益及び公の秩序〉に反しない限り、立法その他の国政の上で、最大限に尊重されなければならない」。

⇩b. と同様。現在の通説として人権から派生すると考えられている「公共の福祉」の考え方と、人権と区別され措定されている「公益及び公の秩序」では、それに「反しない限り」の意味は、まったく違う。また、現憲法の「個人として尊重される」が、「人として尊重される」と変えられている。全体主義の立場からする「個人」という価値観の否定である。

d.「（身体の拘束及び苦役からの自由）第十八条　何人も、その意に反すると否とにかかわらず、社会的又は経済的関係において身体を拘束されない」。

⇩現憲法の「いかなる奴隷的拘束も受けない」が消されている。削除されるということは、何か意味がある、奴隷的拘束をやろうという、例えば、徴兵制などが正当化されてくることと、関連があるのか、疑うべきだろう。

e.「（思想及び良心の自由）第十九条　思想及び良心の自由は、保障する」。

⇩現憲法では、「これを侵してはならない」が「保障する」になっている。意味が逆だ。立憲主義は国家権力をしばるものであり、国民の国家への命令である。それが、国家によって保障されるものとなっている。人権は「前国家的」なものという原則が否定されており、国家権威主義的法実証主義にほかならない。

f.「（表現の自由）第二十一条　集会、結社及び言論、出版その他一切の表現の自由は、保障する。

2　前項の規定にかかわらず、公益及び公の秩序を害することを目的とした活動を行い、並びにそれを目的として結社をすることは、認められない。

3　検閲は、してはならない。通信の秘密は、侵してはならない」。

⇩この「2」は、例えばデモ規制というのみならず重大である。「公の秩序を害することを目的」に「結社することは、認められない」という、まさに「治安維持法」の復活が企図されているといえるだろう。これと、「思想信条の自由」が「保障する」と書かれている意味は直結している。まさに、国家権威主義的法実証主義にほかならない。

g.「(財産権) 第二十九条　財産権は、保障する。

2　財産権の内容は、公益及び公の秩序に適合するように、法律で定める。この場合において、知的財産権については、国民の知的創造力の向上に資するように配慮しなければならない。

3　私有財産は、正当な補償の下に、公共のために用いることができる」。

⇩現憲法では「これを侵してはならない」が「保障する」に代えられている。これも、人権としての財産権が「前国家的」な人民の権利であるということを否定した法実証主義だ。

h. こうした「人権」の国家権威主義的法実証主義の立場への改変において、次のような権力主義的な人権抑圧の規定も書かれていくことになる。

「(抑留及び拘禁に関する手続の保障) 第三十四条　何人も、正当な理由がなく、若しくは理由を直ちに告げられることなく、又は直ちに弁護人に依頼する権利を与えられることなく、抑留され、又は拘禁されない。

2　拘禁された者は、拘禁の理由を直ちに本人及びその弁護人の出席する公開の法廷で示すことを求める権利を有する」。

⇩現在「公開の公判で示されなければならない」が「権利を有する」に変えられている。端的には、逮捕・勾留された人がもつ権利として、現在では裁判所が拒否できない勾留理由開示公判が、裁判所など権力の恣意で開かれない可能性がある。権力の恣意的な治安弾圧の正当化にますます、道を開くものである。

i．そして、国家権威主義的法実証主義の頂点の規定がこれである。

「(憲法尊重擁護義務) 第百二条　全て国民は、この憲法を尊重しなければならない。

2　国会議員、国務大臣、裁判官その他の公務員は、この憲法を擁護する義務を負う」。

⇩第一項は完全に間違っている。立憲主義は、主権者である国民が、政府（あるいは国家）に対して、憲法を守らせるのが趣旨である。これが間違いではないとすると、帝国憲法と同じ種類の法実証主義にほかならない。

2は、現憲法で書かれている「天皇」が削除されている。天皇は、国民や臣の上にいるから、法律に縛られないという、法は天皇を問責できないとする、帝国憲法の立場に立っている。「天皇は神聖にして侵すべからず」(帝国憲法第三条)ということだろう。

●——国家権威主義的法実証主義と戦後民主主義憲法（一九四七年施行）との「人権」の違い——まとめ——

これまで見てきたように、「人権」、「公の秩序」や「公共の秩序」をめぐっては、先述したように、個人主義の立場に立つ自然法思想と、国家権威主義としての法実証主義という二つの考え方がある。現在の日本国憲法の通説は、自然法思想をとっている。ここで、その違いを通説によって、まとめてみよう。宮沢俊義『憲法Ⅱ――基本的人権（新版）』（有斐閣、初版一九五九年）である。

そこで宮沢は次のように述べている。

「絶対制の下では、そうした（人権間の――引用者）調整は、比較的に容易だといえる。たとえば、天皇が絶対的価値の持ち手だとされる場合には、それを基準として、そうした調整が行われる。すべての人権の矛盾・衝突は、そのいずれが天皇の体現する価値と考えられるものにより近いか、という基準で判定すればいい。ある個人が言論の自由を主張する場合、それが少しでも天皇の利益の自由が許されないことは、当然である。そもそもそこでは、人権というものが、はじめから天皇の価値と矛盾しない限りにおいてのみ、その価値をみとめられているのであり、天皇の価値――明治憲法時代の言葉でいえば、『国体』――を害するときは、そこにその自由の限界があるということになる。学問の自由についても、同様である。そこで、天皇の尊厳を傷つけるような学問『国体』――に対抗できる人権の価値というものは、認められていないのである。

ところが、民主主義的考え方の下では、事情がちがう。ここでは、『人間』が至上であるから、人権は何よりも高い価値をみとめられる。人権に対抗できる価値というものは、そこにはあり得ない。ここでは、国家そのものですら人権に奉仕するために存するとされる。ここで、個々の人権に対抗する価値をみとめられるのは、多数または少数の他人の人権だけである。だから、甲の人権と乙の人権とをひとしく尊重しつつ、両者のあいだの矛盾・衝突の調整をはかる、というのが、ここで憲法に課された重大な任務でなくてはならない」(二二〇頁)。

帝国憲法第二章で保障された権利は、「すべて、憲法によって与えられたものと考えられた。その上諭には、『朕はわが臣民の権利及財産の安全を貴重し、及之を保護し、此の憲法及法律の範囲内に於いて、その享有を完全ならしむべきことを宣言す』とあったとおり、それらの権利はどこまでも天皇の『深いおぼしめし』によって人民に賜ったものという建前がとられた。これに反して、日本国憲法第三章では」、「基本的人権は、侵すことのできない永久の権利」とされ、「国家の権力によって侵すことが許されないことを意味するとともに、それらの権利が人間が人間であることにのみもとづいて……当然に享有すべきものであるとする思想にもとづくことをあらわしている。……ここで基本的人権とされている権利は、この意味で『自然法』にもとづくものであり、論理的に国家や、憲法に先立つものであるから、国家の権力によって、侵すことは許されないとされる」(二〇五頁)。

それはアメリカの独立宣言と同じ「生命・自由および幸福追求に関する国民の権利」と同じものであるが、独立宣言がその権利を「造物主によって、与えられている」というのは、「キリスト教的な概念」であり、「誤解を招く恐れもあることだから、それをここにもち出すのは、適切ではあるまい」(二〇六頁)とされている。

自民党の「草案Q&A(増補版)」は、この「神から与えられた」という「天賦人権論」は削除したとしている(「草案」のQ&Aの部分のQ2とQ44)が、それは全くの間違いであり、天賦人権論の自然法思想は、「神から与えられた」ものだけではないのである。

自民党のQ&Aの「44」には次のように書かれている。「人権は、人間であることによって当然に有するものです。わが党の憲法改正草案でも、自然権としての人権は、当然の前提として考えているところです。

ただし、そのことを憲法上表すために、人権は神や造物主から『与えられる』というように表現する必要はないと考えます。こうしたことから、わが党の憲法改正草案11条では、『国民は、全ての基本的人権を享有する。この憲法が国民に保障する基本的人権は、侵すことのできない永久の権利である。』と規定し、人権は神から人間に与えられるという西欧の天賦人権思想に基づいたと考えられる表現を改めたところです」。

現在の戦後民主主義憲法（日本国憲法）の第一一条は、「国民は、すべての基本的人権の享有を妨げられない。この憲法が国民に保障する基本的人権は、侵すことのできない永久の権利として、現在及び将来の国民に与えられる」というものであり、神や造物主という単語は皆無であり、戦後憲法の通説である、宮沢俊義の『憲法Ⅱ――基本的人権』などでの解釈においても、神や造物主ではないとされている。それは、「前憲法的な」人間として普遍的にもっている権利だと規定されているものである。

また、Q&A44は、こう続けている。

「さらに、我が党の憲法改正草案では、基本的人権の本質について定める現行憲法97条を削除しましたが、これは、現行憲法と内容的に重複している（※）と考えたために削除したものであり、『人権が生まれながらにして当然に有するものである』ことを否定したものではありません。

※現行憲法の制定過程を見ると、11条後段と97条の重複については、97条のもととなった総司令部案10条がGHQホイットニー民政局長の直々の起草によることから、政府案起草者がその削除に躊躇したのが原因であることが明らかになっている（原注――引用者）」としている。

「生まれながらにして当然有する」というのも、天賦人権論である。だから、このQ＆A44は、ためにする論法でしかない。ここで天賦人権論を否定する意味は、「前国家的」なものとしての「人権」の否定を、法実証主義の立場からおこないたいということなのである。そのために、かかる論法を用いているということだ。また、法実証主義では、法律から排除すれば、「人権」の規範拘束性は除去できる。だが、自然法思想では除去できないわけで、そうした点からも、法実証主義を貫徹したいということだろう。

（注）日本国憲法（戦後民主主義憲法、一九四七・五・三施行）の人権思想

宮沢・前掲書からの援用をおこなう。

「基本的人権は、『侵すことのできない永久の権利である』（一一条、九七条）。その意味は、ここにいう基本的人権が、アメリカ・フランス両革命以来の人権宣言で宣言・保障された『人権』にほかならないということにある。それはまた、そうした基本的人権の宣言・保障を主眼とする日本国憲法第三章が、伝統的な人権宣言の性格を有することを意味する」（二〇〇頁）ということである。

【日本国憲法の基本的人権】

自由権に属するものとして……「奴隷的拘束および苦役からの自由」（一八条）、「思想及び良心の自由」（一八条）、「信教の自由」（二〇条）、「集会・結社・表現の自由」（二一条一項）、「通信の秘密」（二一条二項）、「居住・移転および職業選択の自由」（二二条一項）、「外国移住及び国籍離脱の自由」

（二二条二項）、「学問の自由」（二三条）、「人身の自由」（三三、三四各条）、および住居の不可侵」（三五条）。「拘留・拘禁そのほか刑事裁判に関する人権保護のための諸原則（三四、三六、三七、三八、三九各条）。「財産の不可侵の規定」（二九条）。「法定手続の保障」（三一条）。「平等権」（一四条）。

社会権に属するものとして……「健康で文化的な最低限度の生活をいとなむ権利」（二五条一項）、「ひとしく教育を受ける権利」（二六条一項）、「勤労の権利」（二七条一項）、「勤労者の団結する権利および団体交渉その他の団体行動をする権利」（二八条）。

「国民の能動的関係における権利」として……「請願権」（一六条）、「裁判所の裁判を受ける権利」（三二条）、「公務員を選定し、および罷免する権利」（一五条一項）など参政権。私有財産を保障する規定（二九条）。

こうした基本的人権の基礎となるものとして「平和的生存権」がある（補論①を参照せよ）。

●——戦争国家の国家基本法を明記

まず言えることは、「草案」（前文）は、「平和のうちに生存する権利」を削除している。そして、「草案」は、「平和主義」などと言いながら、戦争国家の国家基本法を明記しているのである。

a.「（平和主義）第九条　日本国民は、正義と秩序を基調とする国際平和を誠実に希求し、国権の発動としての戦争を放棄し、武力による威嚇及び武力の行使は、国際紛争を解決する手段としては〈用いない〉。

2　前項の規定は、〈自衛権の発動を妨げるものではない〉」。

⇩第一項の「永久にこれを放棄する」が「用いない」となっている。用いる場合もあるということを意味するものということができる。

第二項は、「陸海空軍その他の戦力は、これを保持しない。国の交戦権は、これをみとめない」が全面削除されている。この自衛権に、集団的自衛権も入るというのが、この草案を出した自民党の意図だろう。「平和国家」から戦争国家に変質してゆく、少なくとも法文上、確定的な規定だ。なぜならそれは、以下の国防軍の規定と連結しているからだ。

「(国防軍) 第九条の二　我が国の平和と独立並びに国及び国民の安全を確保するため、内閣総理大臣を最高指揮官とする国防軍を保持する。

2　国防軍は、前項の規定による任務を遂行する際は、法律の定めるところにより、国会の承認その他の統制に服する。

3　国防軍は、第一項に規定する任務を遂行するための活動のほか、法律の定めるところにより、〈国際社会の平和と安全を確保するために国際的に協調〉して行われる活動及び公の秩序を維持し、又は国民の生命若しくは自由を守るための活動を行うことができる。

4　前二項に定めるもののほか、国防軍の組織、統制及び機密の保持に関する事項は、法律で定める。

5　国防軍に属する軍人その他の公務員がその職務の実施に伴う罪又は国防軍の機密に関する罪を犯した場合の裁判を行うため、法律の定めるところにより、国防軍に審判所を置く。この場合においては、被告人が裁判所へ上訴する権利は、保障されなければならない」。

⇩「国際社会の平和と安全を確保するために国際的に協調して行われる活動」は国連による派遣軍のほか、多国籍軍などの集団的自衛権の行使を可能とし、かつ、「国防軍の機密に関する罪」については、秘密法が先取りしていると言えるだろう（本論の補論②を参照せよ）。

b.「（内閣の構成及び国会に対する責任）第六十六条　内閣は、法律の定めるところにより、その首長である内閣総理大臣及びその他の国務大臣で構成する。

2　内閣総理大臣及び全ての国務大臣は、現役の軍人であってはならない」。

⇩文民統制の項目、「国務大臣は文民でなければならない」が削除された。削除する必要があるということだ。

「（内閣総理大臣の職務）第七十二条　内閣総理大臣は、行政各部を指揮監督し、その総合調整を行う。

2　内閣総理大臣は、内閣を代表して、議案を国会に提出し、並びに一般国務及び外交関係について国会に報告する。

3　内閣総理大臣は、最高指揮官として、国防軍を統括する」。

⇩首相の国防軍統括、端的に九条の改悪（廃止といってよい）に基づく戦争国家の規定である。日本弁護士連合会の「日本国憲法の基本的人権尊重の基本原理を否定し、『公益及び公の秩序』条項により基本的人権を制約することに反対する意見書（二〇一四年二月二〇日）」では、つぎのようである。

「国防軍（軍隊）は憲法により公の存在になるとともに、第九条の二第三項により国防軍は公の秩序を維持する活動（治安活動）を行うことができると定めていることから、国民の基本的人権は、公の存在となった国防軍（軍隊）との間で厳しい緊張関係を強いられることになり、軍事的公共性の下位に位置づけられる危険が著しく高まる」とされている。

●――「国家緊急権」の明記と反革命基本法

「草案」の「第九章　緊急事態（緊急事態の宣言）第九十八条」は次のようである。

「内閣総理大臣は、我が国に対する外部からの武力攻撃、内乱等による社会秩序の混乱、地震等による大規模な自然災害その他の法律で定める緊急事態において、特に必要があると認めるときは、法律の定めるところにより、閣議にかけて、緊急事態の宣言を発することができる。

２　緊急事態の宣言は、法律の定めるところにより、事前又は事後に国会の承認を得なければならない。

３　内閣総理大臣は、前項の場合において不承認の議決があったとき、国会が緊急事態の宣言を解除すべき旨を議決したとき、又は事態の推移により当該宣言を継続する必要がないと認めるときは、法律の定めるところにより、閣議にかけて、当該宣言を速やかに解除しなければならない。また、百日を超えて緊急事態の宣言を継続しようとするときは、百日を超えるごとに、事前に国会の承認を得なければならない。

４　第二項及び前項後段の国会の承認については、第六十条第二項の規定を準用する。この場合において、同項中『三十日以内』とあるのは、『五日以内』と読み替えるものとする」。

⇩先に見た帝国憲法の「非常大権」の復活だ。

このような緊急事態の定義は、「国家緊急権」と法概念化されるものであり、国家の緊急事態における国家の「自然権」とされているものである。そしてこの規定は、実は、人民が自然権として持っている「革命権・抵抗権」（補論①参照）と、セットの関係にあると近代民主主義の自然法概念ではされているものだ。だが「草案」は、こうした「国家緊急権」は認め、人民の「抵抗権・革命権」は、認めないというシフトをとっている（次節参照）。

また、「内乱等による社会秩序の混乱」なども、緊急事態と規定されているように、国家体制打倒の革命に対する反革命基本法として、この「草案」が存在していることは明白である。また、この「緊急事態条項」を使って、「放射性物質」の管理施設を強制的に建設するなど、さまざまに、運用されてゆく可能性があるものだ。

●――緊急事態＝緊急勅令の復活

つづいて、この緊急権規定を見ていこう。

「（緊急事態の宣言の効果）第九十九条　緊急事態の宣言が発せられたときは、法律の定めるところにより、内閣は法律と同一の効力を有する政令を制定することができるほか、内閣総理大臣は財政上必要な支出その他の処分を行い、地方自治体の長に対して必要な指示をすることができる。
2　前項の政令の制定及び処分については、法律の定めるところにより、事後に国会の承認を得なければならない。
3　緊急事態の宣言が発せられた場合には、〈何人も〉、法律の定めるところにより、当該宣言に係る事態において国民の生命、身体及び財産を守るために行われる措置に関して発せられる国その他〈公の機関の指示に従わなければならない〉。この場合においても、第十四条、第十八条、第十九条、第二十一条その他の基本的人権に関する規定は、最大限に尊重されなければならない。
4　緊急事態の宣言が発せられた場合においては、法律の定めるところにより、その宣言が効力を有する期間、衆議院は解散されないものとし、両議院の議員の任期及びその選挙期日の特例を設けることができる」。
⇩この緊急勅令の復活はまず、「政府は法律と同じ効力を有する政令を制定できる」とある点である。

政令は国会の審議を通さないものであって、法律と同じ効力というのは、明治憲法の天皇の緊急勅令とおなじものだ。さらに、「何人も、……国その他公の機関の指示にしたがわなければならない」という国民徴用・有事動員の規定が書かれている。

伊藤博文『憲法義解』では、次のようである。
第八条「天皇の緊急勅令に関する規定」では、「天皇は公共の安全を保持し又は災厄を避けるため緊急の必要に由り帝国議会閉会の場合において法律に代わるべき勅令を発す。この勅令は、次の会期に於いて帝国議会に提出すべし、もし議会において承諾せざるときは政府は将来に向けてその効力を失ふことを公布すべし」（前掲三〇頁）という規定である。

天皇は「法律に代る」勅令を発することができ、それは、法律と同じ資格のものであると規定されている。第九条には天皇による「行政命令」が規定されているが、それは、法律を変更することができず、法律としての勅令を規定した第八条の緊急勅令とは、区別されたものである。まさに緊急勅令が、法＝王命思想を前提とする専制権力の積極的立法行為として存在するということが、言われているのである。

それはこの緊急勅令をもって、法律を変更・廃止することもできるものであった。このような緊急勅令によって、憲法一四条戒厳宣告権による戒厳令の発動が、一九〇五年の日比谷焼打ち事件、一九二三年の関東大震災、三六年の二・二六事件のときに発動された。さらに、かかる緊急勅令として二三年には、治安維持法の前身とされる「治安維持のためにする罰則に関する件」が発令され、二八年には治安維持法の改定が、おこなわれている。この改定によって、治安維持法の厳罰化がおこなわれ、最高刑が死刑となった他、目的遂行罪（「結社のためにする行為」として、ある人が、結社のためにすることを意識しない場合でも、特高警察から見れば、ある人の行為が、結社のためにする行為だとなれば、罰に処することができる）が設定されたのである。

この帝国憲法の緊急勅令と治安維持法の関係は、また、「草案」の緊急事態の規定と国家権威主義的法実証主義、とりわけ、二一条（表現の自由）二項の規定（公益及び公の秩序を害する結社は

「認められない」の規定）とフレンドな関係性をもっているだろう。

●――戦後民主主義憲法では緊急権規定は一切禁止

これに対し、戦後憲法の人権規定からは次のようにいうことができる。

宮沢俊義の『憲法Ⅱ――基本的人権』（有斐閣、初版一九五九年）を参照したい。

「日本国憲法の人権宣言の保障する基本的人権がかように前憲法的性格を有するとされることから、それらは、憲法制定権をも拘束するという結論がうまれる。……憲法以前の権利であれば、憲法改正によって、これを変えることはできないという考え方である。もっとも、このことは、基本的人権についてのみいわれることであって、人権宣言に規定してあるそのほかの事項は、すべて憲法の改正によって変えられることは、当然である」（二〇六頁）。

また、明治憲法では、①軍人については、人権ではなく軍規―軍の法令が優先するという規定（三二条）、②「戦時」「国家事変」に際しての「天皇大権」（非常大権）による人権の制限（三一条）、③戒厳による人権の制限（一四条）、④天皇の緊急命令（勅令）での人権の制限（八条）が認められていた。だが「日本国憲法の人権宣言は、この種の例外をいっさいみとめない」（二〇八頁）ということだ。「帝国憲法」では、そうした「平和国家」の自然法思想が否定されているということだ。

●——最高法規の削除＝革命権・抵抗権の否定

現憲法第一〇章（最高法規）、第九七条（基本的人権の本質）「この憲法が日本国民に保障する基本的人権は、人類の多年にわたる自由獲得の努力の成果であって、これらの権利は、過去幾多の試錬に堪へ、現在及び将来の国民に対し、侵すことのできない永久の権利として信託されたものである」は削除される。

⇩この規定は、補論①で説明しているように、「抵抗権は他の人権の帰結である」（フランス人権宣言）という革命権・抵抗権を内包している。その最高法規の否定は、革命権・抵抗権の否定であって、このことと、天賦人権論の否定は結びついている。まさに、以上のような問題から、「自由民主党日本国憲法改正草案」は、形だけ日本国憲法を継承しながら、内実としては、その条文に、明治憲法の考え方を多分に内包した規定として存在しているということが分かるだろう。

●——人権の「国民」規定と国家・天皇制問題

次に日本における、この人権のあり方であるが、憲法一一条「基本的人権の享有」において「国民は、すべての基本的人権の享有を妨げられない」としている。この「国民」規定は、日本国民以外の外国人を基本的人権から排除するものか、否かが問題となる。また、各条には「国民は」だけでなく「何人も」という表現もあり、そういう主語が書かれていない場合もある。それを如何に解釈するかだ。「人々」にしておけばかかる問題は一切なかったのだ。

「日本国憲法が、ある人権を『何人』に対しても、保障し、他の人権を『国民』に対してのみ保障するように規定するのは、その人権を保障する責任がすべての国にあるか、それとも日本国にあるか、のちがいから生ずる結果であり、その両者ともに、憲法がこれを基本的人権と認めていることに変わりはない。その区別をもって、人権とそうでない権利と考えたりするのは、妥当でない」（宮沢前掲、二四二頁）と解するのが法解釈で言われていることである。

だがしかし、この「国民」規定については、これまで見てきたような国家権威主義的な法実証主義とあいまって、日本国では日本人以外には基本的人権は認めなくていいというような差別・排外主義的な解釈や悪用が生まれる余地がある。このことには、注意すべきだろう。

日本国憲法において問題なのは、とくにこの「国民」規定の意味である。「主権者」は「国民」である。そしてこの「国民統合」の「象徴」として天皇が位置しているのだ。つまり日本は、「天皇制国家」であって、「国民」はその国家の国民であるという形をもつ。「王様」を象徴とした「自由と民主主義の国家」という矛盾がここにある（天皇・天皇制の戦争責任の問題については、拙著では『国家とマルチチュード』（社会評論社）第二部「日本ナショナリズムと共同体」を参照のこと）。

そして、根底的には、〈国家＝戦争機械〉に対するその国家の国民であり、その概念は本来、否定の対象であるべきだ。人々は〈国民〉という存在からの自己解放をめざすべきなのである。

これまで見てきたように、「草案」と帝国憲法は、同じく国家権威主義的法実証主義にもとづく社会実在論であり、社会有機体説や全体主義に類別することができる。これに対し、戦後民主主義憲法は、個人主義と自然法思想にもとづく社会唯名論であり、個人主義や民主主義に類別することができる。

反戦平和と民主主義というところでの有効性から考えた場合、戦後民主主義の個人主義を相対的には支持するというのが、本論の立場だ。また、第六章でのべているように、本論著者は、プーランツァスの社会主義における一般民主主義の重要性という論点を支持し、それを宣揚するものであるところからも、個人主義に基づく社会観を相対的に、全体主義に対しては、支持するものである。それはファシズムや資本主義社会の全体主義、何がしかの専制体制のみならず、スターリン主義や、第六章で分析しているボリシェビキ官僚主義など、官僚制社会主義のような全体主義に対しても、一般民主主義としての個人主義的社会観を擁護するものである。

だがまた、本論著者の考えから言うならば、この個人主義は止揚されるべきものとしても存在している。個人主義は、どこまでいっても、ブルジョアアトミズムの競争原理（エゴイズム、排他主義）を、「否定」はしえても「止揚」することができず、どこまでも資本主義とフレンドな関係をもち続ける構造にある。それは、この自然法思想が、近代ブルジョア社会の通用的価値である、個人の財産（資産）の不可侵とか、商品所有者としての交換の平等とかいった価値観によって生み出されたということにあるからだ。

廣松渉は「社会体制の変動と哲学――現代の歴史的位境」(『廣松渉コレクション』第二巻「社会主義の根本理念」、情況出版、一九九五年)でのべている。

「資本主義経済が商品経済・貨幣経済の発展せる一形態であることは言を俟たない。……――だが資本主義経済は、商品経済・貨幣経済の単なる流通規模的・比重的な発達ではなく、『労働力の商品化』を種差的特質とする。この経済体制と相即的に、自由平等を編成原理とする『市民社会』が、更には所謂『民主国家』が形成されたのであった。……労働力が一般単純商品と同じ価値原理で売買され労働力の価値が『価値法則』に即って騰落するシステム」、すなわち労働力商品化の現成をまって、資本制的「資本―賃労働」関係が成立する。それは、二重の意味での「自由な労働者」の存在を前提したと、廣松は論じている。

この二つの自由とは、「移動の自由」「職業の自由」という意味、もう一つは生産手段を所有していないという意味で「自由」であり、生活費を得るためには、他人に雇用されなければならないということだ。廣松は、「典型的な資本主義国イギリスの場合でいえば、しかし、十六世紀初頭から開始されたエンクロージャーによって農耕地から〝叩き出された〟元小作人たちが第一次的供給源となった。彼等は自由主義思想に拠って解放されたのではなく、羊牧場に変えたほうが利益のあがる封建的地主の打算で、無惨にも路頭に放逐されたのであった」(三〇一~三〇三頁)とのべている。

これがマルクスの言う「資本の本源的蓄積」という事態である。

「資本主義経済の黎明期にあっては、自由な取引、対等な交換を、種々様々な要因が阻害していた。

封建的・身分的な各種特権が不平等な取引計画を経済外的に強制したばかりでなく、領主権力が金品を一方的に徴取すること、時によっては全財産を没収することすら、〝法的に認められた〟〝当然の慣行〟であった。茲に、対等な取引権、自由意思に依らざる財貨譲渡の拒否権（これは視角を変えれば財産所有権）、要言すれば、取引主体としての各人の自由平等性が現状打破の理念的スローガンとして掲げられる所為となった。

これにより、「伝統的支配層・指導層」と「新興事業家階級」など新興勢力との間には軋轢が生じた。「新興勢力の側ではそれに対抗して『信仰の自由』『思想の自由』『言論の自由』『営業の自由』『職業選択の自由』『移住の自由』等々を要求すると同時に、『因襲的各種特権の廃止』『身分的差別の廃止』『万民の人格的平等化』『基本的人権の保障』等々を要求したのであった」。

ここから商品所有者の自由な交換関係としての〈アトム〉（個人）の自由・平等が形づくられることになる。

「商品経済の論理、それは前述の通り、自由で対等な商取引を前提とする。商品経済社会なるものは、……各自の生産・所有する商品を相互補完的に流通させることによって、生活に必要な財貨を合理的・調和的に生産・配分するシステムとして表象される。……この理念型的モデルにおいては、社会の成員は全て独立自営者、つまり、業種は様々でも身分的差別はなく人格的には平等な主体であるとされ、成員は各自『自己労働にもとづく生産物』を『所有』していて『自由意思』によって『等価交換』するものとされている。〝自由〟〝平等〟な諸個人の共存共栄社会!!である」。労働者階級諸個人も、「労働力」という商品を売る、独立自営者であるとされる。

「斯かる〝独立自営者たち〟から成る〝自由〟〝平等〟な〝契約的社会〟、この〝歴史的現実〟の追認として『自由平等主義』がエンドクサ（通念――引用者）となって定着しているのであり、この社会編成に見合う政治制度として『民主制国家』が当然と思念される」（廣松前掲、三〇八～三〇九頁）ということだ。

こうした、資本家的商品経済社会にもとづく民主主義国家、近代国民国家は、資本主義社会における資本主義国家として存在し、民主主義国家体制が危機に瀕した場合は、社会実在論的＝社会有機体主義的国家として、全体主義的で独裁的な政治体制をとる、ファシズムなどの国家体制に変貌する。本論論者としては、こうした、資本主義国家における社会実在論、その日本国家におけるありようとして、ここでは、帝国憲法（明治憲法）体制と、それと今日的に相即すると本論が分析する自民党「日本国憲法改正草案」、そして、それと相対的に対峙している、社会唯名論の戦後民主主義憲法という、二つの実体主義的社会観の二項対立をのりこえ、「人民主権」（この用語の概念論的定義はここではしない。主権者である人民が主体となった社会という一般論として使用するものとする）としての実質的な内実をもった民衆的共同体を措定したいと考えるものである。

〔補論①〕「平和的生存権」と「抵抗権」に関するノート

平和的生存権の概念

日本弁護士連合会は二〇〇八年、「平和的生存権および日本国憲法9条の今日的意義を確認する宣言」を発表した。

「近年、政党をはじめ各界から改憲案が公表されている。2007年5月には日本国憲法の改正手続に関する法律が成立し、2010年から憲法改正の発議が可能となった。憲法改正は現実の問題となりつつある。改憲案の中には、憲法前文の平和的生存権を削除し、戦力の不保持と交戦権の否認を定めた憲法9条2項も削除して、自衛隊を憲法上の『自衛軍』とする案も存する。

当連合会は、1997年の第40回人権擁護大会において『国民主権の確立と平和のうちに安全に生きる権利の実現を求める宣言』（下関宣言）を、2005年の第48回大会において、『立憲主義の堅持と日本国憲法の基本原理の尊重を求める宣言』（鳥取宣言）を採択した。鳥取宣言では、憲法9条の戦争を放棄し、戦力を保持しないという徹底した恒久平和主義は、平和への指針として世界に誇りうる先駆的意義を有するものであることを確認した。

その後、当連合会は、憲法9条改正論の背景と問題点について研究と議論を重ねた上、本大会において、平和的生存権および憲法9条が、次に述べる今日的意義を有することを確認する。

1　平和的生存権は、すべての基本的人権保障の基礎となる人権であり、戦争や暴力の応酬が絶えることのない今日の国際社会において、全世界の人々の平和に生きる権利を実現するための具体的規範とされるべき重要性を有すること

2　憲法9条は、一切の戦争と武力の行使・武力による威嚇を放棄し、他国に先駆けて戦力の不保持、交戦権の否認を規定し、国際社会の中で積極的に軍縮・軍備撤廃を推進することを憲法上の責務としてわが国に課したこと

3　憲法9条は、現実政治との間で深刻な緊張関係を強いられながらも、自衛隊の組織・装備・活動等に対し大きな制約を及ぼし、海外における武力行使および集団的自衛権行使を禁止するなど、憲法規範として有効に機能していること

憲法は、個人の尊厳と恒久の平和を実現するという崇高な目標を掲げ、その実現のための不可欠な前提として平和的生存権を宣言し、具体的な方策として憲法9条を定めている。

当連合会は、平和的生存権および憲法9条の意義について広く国内外の市民の共通の理解が得られるよう努力するとともに、憲法改正の是非を判断するための必要かつ的確な情報を引き続き提供しつつ、責任ある提言を行い、21世紀を輝かしい人権の世紀とするため、世界の人々と協調して基本的人権の擁護と世界平和の実現に向けて取り組むことを決意するものである。

以上のとおり宣言する。

２００８年（平成20年）10月３日

日本弁護士連合会」

以上が「平和的生存権」の規定である。

憲法の人権条項と「平和的生存権」

次に憲法の人権規定と、このような「平和的生存権」との関連を確認する。

星野安三郎『平和に生きる権利』（法律文化社、一九七四年）の「第四章」では次のように述べられている。

「『平和に生きる権利』とは、憲法前文にいうところの『恐怖と欠乏から免がれて平和の内に生存する権利』をいうのだが、これは具体的には憲法第九条によって保障される。というのは戦争放棄と軍事禁止の第九条は、日本の国民をして、消極的には一切の戦争協力と国防軍事協力の義務から解放しただけでなく、積極的には、土地と税金と人的力のすべてをもって、戦争と軍備のない自由で豊かで平和な社会国家の建設にだけ用いる権利を保障したといいうるからである。……およそ、戦争と軍隊を肯定する限り、国民の自由や人権の制限は不可避となるばかりか、これまでの国家では、兵役義務を中心として、祖国防衛、戦争協力の義務は、もっとも神聖で名誉な義務とされ、その義務違反は、死刑などの極刑をもってきびしく処断されたからである。納税・教育とならんで、兵役義務が国民の三大義務の一とされ、国民皆兵がいわれた反面、良心的兵役拒否の権利が認められなかった戦前の日本では、この点はもっとも極端であった」と規定している。

おなじ章の「1　平和に生きる権利の内容」では次のようである。

「これ（「平和に生きる権利」の内容——引用者）については、深瀬忠一・蒲田賢治両教授の説があるが、それらを参考にして、日本国憲法との関係で、例示的に列挙しておこう。

大別すると、（1）消極的・受動的権利（2）能動的権利（3）積極的権利に分けられ、それらを細分すると次のようになる。これらの諸権利は安保条約や行政協定にもとづく諸法律、さらには自衛隊法と、その運用によって、現実には否認もしくは制限され、さらに、侵害される可能性と危険性を内在させていることが問題だが、そのことを浮き彫りにするために、それとの関連を指摘しておくことにする。

一　消極的、受動的権利

一切の戦争協力・国防・軍事協力の義務から解放されたという点で、消極的ないしは受動的な自由と権利である。いいかえれば、戦争と戦争準備さらに軍事力による人権侵害を排除しうる自由と権利であり、その内容が考えられる。（以下、憲法の各条の（　）内のタイトルの文字は、引用者による憲法各条の文からの引用）

（1）憲法第一三条（個人の尊重と公共の福祉）・第一八条（奴隷的拘束及び苦役からの自由）、生命の自由と意に反する苦役からの自由と関連して、兵役を強制されない自由と権利、すなわち個人が兵役を強制されないという主観的権利と、徴兵制は違憲であることによって制度的に保証される。

(2)憲法第一三条、幸福追求の権利の一種としてのプライバシーの権利からして、軍事目的からする国勢調査や情報収集を拒否する権利。この点、防衛庁(現在は省となっている——引用者)の要請による、自衛官志願適格者名簿は問題である。

(3)憲法第一九条(思想及び良心の自由)、軍事的に国を守るという愛国心や忠誠検査を受けない権利。

(4)憲法第二〇条(信教の自由)、過去の侵略戦争や軍国主義を礼賛したり、美化し強化する傾向の宗教団体ないし施設に公権力が好遇ないしは援助を与え、それに礼賛することを強制されない権利。この点は、靖国神社国営法案は問題である。

(5)憲法第二一条(集会・結社・表現の自由、通信の秘密)、国防軍事目的のため、集会、結社、言論、出版、取材、報道、集団行動等、表現の自由を制限、侵害されない権利。刑事特別法、MSA援助兵器秘密保護法の存在と、米軍や自衛隊反対運動に対する警察の介入問題。

(6)憲法第二二条(居住・移転及び職業選択の自由、外国移住及び国籍離脱の自由)、国防・軍事目的からする強制疎開や強制徴用など、居住・移転・職業選択の自由を制限されない権利。外国への移住や国籍離脱の自由を軍事目的から制限されない権利。

(7)憲法第二三条(学問の自由)、第二六条(教育を受ける権利、教育の義務)。軍事研究や軍事訓練、教育を強制されない権利(企業による新入社員の自衛隊訓練)。

(8)国防・軍事目的のための土地や財産の強制収用を受けない権利(米軍基地のための土地使用等の特別措置法)。

（9）憲法第三〇条（納税の義務）。国防・軍事目的のため、税金を徴収、使用されない権利。

（10）憲法第三一条（法定の手続の保障）以下、人身の自由保障規定。国防軍事目的からする罪刑法定主義や適正手続条項の改変や制限を緩和されず、軍事裁判を強制されたり、逮捕・監禁・住居侵入・などの憲法上の諸権利を制限・侵害されない権利。

（11）憲法第一三条・第二五条（生存権、国の社会的使命）。国防軍事目的からする騒音や爆音、土地の、荒廃、水流の汚濁化、事故、電波妨害などの軍事公害からの自由と環境を保全する権利。

（12）憲法第二八条（勤労者の団結権）。国防軍事目的からする労働基本権の制限を受けない権利」。

さらに「能動的な参加の自由と権利」として反戦平和運動の自由、「積極的権利」として、公権力などによる戦争体験などの記録を展示する施設づくりや、「原爆被災者に対する公的扶助」などを「請求する権利」などが、あげられている。

「人権」の帰結としての抵抗権・革命権

それでは、「平和的生存権」を踏みにじり、「平和国家」を全体主義や戦争国家に組織していこうとする政府（および国家）に対して、近代民主主義が措定している「抵抗権」「革命権」について概観していこう。後述するように、前提としておさえておくならば、ここで定義されている「抵抗権」による政府の打倒や、「革命権」による国家体制の転覆は、すべて「民主主義社会、民主主義法秩序」が破壊された状態に対し、その民主主義社会と民主主義法秩序を再建するためになされるものであり、資本主義を打倒して社会主義の政権をうちたてるとかいう社会主義革命の内容は、含まないものとして、措定されているということである。

＊本論著者としては、社会主義革命は、資本主義のオルタナティブにおける「選択肢」の一つだが、それは、民主主義社会の成熟とともに展開されてゆくべきであり、それと対立するものではなく、また、対立してはならず、その内容も、さまざまであるということである。この問題は、第六章と終章で、考察することにする。

抵抗権は「一般の人権を侵害する公権力に対する抵抗をその内容とするものであり、いわば人権宣言の保障そのものの担保であろうとするものである」（宮沢俊義『憲法Ⅱ』新版、有斐閣、初版一九五九年、一三五頁）。

ヴァジニア人権宣言の「革命権」や、一七九三年のフランス憲法での人権宣言で「圧制への抵抗は、他の人権の帰結である」（三三条）などと表明されているものだ。

近代ドイツにおけるナチのファシズムの経験から、第二次大戦後ドイツでは、一九四七年、ブレーメン憲法が「憲法で確定された人権が憲法に反して公権力によって侵されたときは、抵抗は各人の権利であり、義務である」（一九条）と表明した。また同じ年、マルク・ブランデンブルク憲法が「道徳と人間性に反する法律に対しては、抵抗権が成立する」（六条二項）と宣言した。

宮沢はここで、抵抗権の考え方を、次のように、何点かにわたり定義している。

「抵抗権は、どこまでも、実定法上の義務が合法的に成立していることを前提とし、この前提をひとまず承認した上で、そうした義務を拒否することの主張をその内容とする」（一四一頁）。その場合、それは「実定法以外の秩序を根拠として、実定法上の義務を拒否することが、抵抗権の本質である」（一四二頁）という位置づけをもつ。

だが、そこで「抵抗権のなやみ」といわれるものが、生ずることは、おさえておくべきポイントだ。

「抵抗権を全然みとめないことは、現在の国家権力の行使を無条件に是認し、すべての人に盲目的な服従を要求することになる。しかし、なんらの客観的な基準を欠く抵抗権を承認することは、すべての法秩序そのものを承認する結果になりかねない。自然法上の義務の存否について、宗教的な信仰によらずに、なんらかの客観的な基準を見出すことははたしてできないものだろうか。抵抗権について、最大のなやみはここにある」（一五七頁）。

「抵抗権が、その定義で示されたように、実定法秩序以外の秩序――自然法秩序――の内にその本質を有することを考えるとき、抵抗権というものは、そうした実定法化、制度化を受けつけない本質を有するとみなくてはならないと考えられる。この意味で抵抗権を実定法化・制度化する試みは、いわば概念必然的に完全には成功しない運命にあるというべきである」（一六三頁）とし、そこから宮沢は、「『権利』として、確立させようとすれば、その根拠は、実定法以外のところ――自然法ないし道徳律――にもとめられなくてはならない」（一七三頁）と位置付けている。

抵抗権の位置づけをめぐる問題

だが、この宮沢の定義を巡っては、法学界で解釈が分かれている。

樋口陽一「問題13　抵抗権」（清宮四郎他『新版　憲法演習1　総論・人権1〔改訂版〕』、有斐閣ブックス、改訂版第一刷一九八七年）では、次のようである。

「抵抗権については、その根拠についてどう考えるかによって、大きく二つの立場が分かれる。すなわち、実定法に根拠をおかないものだけが抵抗権でありうると考えるA説と、もっぱら実定法に根拠をもつ抵抗権が成立できると考えるB説である。ところが、同じA説でも、そのように実定法に根拠をおかない抵抗権というものの『権利』としての性格については、まったく正反対な二つの立場に分かれる」（樋口前掲、二三五頁）。

「実定法を超えた一つの思想にとどまる」とするのは、これまで見てきたように宮沢俊義の立場だ。これを「A1説」とする（樋口前掲、二三五頁）。

これに対し、「同じく抵抗権を超実定法的根拠のものと受けとりながらも、実定法をこえる自然法の法規範性を肯定する立場を前提するひとびとは、自然法上の権利としての抵抗権が、法的意味での権利としての性格をもつ、と考える。これが、A2説である」（樋口前掲、二三六頁）。

「A2説」として「わが国では、橋本公亘が、『人間の尊厳を中心価値とする民主主義秩序の否定に対する抵抗は、人間の超国家的、前国家的人権と認められる』という前提にたち、抵抗権を『実定法上の規定を超えて存在する自然法上の権利』と解し、『人間の理性に直接の根拠をおく』自然法上の抵抗権は、『実定憲法の規定の有無に拘わらず（仮に抵抗権を否認する規定があったとしても）、認められる』という（橋本公亘「抵抗権論」法学新報六五巻三号三一頁〈一九五八年〉）」。「同氏は、①『抵抗の成立する要件』として、『民主主義基本秩序に対する重大な侵害が行われ、憲法の存在自体が否認されようとする場合であることが必要』なこと、『その不法が客観的に明白であることを要する』こと、②『抵抗権の行使の目的』として、『民主主義憲法のもとでは、単に保守的意味で、すなわち、法秩序の維持または再建のための緊急権としてのみ用いられる』こと、③『抵抗権の行使の方法』として、『不法権力を排除し、法秩序を維持または再建する目的を達成するに必要な限度で、あらゆる可能な実力を行使することができる』こと、を論ずるのである」（樋口前掲、一二三六頁）。

まさに、こうした抵抗権の行使として、ナチス・ドイツに対する欧米のレジスタンスが闘われたことを想起すればいいだろう。

さらに「B説」として、実定法化されているからこそ「法曹家が法的判断をくだすに際しての最高の基準」となると考える菅野喜八郎（『国権の限界問題』一九七八年、一七三～一七四頁）の見解を紹介している。「同氏は、自然法の存在は認められないという立場に立つ」（樋口前掲、一二三七～一二三八頁）。

だが、実定法上の法的権利を肯定することでは、橋本説と同じであると樋口は論じている。

橋本氏は「実定法によって抵抗権が規定された場合は、『実定法が抵抗権を創設したと見るべきではなく』（橋本・前掲六頁）、実定法が自然法上の権利を確認した趣旨のものとして理解する」（樋口前掲、二二三八頁）からだ。

橋本公亘の抵抗権論

橋本公亘『憲法原論』（有斐閣、初版一九六六年）での抵抗権論を確認して行こう。

「（２）抵抗権を認める理由

国家権力の行使が、憲法の個々の条項に違反する場合においては、憲法所定の違憲審査等により救済されるべきものであり、また国民の参政権による政治的コントロールを通じて、是正せられるべきである。このことは、憲法の予想するところで、抵抗権の存在を認める余地はない。

これに対して、憲法の原理を根本的に否定するような政治権力が出現し、国家権力を簒奪し、人権およびこれを認める民主的憲法自体が重大な侵害を受け、その存在が否定されようとするに至ったとき、国民に抵抗権が成立すると考える。これを認める理由は、次の通りである。

(a)人間の尊厳を中心価値とする民主主義秩序の否定に対する抵抗は、超国家的、前国家的人権と認められる。それは、実定法を超えて存在する自然法上の権利である。人間の尊厳を否定する権力者の行為に対してまで、服従する義務を負うとすることはできない。法の本質に対し、実力説的見解をとる者は、法が人類の社会生活の規範として、正義の理念を包含することを見失っているといわねばならない。権力者は、国家権力を行使するにあたって、それが、少なくとも正義の理念に反しないものであることを要求される。このような自然法は、人間の理性に直接の根拠をおくもので

ある

(b)国法上固有の意味の抵抗権は、実定憲法の規定の有無にかかわらず（かりに抵抗権を否定する規定があったとしても）認められるものである。したがって、日本国憲法の条項について、多くの論議をすることは、抵抗権に関するかぎり、さほど本質的なことではないのであるが、ここに注意されることは、日本国憲法自体が、かかる自然法を中核として成立していることである。このことは、前文第1段、第11、12条、および第97条等によって知ることができる。いいかえると、日本国憲法は、抵抗権の明文をもっていないが、その基本性格上、かかる固有の意味の抵抗権を内在せしめているということができる」（二七二〜二七三頁）。

まさに、憲法九七条は、「【基本的人権の本質】この憲法が日本国民に保障する基本的人権は、人類の多年にわたる自由獲得の努力の成果であって、これらの権利は、過去幾多の試練に堪へ、現在及び将来の国民に対し、侵すことのできない永久の権利として信託されたものである」と規定している。この抵抗権・革命権の歴史的行使を想定した規定に対して、自民党の改憲草案は、この九七条をまるごと削除するとしているのである。

「(4)　抵抗権と革命

抵抗権の行使は、民主主義憲法のもとでは、単に保守的な意味で、すなわち法秩序の維持または再建のための緊急権としてのみ用いられうる。これを改革の手段として用いることは許されない。この点で革命とは区別される。革命は、法秩序の基礎を変革する行為であって、積極的に自己の政治的主張の実現を図るものである。それは、正当性の問題とは、区別すべきである。抵抗と革命とは、時には、一致して現われることもあるし、時には、相反する場合もある。すなわち、人間の尊厳を否定するような国家秩序の下にあっては（たとえばナチスの圧制下、または帝国主義的な植民地の法秩序の下にあっては）、抵抗権は、革命権として主張することができるのであり、両者は、方向において、一致するわけである。しかし、民主主義法秩序の下では、抵抗権は、これを擁護するためにのみ行使することができるのであって、それは、革命権として主張することはできない。

抵抗権は、アメリカ独立、フランス革命等においては、革命権としての役割を果たした。それは、当時の政治が、人民に対する圧制であったがためであり、人間の権利自由の自覚が、革命権となって、現れたのである。しかし、現代のわが国においては、事情を異にする。われわれは、すでに民主主義基本秩序を樹立している。したがって、抵抗権は、この民主主義基本秩序を維持しようとするものでなければならない。それは、革命権として現われず、むしろ独裁制の出現に対する抵抗権として現われる。いいかえると、固有の意味の抵抗権は、人間の尊厳を重んじようとする自然法上の権利として、その本質を同じくするものであるが、時代と場所を異にするにしたがって、国法の基礎秩序の異なるにしたがって、抵抗する方向の差異を生じて、一は、革命権として現われ、他は、むしろ反革命権として現われるのである」と、抵抗権の法的位置づけを定義している（二七五〜二七六頁）。

まさに反戦平和運動にこうした、以上のような考え方を活用してゆくことが必要だろう。

特定秘密保護法（以下、秘密法とする）の近代日本法制史上の大きな特質は、過去の治安法との比較などをふまえて分析されねばならないが、ここでは同法の特徴点につき概観する。

「特定秘密」なるものをそれと知っていて「特定秘密を管理する」担当者などが、安全保障に損害を与える利敵行為として情報を外部に流すことを裁くということに、「立法者意思」の主張がある。それ自体、例えば憲法違反の密約がおこなわれた場合——日米安保軍の「集団的自衛権」の行使であった場合など、それが特定秘密であった場合、それを暴露することも罰せられる、軍国主義的なものにほかならないが、それのみではなく、この法案の文面は、広く人権抑圧・治安弾圧立法としての特徴を多分にしめしてあまりあるものだ。

一番の問題は例えば、ある人が、ある事項について知りたいと思って、その筋の所轄官庁の官僚に聞いたところ、それが、たまたま、「特定秘密」と関連があった場合、それはその人が、「特定秘密」関連情報だとは知りようもなかったわけだが、その特定秘密情報の「管理を害する行為」であるとされ、また、その漏えいを煽動・教唆したなどとされ、罰せられることがある（国家権力は罰することが可能となる）、ということだ。

また、秘密情報となっていた情報を、あるいはその情報と密接な情報について、それとは知らないで論じたものも、秘密情報漏えいまたは、漏えいの煽動・教唆などとして、国家権力が罰する可能性がある。

しかし、これらの件での逮捕においては、「秘密事項」が何の漏えいであるかは、「秘密」なのだから隠され、ただ、例えば「安全保障」に関わる特定秘密の漏えいとするだけで、逮捕から裁判の全過程が進行する。まさに、暗黒裁判・軍事裁判そのものだ。

なぜなら、これでは、どのような「行為」が、どのように違法なのか、具体的に何を取ったから、取ろうとしたから違法なのか、それは、どれくらい違法なのか、違法でないのかを、争うことはできず、一般におこなわれている刑事公判にのっとった裁判なら、公判を維持することは、絶対に不可能なものなのである。ものすごい人権侵害だ。これこそ「国家テロリズム」だ。

またこうも想定できる。その秘密が例えば、権力犯罪の隠ぺいにかかわる、あるいは関与していくようなものであった場合、権力犯罪は伏せられているということになる。

まさに、この「秘密」の規定では、罪刑法定主義にもとづいて、「行為」を裁くことを原則としている近代民主主義裁判制度の根幹を否定し、国家権力が、秘密法違反をいかようにもでっち上げられる、そして、犯人にしたい者を、恣意的にでっち上げ、犯人にできる、刑事弾圧のオールマイティーを持つことができるのである。

（1）「行政機関の長」（政府・官僚）による「特定秘密」の恣意的な指定。何を「秘密」の根拠にするのかも、不明である。公開原則も秘密指定の年限を延長できるしくみになっている（第四条）。「秘密」の内容を評価する第三者機関もない（官僚主導、体制翼賛の「第三者機関」などは、欺瞞以外ではない）。

（2）国会議員も「特定秘密」を知ることについて、罰則つきの制限がある（第三章、第一〇条↓

第七章、第一三条）。これは国権最高機関としての立法府の破壊だ。

（3）「特定秘密」を洩らした人にも、情報を求めた側にも罰則。「共謀」「教唆」「煽動」として
も罰せられる（第七章）。

（4）量刑は最高一〇年（第七章）。

（5）第五章で「適正評価」として、この「秘密」をあつかう官僚などの個人情報やその家族な
どの国籍などの情報も調査される。

（6）「するための活動」とは、何だ？

「適正評価」には、評価の対象となる人々に「次に掲げる事項についての調査を行い、その
結果に基づき実施するものとする」として、「薬物」「精神疾患」「飲酒」などのほか、次のよ
うなことを調査せよと書いている。

以下、ここに書かれている「特定有害活動」「テロリズム」の定義は不明確で、拡大解釈の
可能性は大である。とくに「行為」が限定されていない。個々の問題点を、〈　〉に囲んで、
指摘する。

「特定有害活動（公になっていない情報のうちその漏えいが国の安全保障に支障を与える〈お
それ〉があるものを取得するための活動、核兵器、軍用の化学製剤若しくは細菌製剤もしくは
これらの散布のための装置若しくはこれらを運搬することができるロケット若しくは無人航空
機またはこれらの開発、製造、使用若しくは貯蔵のために用いられる〈おそれ〉が特に大きい
と認められる物を輸出し、又は輸入するための活動〈その他〉の活動であって、外国の利益を

図る目的で行われ、かつ、我が国及び国民の安全を著しく害し、又は害する〈おそれ〉のあるものをいう。及びテロリズム（政治上〈その他〉の主義主張に基づき、国家もしくは他人にこれを〈強要〉し、又は社会に不安若しくは恐怖を与える目的で、人を殺傷し、又は重要な施設〈その他〉のものを破壊〈するための〉活動を言う）」。そしてこれらに「関する事項」での「調査対象者」のチェックが必要だと規定している。

〈おそれ〉というのは、何が〈おそれ＝危殆〉なのかは、調査する側の恣意で、どこまでも拡大解釈できる。〈その他〉は、恣意的拡大解釈に際限なく道をひらいている。〈強要〉というのは、「主張する」行為が、人によってそう受け取ることが可能であり、「主張する」行為を〈強要〉したとでっち上げることが可能である。〈破壊するための活動〉というのは「破壊する」という行為以外にも、その「行為」を準備する一連の行為が想定されるので、どこまでが「ための」に入るのかは、調査する側の恣意的な判断なしには成り立たない。

（7）「その他」で未遂罪が成立

第七章の「罰則」では、「人を欺き、人に暴行を加え、若しくは人を脅迫する行為により、又は財物の窃取もしくは損壊、施設への侵入、有線電気通信の傍受、不正アクセス行為（不正アクセスの禁止等に関する法律（平成十一年法律第百二十八号）第二条第四項に規定する不正アクセス行為を言う。）〈その他〉の特定秘密を保有する者の管理を害する行為により、特定秘密を取得した者は、十年以下の懲役に処し、又は情状により十年以下の懲役及び千万円以下の罰金に処する」（二四条）としている。そしてこの第二項として「前項の罪の未遂は、罰する」

と規定している。

まさにこの場合、「その他」とは、恣意的拡大解釈以外ではないだろう。まさに、「特定秘密を保有する者の管理を害する行為」だとして「その他」を理由に、その未遂罪ででっち上げあげられる可能性がある。

こういう、国家権力の恣意的な拡大解釈の範囲が、無限に広がっているのが、治安法の特徴だ。日本の権力者たちは、こうした治安法を、日米安保成立の三か月後に成立させた戦後破防法体制の土台の上に、積み上げるように、構築しようとしている。それが「戦時」秘密法体制だ。

第三章●――近代生産力主義と京都学派・鈴木成高の近代批判

廣松渉の「近代の超克」論への言及を視軸にして

●――はじめに――廣松渉の京都学派論から

第二次世界大戦において、大日本帝国の戦争に協力・加担した「京都学派」――京都帝国大学を拠点とした社会思想の一派――であったが、そこには、近代ブルジョア的価値・パラダイムを超克していこうとする問題意識が表出している。京都学派は、その問題意識を当時の時流にあわせて広めていこうとした、そこに京都学派が、帝国主義戦争に加担した根拠があるのだが、ここではそれを踏まえた上で、京都学派の問題意識を鈴木成高の機械文明批判に焦点をあてて、見てゆくことにする。

なお、京都学派が日本帝国主義のアジア侵略を免罪し、それに加担した論理構造については、拙著では「京都学派の資本主義批判――『日本の帝国主義はそのままに（批判せず）』帝国主義を欧米独自のシステムとして実体化」（『国家とマルチチュード』第二部第二章、社会評論社、二〇〇六年）

を参照してほしい。

「近代の超克」をタイトルに開かれた、廣松渉言うところの「大放談会」が、一九四二年（昭和一七年）一〇月号の『文学界』に掲載された「文化総合会議シンポジウム」であった（廣松渉「〈近代の超克〉論」、廣松渉著作集第一四巻、岩波書店、一七二頁参照）。当時、京都帝国大学の教官であった鈴木成高も、その放談会に出席した一人であった。

廣松渉はつぎのように述べている。

「鈴木成高はシンポジウムに先立って討論用に提出しておいた論文のなかで『世界全体の運命から考えるときには、今日の問題は特定の二、三の国家の興廃などということより遥かに大きな深刻な問題である。のみならず現代の変革が如何に根本的なものを志向するものであるかという認識に到達することがなければ、それに対する代価を支払う用意が定まらず、吾々自身の新時代に対する姿勢が定まらないのである』旨を前置きとして次のように述べている。

『近代の超克といふことは左様いふところにおいて見出された問題であり、少なくとも究極を極めんとする方向において発生するところの問題であると思はれる。それは例えば、政治においてはデモクラシーの超克であり、経済においては資本主義の超克なのであり、思想においては自由主義の超克を意味する。その包括する側面において多面的であるとともにその含蓄する意味において極めて深刻なものをもち、（中略）国家の内部的構造、国家と国家の関係のみならず更に世界観の根本、文明の性質に拘はるところの問題であるといわなければならないのである』。

鈴木は右のごとき射程において問題を捉えていたのであり（中略）当座の論件に関していえば（中

略）彼は六箇条の形にまとめて問題を提出する。
（一）『近代の超克』をば問題の本来的意味において、即ち欧州的意味において明らかにすること。
（二）問題を日本的角度において定位し、日本的課題としてこの問題が何を意味するかを明らかにすること。
（三）超克すべき近代が十九世紀であるかあるいはルネサンス以降であるか――西欧論壇での係争点であるこの問題を裁可すること。
（四）ルネサンスの超克は当然「人間性」（リュマニテ）の根本問題に触れ、キリスト教の将来という問題とも関聯する。
（五）機械文明と人間性の問題は科学の問題に関聯する。即ち、文明の危機を解決するに当たっての科学の役割と限界との問題が起こらなければならぬ。
（六）歴史学としては「進歩の理念」を超克することが、ひいては歴史主義の超克ということが、根本問題になる。
鈴木成高による此の問題設定は、前掲の『政治においてはデモクラシーの超克、経済においては資本主義の超克、思想においてはリベラリズムの超克』という論点と合わせるとき――哲学者たちは近代知の地平そのものを端的に問題にする条項を追加したい、と考えるにせよ――問題圏をほぼ全面的にカヴァーしており、剴切（「非常に適切なこと」広辞苑――引用者）な定式であると認められよう」（廣松渉「〈近代の超克〉論」、廣松渉著作集第一四巻、岩波書店、一七六～一七八頁）。

著者（渋谷）の問題意識に引き寄せれば、まさに（五）にあるように、「機械文明」と命名されている近代生産力主義が超克されねばならないのである。そのことは、同時に、当時マルクス主義が陥っていた近代生産力主義（拙著では『ロシア・マルクス主義と自由』を参照せよ）、まさに、資本主義の生産力を社会主義がひきつぎ、その生産力を――国有化と計画経済で――集約（集産）した国家によって、その生産力で得た富を、人民に分配してゆくという思想は、近代の亜流として超克されねばならないだろう。ここにおいて、これから見てゆくような、機械文明自身が持つ人間「疎外」などを超えた近代批判の問題意識が、京都学派には存在していたというべきである。

廣松としては「往時における『近代の超克』論が対自化した論件とモチーフは今日にあっても依然として生きている」（前掲、一八八頁）としている。

その問題意識は継承されるべきだというわけである。

ここでは、その廣松がアップした鈴木成高の先の問題意識のうち、（五）の機械文明の問題に絞って、京都学派の「近代の超克」の論点と対質したいと考えるものである。

＊本論では、この論脈で廣松が論じている京都学派の「哲学的人間学」の文脈の問題などについては、本論論旨との関係で、別稿にゆずるものとする。

「近代の超克」と言う場合、その「近代」とは、欧米に特化される概念ではなく、日本の近代化も含んだ、まさに世界史的な概念である。日本もまた、近代化のなかで欧米との摩擦をおこすこととなった、それが明治以降の日本の歴史で展開されたことだったのである。その場合、かかる「近代の超克」という課題は、近代の経済構造をなす資本主義経済あるいは、いわゆる社会主義経済を貫く機械文明に基礎をおいた生産力主義を、如何に・どのようにとらえるかという課題を必須の部分としていると考える。戦前・戦後をつらぬいて、その課題にとりくんだ人として、京都学派の論客の一人、鈴木成高（一九〇七〜八八年。一九四二年京都帝国大学助教授となる）が存在する。

例えば鈴木は次のように述べている。

「十九世紀末期の世界史を形作っている諸々の現象、すなはち高度に機械化して止まるところを知らない科学文明、経済上における資本主義の高度的発展、大量生産と市場の独占、政治上における帝国主義競争の激化、社会上における階級闘争の尖鋭化、また芸術上におけるいはゆる世紀末文学の頽廃主義、これらの現象はいづれもそれぞれに孤立した別々の現象であるのではない。根本において同一時代の同一現象であり、すべては要するに、文明の危機、欧州の危機といふことに帰着する。（中略）人間と人間との関係、即ち社会の人倫的構造もまた、機械的平等によって画一化せられんとする」（鈴木成高『世界と人間性』、弘文堂書房、一九四七年、七〇頁）。

このような鈴木の機械文明批判の問題意識は、およそ二つの論旨に整理される。これからの諸節でのべるように一つは機械文明による人間疎外の問題。もう一つは、機械文明の必然によって求められる資源が世界的に偏在していること（資源の世界性）と、その資源が国家によって支配されていることの間の矛盾である。

後者の問題で鈴木がいうポイントは「二〇世紀における世界史の矛盾」が〈資源にたいする要求が世界的であり、資源にたいする支配が国家的であるという歴史的矛盾そのもののなかに根ざして〉いたといっていることだ。

今日においてもそのことは例えば、アメリカがイラク戦争を「石油のための戦争」として展開してきたことに端的にあらわれている事態にほかならない。まさに〈世界的な生産諸力と民族国家・資本主義国民国家によるその支配との間の〉かかる矛盾が今日までの近代世界を覆いつくしてきたのではないか。とりわけ「9・11以後」、このことはさらに「対テロ戦争」とアメリカによる世界的覇権支配という形態をとって継続され拡大された形で展開していこうとしている。そしてそのなかで、近代物質主義による人間疎外が拡大しているのだ。つまり、近代の問題は「機械文明による人間の疎外」という問題と「資源と文明（国家）」という問題を両輪として展開しているといってよい。そのことを鈴木は論じたということだ。

ここでは鈴木成高の機械文明批判の問題意識を把握することをつうじて「近代の矛盾」をいかに分析するか、その方法の一つを対象化し、同時に「近代の超克」の問題意識を如何に継承するかを展望する。本論では第二の論点から入ることにする。

●――資本主義の機動力としての産業革命（――工業の技術的展開）

まず鈴木が近代を、どのように概念的に把握したかを概観することからはじめよう。一九四七年に書かれた「産業革命」では次のように述べている。

鈴木は「われわれの住む社会は資本主義社会であり、われわれのもつ文明は機械文明である」(鈴木成高『京都哲学撰書第六巻　ヨーロッパの成立・産業革命』所収「産業革命」、燈影社、二〇〇〇年、一七二頁)と規定し、次のように「機械」を定義する(前掲、一九五頁)。「機械の出現」において「器具」は「一つの装置」となった。この機械文明が技術的に発展することを通じて工場制度が形成され、市場を開拓する機動力になる、と。「近代的大工業においては、すべての原因が生産機構そのもののなかに含まれているのである。資本主義においては、旧き注文生産におけるがごとく、需要によって生産が決まるのではない。逆に生産が市場の支配を促し、市場の争奪、独占を要求する」(前掲、二三三頁)と展開している。

更に鈴木は産業革命の技術的展開は、「運輸革命」にいたって「新段階」を画する。それは鉄道の組織化とともに帝国主義の時代を画期する。電力革命、化学工業の展開へといたる工業の展開は完全に資源と科学が民族国家の壁をやぶりそのものとして世界的な規模での交通のうちに存在することを結果していると述べ、「太平洋戦争については……それが石油問題を直接の端緒としたという事実は軽視しえないであろう。石油にはじまり原子爆弾に終わった太平洋戦争こそは、まさにそれがいかなる時代の戦争であったかをもっともよく示している」(前掲、三二四頁)と概観するのである。

●──生産諸力の世界性と生産の支配の民族国家性との矛盾

そこで、かかる近代世界における資本主義の展開、その矛盾の機制ということが、問題になってくるだろう。

鈴木は「産業革命」において第二次大戦の原因を「持てる国」と「持たざる国」との矛盾とし、これを資源に対する要求の国際性と資源に対する政治的支配の国家性の矛盾から分析する。

例えば「ニッケルは、世界の八割五分までがカナダに偏在する。銅は七割五分が米州圏内に、タングステンは七割が南米に、クロムは五割が南アフリカ、一割余りがニューカレドニアに、ゴムにいたっては、現在、世界の使用量のほとんど九割が東南アジアから供給せられつつある。かくしていまや、文明の物質的基礎は『国内的でも欧州大陸的でもなくて、実に世界的である』（マンフォード）」（以下中略）と。「近代国家という既成の政治的単位の枠の中において、近代工業が必要とする多種類の資源を、単独で完全に自給しうるような国は一国も存在しない」（前掲、三二一頁）ということだ。

その機制だが、それは資源が単に自然の所与として偏在していることに原因するのではない、というのがここでのポイントだ。

「資源は自然科学的な概念ではなく、常にその時代の生産様式にたいして相対的な経済概念である」（前掲、三二二頁）。「資本主義以前の生産段階においては、今日の持たざる国といえども、十分持てる国であることができたのである。しかるにかかる国がもはや一つの経済単位として自己自身を維持しえないような生産段階に立ちいたるとき」（前掲、三二三頁）に、かかる矛盾は現出するということである。

つまり資本主義の科学技術的な内容に規定されて、ある一つの資源物質ははじめて資源〈として〉の有用的〈意味〉をもつものとして分節されるのである。この資源〈意味〉に対するヘゲモニーを国家間で争奪することが行われているということだ。この資本主義の高度技術的な展開によって生み出された問題を鈴木は「科学的現実と政治的現実との食い違い」（前掲、三二三頁）というニュアンスで規定するのである。

●――機械文明の定義と戦前京都学派の「広域圏」の概念

また鈴木は太平洋戦争において現出した日本など「持たざる国の広域圏運動は、かくして単に国家に新しき対立を激化せしめたにすぎなかったが、ただこの広域圏が第一義において自給圏として観念せられ、従来の国家の枠を超えるなんらかの意味の世界的規模における自給性を確立しないかぎり、今後の世界においてもはや自己自身を維持しえないという観念の上にたつものであったことは見逃せない」（前掲、三二四頁）と述べる。

まさにこのように資源と国家との間の問題が露骨に展開されていたということだ。

「広域圏」という概念は、戦前・京都学派の座談会「総力戦の哲学」（一九四三年『世界史的立場と日本』中央公論社刊）で、高山岩男が次のようにのべているものだ。

「近代国家は国境線の中に於ける民族国家であったけれども、国防国家といふものはどうしても国境線外的な国家になることを必然要求してくるわけだ。そこに持たざる国が国防国家といふところに進んできて、やがてもう一歩進めて国防国家が国境外的の広域圏といふ風なものに到達するといふやうな段階がある」と。これに対し鈴木は次のように高山に応接している。

「広域圏といふものが最初経済的な意味の生活空間の理念として、持たざる国に於て最も明確に出てきた、といふことは事実だ。そしてイギリスのやうな持てる国に於て形成せられたブロック経済圏といふやうなものとは全く性質が違う。あれは国防空間とか生活空間とかいふやうな生存空間じゃなくて、単なる利害圏である（中略）ただしかし新秩序としての広域圏も」「近代の世界から出てきたものだといふ連続性の関係を実証している」のであり「それが最後の、また最高の秩序だとは言へない（中略）そこにはまだ近代の原理が低迷しているところがある。やはり精神の秩序といったやうなところまでゆかなければ」とのべている（高山岩男、高坂正顕、鈴木成高、西谷啓治『世界史的立場と日本』所収「総力戦の哲学」、中央公論社、一九四三年、三七五〜三七七頁）のである。鈴木の物質主義に対する批判精神が、ここは浮き彫りになっている場面である。

高山は一九四二に出版された『世界史の哲学』（岩波書店）においては「近代機械文明の発達は国家存立に必須な軍事的経済的資源において、国家をして従来の国土の制限外に越え出ることを要求」する。このような広域圏は「帝国主義の観念からも理解しきれない」として、「道義的なもの」だと主張していた（高山岩男『世界史の哲学』、岩波書店、一九四二年、四四五〜四五九頁）。

これは著者（渋谷）の立場から見るならば、「広域圏」という概念自体は、英米の帝国主義に対する日本の帝国主義的伸張の対抗性を規定した概念という以外ないのだが、京都学派がここで展開している論理のポイントは「近代機械文明」というものの自己運動的な結果として、経済的概念としての「広域圏」概念が発生したという論理である。つまり〈機械文明の機制として国家が国土外に自由にできる資源を求める必然が生み出される〉ということがいわれているのである。つまり資源の世界性とその支配の国家性の間の矛盾ということになるわけである。

●――近代生産力主義――その超克の課題

ここで、本論の冒頭に提起した、機械文明による人間疎外の問題に入ろう。

もとより京都学派の「近代の超克」論においては、機械文明の悪弊についての問題が課題化されていた。先にとりあげた同じ座談会で、例えば鈴木は述べている。

「機械文明は人間の外側の環境の文明だ。文明は不可能を可能にするが、やはり環境に関する文明で、人間の本当の内面の精神に関するところがないと思ふ。この内外の分裂不調和といふものが非常に激しくなってきたのが現代なんで、つまり現代の危機がそこにあると言へないでせうか（中略）科学と人間の内面の精神との間の調和、このことをなんとかしなければならない」（高山岩男、高坂正顯、鈴木成高、西谷啓治『世界史的立場と日本』所収「総力戦の哲学」、中央公論社、一九四二年、三八～三九頁）。

座談会ではさらに「機械文明のやうな文明を救ふために、更に新しい発明をするとか、さういうことによって救ってゆこうという行き方には大いに問題がある」と。そして「個人の人倫的実体を民族の歴史的実践の中に見出す」ところの「東洋的無を歴史の中で生かすこと」（高坂正顕の発言。前掲、四二一～四二二頁）などと展開されていくのだ。

まさに鈴木は「経済が生産的であると同時に精神が生産的でなければならぬ」とし、機械文明の生産力主義にたいして「精神の意味に於ける生産性」を表明する（前掲、四〇五頁）のである。

このような鈴木をはじめとした京都学派の問題意識はもとより、一九四二年、「文学界」での「近代の超克」座談会において、鈴木がつぎのようにのべていたことに典型的な主張にほかならない。「十九世紀の後半といふ時代は、世界一般にああいった種類の文明、物質文明といってもよろしいが（中略）さういふ世界観が支配して居ったのだと思ふ。例へば実用といふことが非常に大切なものである。さういふ世界観が当時のヨーロッパ一般をも支配して居ったのではないか。ところが現在ではさういふ文明開化を批判しなければならなくなったといふのは、日本的な根源に還るといふことでもあるでせうが、そればかりではなくして、文明といふものが、やはりヨーロッパでも信頼の対象ばかりでなく、批判の対象になってきたといふこと（中略）さういふことと関連があると思ふのです」と（河上徹太郎他、『近代の超克』、冨山房百科文庫、一九七九年、二四一頁）。

鈴木の問題意識においては近代文明における人間の疎外の問題、人間の人倫性、つまり道徳性、あるいは類的（共同体的）存在としての人間の連帯意識の喪失とアトム化などが、問題にされているのである。まさに鈴木はつぎのように機械文明による人間疎外の問題を展開したのだ。

「ルネサンスが、人間の発見であり個我の発見であるといはれる場合、個人主義と人格主義とが、無意識のうちに同一化されて理解されているのではないかと思はれる。しかし先にも述べた通り、事実はむしろその反対であり、近代、特に十九世紀における個人主義は、人間を人格化するよりもアトム化し単位化してしまった。デモクラシーや多数決の原理は、このやうな単位的個人の組織された機構なのであって、絶対にパアソナリチーの原理ではない。パアソナリチーのないところに責任性はありえない。かくして近代の政治では『責任』は完全に政策的な言葉となり、本来の倫理的意味を喪失したのである。しかも注目すべきことは、このやうな機械的個人主義は、また容易に機械的な集団主義に移行しうる可能性をば、自己みづからのうちにもっているといふことである。（中略）そこには近代社会の致命的欠陥である、真に人格的な人間性を拒否するやうな、抽象的組織の原理がつきまとってゐるのである」（鈴木成高『歴史的国家の理念』、弘文堂書房、一九四一年、三一五〜三一六頁）。

つまり、人間の主体性に立脚した社会のありかたが否定されているということだ。鈴木はそれを機械文明の出現によるものとして次のように展開する。

「機械文明の出現は、近代における人格性の喪失を極端化せしめた。近代人は自然を支配し征服することによって、文明の新しい段階を築いたのであるが、そのことによって、かへって人間の能力を超えた第二の自然をつくることになったのである。古代においては、人間と自然とは融合していて対立がなかった。中世では自然は悪の原理として否定せられ、自然への随順は悪への随順を意味していた。

それに対して近代は、自然の再発見をもたらしたけれども、近代人の自然に対する態度は、単なる肯定だけでなく、支配であり制服であったという点に、大きな特徴をもっていた。すなはち近代人は自然を変形してそれを人間の目的に役立たせたのであるが、ここに注目すべきことは、このことが単に自然を変形せしめただけにとどまらず、逆に人間そのものをも変形せしめたといふことである。機械は人間の意思を越えた新しき超人間的環境となり、この環境のもとにおいて、人間はかえって機械の奴隷となったのである。人と人との間に存した真に人間的な繋がりも、それによって破られた。本来人間がつくったところのものが、かへって人間を超越し支配する。それが機械文明の悲劇であり、ヒューマニズムの没落も文化の危機も、その根本問題をこの点にもっていた」（鈴木成高『歴史的国家の理念』、弘文堂書房、一九四一年、三一八〜三一九頁）のだからである。

つまり近代のアトム化された諸個人は共同的な結びつきから疎外されると同時に、機械（生産システム）に従属するのである。

「すなわち『機械が人間に従属するよりも、逆に人間が機械に従属せしめられる』のである。『手工業では労働者が道具を使用した。しかし工場では労働者が機械に奉仕する。』人間の機械化、そこにわれわれは近代工場制下の労働における人間疎外の姿をみるであろう」（鈴木成高『京都哲学撰書第六巻　ヨーロッパの成立・産業革命』所収「産業革命」、燈影社、二〇〇〇年、二〇七頁）と。

このような近代工場制下の労働における人間疎外を体系的に叙述したのがマルクスであった。マルクスは「資本論」第一巻で次のようにのべている。

「作業場の規模とその同時に作業する道具の数との増大は、いっそう大規模な運動機構を要求し、この機構はまたそれ自身の抵抗に勝つために人間動力よりももっと強力な動力を要求する。（中略）人間はもはや単純な動力として働くだけとなり、したがって人間の道具に代わって道具機が現われているということが前提されれば、いまや自然力は動力としても人間にとって代わることができる」（カール・マルクス「資本論」第一巻『マルクス＝エンゲルス全集第二三巻第一分冊（23ａ）』、大月書店、一九六五年、四九一頁）。

「作業機が、原料の加工に必要なすべての運動を人間の助力なしで行うようになり、ただ人間の付き添いを必要とするだけになるとき、そこに機械の自動体系が現われる」（前掲、四九七頁）。「機械労働は神経系統を極度に疲らせると同時に、筋肉の多面的な働きを抑圧し、心身のいっさいの自由な活動を封じてしまう」（前掲、五五二頁）。

このように、機械文明は労働者を機械体系に部品化し「労働手段の一様な動きへの労働者の技術的従属」（前掲、五五四頁）をつくりだしてゆくのである。

例えば鈴木は『歴史的国家の理念』ではこのような現実に対し「文明と人間のあり方」を変えないと、この疎外からの根本的な解決はない。「文明と精神の革命」（鈴木成高『歴史的国家の理念』、弘文堂書房、一九四一年、三一九頁）が必要だとのべているのである。

「新しき宗教や神学や神話が要求せられ、パアソナリチーの問題が起こされるといふのも、そこから来ているものではないであらうか。現代はやはり『新しきアダム』の誕生を要求してゐるのである」（前掲、三一九頁）と。

●——おわりに

鈴木はかかる近代機械文明とそれが生み出してきた問題を如何に解決しようとしたか。その立脚点を確認しよう。鈴木は次のようにのべている。

「しかしまたわれわれは、機械文明の害悪を資本主義の害悪に転嫁してしまうことによって、問題が落着してしまうとも考えることができない。（中略）資本主義を社会主義に置き換えさえすれば、機械文明の一切の問題が解消するであろうと考えるほど、単純でもありえない。番犬をつなぎかえることによって、狼は羊になりはしない」（鈴木成高『京都哲学撰書第六巻　ヨーロッパの成立・産業革命』所収「産業革命」、燈影社、二〇〇〇年、三二五〜三二六頁）。

つまり機械文明の社会体制概念からの相対的自立性をふまえた討究の必要性を強調するのである。まさに機械文明は単に社会体制の選択にとどまらない位相で展開しているのである。そのことは例えば、二〇世紀におけるソ連邦の社会主義（近代派マルクス主義）の実験において、スターリンの「地球改造計画」や工業化に対する環境保護政策の不備、チェルノブイリ原発事故など、多大な環境汚染が同国に展開していたことにあきらかだろう（詳しくはM・I・ゴールドマン『ソ連における環境汚染』岩波書店、都留重人訳、アラ・ヤロシンスカヤ『チェルノブイリ極秘』平凡社、和田あき子訳、ソランジュ・フェルネクス『チェルノブイリ人民法廷』、緑風出版、竹内雅文訳など、参照）。この近代工業主義を克服するという課題の解決を現代に生きる私たちは、負っている。

同時にその課題は世界的資源が少数の支配的な国民国家と米系、日系などの多国籍企業・多国籍資本の支配をつうじて配分されている、この状況を克服し、グローバルに国境をこえ、民衆の利益に合致した資源の管理と配分ができる世界システムをもとめるものとなる以外ないのではないか。まさにかかる近代世界に対し、その超克を課題とした京都学派と鈴木成高の機械文明批判――近代文明批判を今日において継承する課題を、廣松渉がまさにパラダイム論的にそうしたように、わたしたちもまた、私たちのそれぞれの立場に立脚して、引き受ける必要があるということなのではないだろうか。

（初出：石塚正英・工藤豊　編『近代の超克――永久革命』、二〇〇九年、理想社所収「近代機械文明と『近代の超克』の問題意識――鈴木成高の諸論を中心として」に修正加筆）

［補足データ］　廣松哲学のターミノロジーのために

以上の、廣松の問題意識に間接し、以下の「表」として、「主客二元論」「実体主義」など近代的世界観の超克をめざした廣松哲学のターミノロジー（専門用語）との応接として、とりあえず、拙著における概念論との関係で、用語を摘出してみた。これよりも、良い摘出・整理の仕方があるだろう。そういう途上性をもつものとして、確認していただければ幸いである。

これらの項目にある拙著の各頁は、すべて廣松が論じたものの引用・援用を中心として論じられている。また、以下の用語だけでは、まだまだ全然、足りないともいえるだろう。

＊数字は拙著と頁。拙著番号は①『国家とマルチチュード』、②『ロシア・マルクス主義と自由』、③『アウトノミーのマルクス主義へ』、④『世界資本主義と共同体』、⑤本書『エコロジスト・ルージュ宣言』。（これらはすべて、二〇〇六年以降、社会評論社から出した文献です）。

三項図式・主客二元論（①91〜93、②231〜233）。

四肢構造（として機制、エトヴァス・メーア）（①84〜90）。

共同主観性（①71〜74、84〜90）。

協働（①74〜76）。

役割・役柄（①76〜78）。

ヘーゲルのジットリヒカイト（①48〜56）。

ドイツ・イデオロギーの国家論（①93〜96）。

生産（②57〜63）。

世界現相（「用在的世界の四肢構造」との関係で②75）

現相主義（①86〜88）。

関係主義（①74〜78、84〜90、102〜104、②245〜249、⑤70〜73）。

実体主義（土台―上部構造論として③195〜198、共同連関の物象化として③198〜199、⑤70〜73）。

物象化（①70〜71、③185〜186）。

フュア・エス―フュア・ウンス機制と弁証法（③209〜211）。

法則（②73〜74、②200〜215）。

機械論的因果論（②235〜238、②252〜258）。

ニュートン力学（②225〜230、②238〜242）。

マッハ（②216〜225、②233〜238）。

相対論（②225〜230、②242〜245）。

量子論（②245〜252）。

近代の超克（①198〜221、⑤121〜124）。

京都学派（①186〜197）。

疎外論（③114〜128）。

資本—賃労働のアンチノミー（③204〜209）
国家（①32〜66、⑤53〜58）。
社会唯名論（⑤67〜69）。
社会実在論（⑤67〜69）。
生態史観と唯物史観（②80〜88）。
反原発（④20〜22）。
未来社会（③252〜255）
正義（①102〜113）。

第四章●──「自由・意味・自然の喪失」とエコロジスト的問題意識

石塚省二『ポストモダン状況論──現代社会の基礎理論』との対話

戦後唯物論においては、物象化論と疎外論という二つの論脈が、相互対抗的に、自分たちの論を展開してきた。本書著者（渋谷）は物象化論に属するが、ここでとりあげる石塚省二さんは、どちらかといえば、疎外論に属する論脈を多く持つ方であろう。本論では、そのことをふまえ、石塚さんの論調に内在した対話を展開するものとする。

本書（石塚省二『ポストモダン状況論──現代社会（2008・9・15リーマンショック・2011・3・11福島以後）の基礎理論』発行・礫川、発売・柘植書房新社、二〇一四年）は、石塚省二さん（「ポスト・マルクス主義」、本書一八七頁）の「遺言」としての意味をもつものだと、私は思う。本書の刊行直後、肺炎で急逝された（二〇一四年五月）という。ご冥福をお祈りしたい。生前、お会いしたこともなく、石塚さんの望まぬ読者であったかもしれない、その私が、編集部の依頼をお受けしたのは、私にとってのことでしかないが、この本書が、石塚さんのこれまで、刊行してこられた御著書の読み方のルールブック、あるいは、石塚理論の論理構成のチャートのような、意味をもっていると私には思われ、そこに興味をもったからだ。

●――「ポストモダン状況」の解読――福島原発事故が意味するもの

例えば、この段落の、あるいは、この文脈の論旨は、石塚さんの、あの本の、あの章に詳しく書かれているな、という具合に、である。言い過ぎの感をご容赦願えれば、そういうことで、出来ている本だともいえるだろう。

この本によって、私は、石塚さんのいくつもの本の――私にとっての――読み方を発見することができた。

本書の内容は、それ自体、多岐にわたり、とても私などが、すべてにわたって分析し、何かを評することができるほど、容易な水準のものではない。

ここでは、私が、興味をもった、あるいは論者（評者）として責任が持てる文脈のみに言及し、石塚省二思想との対話としたい。

序章で石塚は次のように述べている。

「『これは私（達）のものだ』という宣言と、その権力的、すなわち力を用いた『所有』防衛がともなわなければ、所有は所有として社会的に成立し得なかったのである」（本書一〇頁）。それが所有を「原理的に」根拠づけているものだと、石塚は言う。今日では所有の主体は国家とされ、「領土」

についてもそうだという。これに対して、「非原理的なもの」＝「所有からの解放（自由）」が、マルクスが言った「必然の王国から自由の王国への移行」ということだった。だが、「近代資本主義が非原理なるものには手をつけず……科学技術文明社会を発展せしめ、人々は主体的にも客体的にも、主観的にも客観的にもその奴隷と化したことが、三・一一によって明瞭になったのである」。本書では石塚はこの事態を「自然喪失」ということばで論じてゆくのであるが、「文明の奴隷解放こそ今日の実践哲学の課題なのである」と問題提起している。

そこで石塚の本書のプロブレマティークは、以下のように要約できる。

「【三つのポストモダン状況】

①高度消費と高度情報によって生み出された「日常的ポストモダン状況」（アメリカ、カナダ、日本）

②ヨーロッパ近代文明の自己反省によって生み出された「知的ポストモダン状況」（フランス）

③現存社会主義の崩壊によって生み出された「国際（関係）的ポストモダン状況」（東欧、「ソ連」）

【ポストモダン状況をテーマ化】

①フェミニズム（欲望）

②エスニシティー（他者）

③エコロジー（自然）」（本書一四七〜一四八頁）。

「日本のこの百五十年を考えるとよく分かるように、近代への、ヨーロッパ近代への求心力が働いてきた。こういう求心力が働いている状況、これをモダン状況と名づけます。で、最近になって近代から離れる状況というのが顕著になってきた。……近代からの遠心力が働くこの状況、近代から離れる動き、これを「ポストモダン状況」と名づけました。これには『日常的ポストモダン状況』、『知的ポストモダン状況』（例えば第六章にくわしい——引用者）、『国際（関係）的ポストモダン状況』の三種があります。この状況をテーマ化しているのが、欲望、他者、自然、それらに対応するフェミニズム、エスニシティー、エコロジーなのです」（本書一四八〜一四九頁）。

こうした論理立てを解いてゆくことが、読み手にとっての課題となるだろう。

だが、大きくは、石塚が述べる、次のような状況認識を、まずは、共有しておく必要がある。それというのも、これらの概念構成を、石塚が、いかなる人類の危機を表現するものとして位置づけているか、その〈重さ〉を共有しなければ、石塚の論述の行間にある、彼の思いは決して共有することが、できないと、私にはおもわれるからだ。

石塚は次のように述べている。

「私は、本書のいたる所で強調してきたように、ポストモダン状況の進展の中で近代のパラドックスとして従来語られてきた『自由喪失』や『意味喪失』は『自然喪失』をその背後にもっているとして、ポストモダン状況の新しいカテゴリーとして一対三項の『欲望・他者・自然』、『フェミニズム・エスニシティ・エコロジー』を提示したのである。『三・一一フクシマ』がポストモダン状況の新局面をなす、とは正に……『放射線被曝』に見られる自然喪失、人間的から客観的や対象的に亘る自然喪失が大規模に進行している事情によるのである」（本書二一四〜二一五頁）。

そして、かかる問題意識を、ルカーチから意味づけてみせるところに、ルカーチ研究の大家である石塚の独自の輝きがある。

「ルカーチが四〇年以上前に、その『社会的存在の存在論』の最終章である正に『疎外』の章において、広島・長崎投下の原爆に触れていたのであった。

……『……イデオローグ達がアウシュビッツや原爆に反対する正直な怒りを動機として出発していても、種々の新しい疎外形態に対するいかなる反対もあらかじめ空しいものだという世界像を構想している場合には、望んでいることとは無関係に、彼らは、自分たちの実践においては、操作する疎外の体系を正に支持しているのである。

注・むろん、アウシュビッツの拒否、原爆反対といった出発点が必ずしもこのような態度にいたるわけではない。反対の実例としてG・アンデルスを挙げておく』」（本書二一八〜二一九頁）。

石塚はルカーチがここで、アウシュビッツと原爆投下の問題を取り上げていることは、重要であるとのべ、次のように言う。

「自然喪失、人間的自然、即ち我々の実存そのもの、そして客観的、客体的ないし対象的自然、即ち、我々人間を取り囲んでいる環境的自然、これら双方に亘る自然の消滅、破壊が問題となっているからである」（本書二一九頁）と。

その破壊は、「放射能被曝」「放射性廃棄物」の問題において、「ルカーチ式に言えば、自然界に元来存在しない毒である社会的存在が大量にまきちらされる危険なのである」。それは、そうした破壊は、以上のような主客の二つの自然の破壊とともに、「第三の自然とも言うべきもの、人間精神そのもの、魂にまでその喪失状況、破壊が及びつつあることに注意しなければならず、ここでも、『ポストモダン状況』のテーマ化が必要であったゆえんなのである」（本書二二〇頁）と表明している。本論は先にあげた石塚の諸テーマに対して課題を絞り込み、石塚が言う「自然喪失が近代のパラドクスをなす二つの喪失、自由喪失と意味喪失の根底をなすとの主張」（本書二二〇頁）との対話をすることとする。

●──イヴァン・イリイッチにおける〈自由・意味・自然の喪失〉

例えば石塚は本書において、一九七三年に刊行されたイヴァン・イリイッチの『共生』を援用する。「イリイッチにとって、産業時代とは、諸個人と人間諸関係の非人称化（論者のポストモダン状況における同規定と全く重なる点に注意のこと！）によって特徴づけられる無制御の段階にまで入ってしまったということである。人間は、ますます道具に依存するようになり、非人間化してしまっている。目的を実現するために人間が用いてきた、創造物である手段に過ぎない道具が、人間の制御できないものとなったというわけである」。「それのみか、人間の死刑執行人とさえ、なりうるのだ」（本書五一頁）と。まさに、核開発―原発事故が、それだろう。「自然喪失」だ。

「このようなイリイッチの近代社会批判は、六八年パリ五月革命以降活発化する、消費社会と疎外のメカニズム批判を集約したものである」。

もちろん、近代社会では自由と意味も、例えば次のように喪失している。それは「人間の自律性」の喪失ということがポイントだ。これをミシェル・フーコー的に解釈するなら、人々はある実体化されたシステムを運営するためのマニュアルに組み込まれ、そのマニュアルの一部へと、ディシプリン（規律・訓育）されてゆく、ということだろう。

「産業社会は、膨大な大衆に対して社会生活の一般化された条件と計画を実行する。イリイッチの批判そのものも、広範なものである。分業、専門家の果たす重要性、教育や医療施設等の全般において、人間はその自律性を喪失するというのである。人間は《生産のイデオロギーの奴隷》となり、《純粋に消費者にして利用者の地位にまでおとしめられる》（同上書（『共生』のこと——引用者）二八頁）」。「《産業的関係とは一度として会ったこともない利用者によって発せられた伝言に個人が条件反射的にきまりきった仕方で反応することなのであり、決して理解できない人工的環境によって発せられたメッセージに条件反射的に決まりきった仕方で反応することなのである》（同上書、二八頁）」と。イリイッチは、そこからさらに生涯教育や大病院のシステムなど「コミュニケイションの鎖」（イリイッチ）をつうじた「人間の心理の道具化」へと論を展開したのであった（本書五二一～五二三頁）。

これが、自由と意味と自然の喪失だということだ。

●——「自由喪失」「意味喪失」とは何か

石塚省二さんへの追悼の意味も込めて、ここでは、石塚省二の業績としてのいくつかの著書で、この課題を論じている論脈と対話しつつ、この自由・意味・自然の喪失ということの、内容を学んでゆこう。

例えば石塚は別のところでは、次のように述べている。

『ルカーチの存在論——欲望・他者・自然のトリオロジー』（東京農業大学出版会、二〇〇四年）というところでは、次のようである。

「さて、このマックス・ウェーバーの診断というのは、そういう合理化によって、近代社会ではどういう問題が起こるかということですね、自由というのが失われる。つまり、官僚制の手続きに従う、ということは既に奴隷的である、という事ですから『従う』というのは『自由を失う』ということですね。直ちに、自分の意志に反してある事柄をおこなうということですから」（三五二頁）というのが「自由喪失」であって、これは、近代が自由を求めて自由と民主主義のために市民革命をへて形成されてきたことに対する逆説、石塚のいうマックス・ウェーバーの「近代のパラドクス」であるということになる。このパラドクスは、「意味喪失」としても展開されているものだ。

ここは、わかりやすい文献から石塚の説明を読もう。『近代の終焉と社会哲学——東欧革命のアンプリカシオン』（社会評論社、一九九四年）では次のように言う。

「自由がなくなれば、人間というのは要するに奴隷ですから、意味喪失、これがウェーバーが近代のパラドクスとしてあげたものです。例をあげますと、入試問題の練習をする。偏差値向上運動で一部の学力を極大化するというときに、何のために書き換え問題をやるのかと考えてはやれません。大学に受かるため。それぞれの行為が意味を与えて行うというのが通常の人間の行為だったわけですね。（だがしかし――引用者）……こういう習慣的な行動についてはハビットという言葉（ラテン語ではハビトゥスです）で表されるように無意味のうちに行なっていますが、これは意味がないわけではなくて、社会的には意味をもはや問わないという非常に意味のある行為です。そういう意味ではないさまざまな行為を行う場合、すべて手続きに従って行うことになりますから、行為の意味というのは失われるわけです。

これは決定的な近代のパラドクスでマックス・ウェーバーは自然科学の方法と社会科学の方法を区別しようとしましたね。社会行為を説明するのに原因や理由だけじゃなくて動機というものをもってきた。そういうウェーバー自身の社会観に直接関係してきます」（三二一～三二二頁）。

これが「意味喪失」と石塚がいっていることである。

石塚は、こうした「自由喪失」と「意味喪失」は、それだけでは、その解決を措定することはできないという。ここに、石塚の独自性がある。例えばこうだ。

『〈現在〉市民社会への社会哲学的考察　六つの講義から日常的ポストモダン状況にある社会を読み解く』（御茶の水書房、一九九五年）では次のようである。

「ハーバーマスとかですね、ルーマンその他だいたい重要な理論家はすべて、これ［近代の二つの逆説（自由喪失と意味喪失）］をめぐって、この解決を考えてきましたが、これはうまくいってないですね。僕によれば、それは根拠があって、この二つのパラドックスというのは『自然喪失』と、人間的自然の中には『欲望』、あるいは『感情』と、こういうことばで表明されるものも入りますが、これが喪失する。あるいは自然の破壊ですね。……こういう点で『社会的存在の存在論に向けて』（ルカーチの――引用者）というのは、第一にこの『自然喪失テーゼ』……『自然が喪失される問題』、これとつながる『疎外という問題』を取り扱っている、というのが決定的な重要性をもって浮かび上がってくるわけです」（一五六頁）。

まさに、「自由喪失」「意味喪失」の上に、これらを、大きく包み込む形で展開されている、あるいは、それらパラドクスの前提として展開しているのが「自然喪失」ということだ。

●――「自然」とは何か

この「自然喪失」概念の分析の一環として、石塚が「自然」概念をどのようなものとして、考えているかを見ておこう。

石塚は本書において「なお、『自然』カテゴリーについては、石塚省二『ポスト現代思想の解読――近代の〈原ロゴス〉批判に向けて』（一九九二年、白順社刊、現在、二〇〇六年四刷増補版）一九八―二〇〇頁をも参照のこと」（本書九〇頁）と読み手にアピールしている。だから、そこを、読んでみよう。

そこで石塚は自然概念をとらえるうえで、人間と自然との関係についての「人類史の三項世界展開論」というものを措定する。

「第一項は、『人類すなわち自然』ということです。歴史の段階としては経験的な知見の及ぶ範囲ではありませんから、想像力によって考えられる段階です。人間すなわち自然というのは、英語で言えば、人間的自然と訳されることもありますが、human nature ヒューマン・ネイチャーと言う言葉で表せます。

第二項は、『人間対自然』ということで、歴史的には資料が残っていますから、八〇〇〇年前の農業革命を考えればわかります。第一項では人間は生態系の一部ですから。台風がきたりすれば、それによって人間も破滅する場合があって、種そのものが消えてしまったりするわけですが、農業革命のころになると、人間を自然と区別するようになります。

人間も本来は自然ですが、この段階になると人間以外のものを人間の欲望にそってこれを眺め（理論《テオリア》）、加工する（技術《テクネー》）ようになります。……第三項は、一九世紀イギリスの産業革命に代表されるような段階です。ここに至ると、自然法の話が出てくるような啓蒙主義の時代になりますが、ここでは『人間対人間』つまり人間が人間に対して狼である、という状況になります。……

この三項のうちで、デカルトのいう『コギト』みたいなもの、つまり考えるとかサイエンスですが、これが出てくるのが第二項です」。石塚は、そのテオリア、テクネーの実践を、「ここで考えるようになって出てくるのが『対象化』ですね」と規定している。「ここでは、『第二の自然』ということになりますが、自然概念というのは、少なくとも第二項から出てくるわけです」。

そして、彼は「第三の概念」を次のように措定するのである。

「さらに産業革命の時代を迎えると、今度は『合理化』ということが出てきて、さらに『疎外』という問題が生まれます」。これを石塚は「第三の自然」と表現する。「これは、ぼくの開発した独自の概念ですが、『第二の自然』が、自然に由来する、自然を素材にして生み出されたものなのに対して、『第三の自然』は、まったく新しい創造物、イメージ的なもの、サービス業一般で生産されるものを指します。〝コンピューター革命〟〝情報革命〟によって生み出された『自然』が、これによってよく理解できることになるでしょう」。

まさに、人間はこうして、以上みてきたような自由と意味、それを根底から規定している自然の喪失状態に見舞われているのである。

人間は人間化された自然の中に、人間自身が呑み込まれ、呪縛されていると同時に、それによって生の自然環境を道具化し破壊しているのである。

これに対し石塚は本書において、「エコロジー意識は、近代の世界像、近代的社会認識を最終的に崩壊せしめるに至るのであり、それは、自然カテゴリーを、存在論的にも認識論的にも、また日常生活という直接性の次元においても全面化させる。その意味で六八年パリ五月革命の遺産を論じてきた本論の最後でエコロジー政治の潮流に触れたのは、まさにポストモダン状況の全面化の例となり、きわめて適切であった」（石塚、本書五三頁）と表明している。

石塚が論じたことから言うならば、3・11以降、放射能汚染という〈自然の喪失〉に対し、その被ばくからの〈自由〉を求めて、放射線の線量計を自らもち、生活の場を計測する人々が、全国的に登場してきている。それは放射能被曝に対して、生きる〈意味〉を奪還していくための闘いである。私も、これまで、友人たちと、いろいろな場面で、計測活動をやってきた。私なりに言わせていただければ、エコロジスト的問題意識が、地球・人間生態系を救うのである。

（初出：『情況』第四期、二〇一四年一一・一二月合併号、情況出版。「『自由・意味・自然の喪失』とエコロジスト的問題意識——石塚省二『ポストモダン状況論——現代社会（二〇〇八・九・一五リーマンショック、二〇一一・三・一一福島以後）の基礎理論』（発行・礫川、発売・柘植書房新社、二〇一四年）との対話」に加筆）

第五章●――世襲資本主義と税制社会国家

トマ・ピケティ『21世紀の資本』を読む

●――はじめに

本書（『21世紀の資本』みすず書房、訳・山形浩生、守岡桜、森本正史、二〇一四年、原著二〇一三年）著者のピケティは一九七一年生まれ。フランス人でパリ経済学校経済学教授など経済学の研究者。本書は米国（英語版）では発売三か月余りで四〇万部を販売した。本書は格差社会を分析した迫真の研究書である。また米国・ウォール街の「一％」の富裕層を糾弾する運動と連動するものとなっている。

このピケティの著作をめぐっては、様々な論評が存在する。その中では、アメリカの状況とだけ合致するという評者から、日本の場合は、この欧米のケースには当てはまらないというものまで、いろいろだ。しかし、そういう多くの論者たちは、この格差論―富裕税論が、日本階級闘争に使われないように、私の言葉で言えば、主体的に利用されないようにするという目的を持って、半ば、理論内容について、一つのポイントのみを過大にクローズアップさせるような、論述が見られるということに他ならない。また、逆に、搾取論がないという左翼的な批判なども見聞する。それはどちらも自由にやればいいことだ。

ただ、本論では、ピケティに内在し、その著述の意図に、できるだけそって、内容の論脈から学ぶという方法を用いることにする。

先に述べた、様々の論者・評者の論述に対する私の見解は、別稿にゆずることにしたいと思う。その場合、一言だけ言っておくと、このピケティの著作は、「資本主義の法則」として、いくつかの式を論述し、それを本論全体を貫く思考の基軸としているものの、それは、一般的に、あるいはラジカルに、資本主義を根底的に批判することに眼目がおかれているのではなく、「税制社会国家」の「富裕税」が、現代資本主義の体制にとって、妥当な税制であるという理論的枠組みをつくるためにする、理論的装置という意味合いをもっているものだということだ。ピケティは、こういってよければ、資本主義批判ではなく、ピケティの提案する富裕税の妥当性を、論証し、人々に確証させるためにこそ、この著作をあらわしたものに他ならないのである。それをふまえて、この著作と対話してゆこう。

格差の現実問題だが、例えば昨年（二〇一四年）九月、国税庁は二〇一三年分の「民間給与実態統計調査」を発表した。これは、給与での格差のデータがわかるものだ。二〇一三年に民間企業に就労した労働者の中で、年収二〇〇万円以下のいわゆるワーキングプア（貧困層）が一一一九万九〇〇〇人に達していることが分かった（一九九四年で七七四万人、一七・七％）。民間給与所得者（五五三五万人、会社役員を含む）の全体に占める比率は二四・一％。この数字は安倍政権の発足一年にして前年比で三〇万人、ワーキングプア層が増加したことを意味している。

これに対し年収別一〇〇〇万円以上の人は前年より約一四万人増加して一八六万人、全体の四％である。四％と二四・一％だ。両方とも増加していることが分析として重要な意味をもつ。

ここで重要なのは、資産的立場の違いだ。給与年収一〇〇〇万円以上の人々には、株の配当や不動産など、他に投資などでリターン（資本所得）を望めやすい富裕層がそこに存在することだ。そしてピケティが論じている中心は、この層における会社の給与＝労働所得ではなく（これとても、大企業の会社役員ならば、億単位だが）、この富裕層の資本所得（資産）にほかならない。

例えば日本のブルジョアジーたちは、「フォーブス長者番付」の四〇位〜一〇〇〇番のランクに続々登場しており、「役員報酬」以外の株、有価証券の「配当」で億単位の収入をあげている。

そして、法人税の支払いでは、様々な優遇措置によって、実効税率（東京都では三五・六四％）も、ろくに支払わない企業が軒並みだ。例えばある企業は「親会社の単独決算で見ると……一三年三月期では、二三八四億円の純利益（税引き前）をあげたが、法人税の支払額はたった五〇〇万円。税負担率は〇・〇〇二％に過ぎない」（日刊ゲンダイ、二〇一五年一月一四日、電子版「今でも軽負担な大企業に『実質税率引き下げ』のおかしさ」）ということである。

加えて逆に貧困階層の現実だが、厚生労働省の発表によると二〇一四年一〇月の生活保護受給者は前月比三四八四人増の二一六万八三九三人、世帯数で三二八七増の一六一万五二四二世帯となった。これは二〇一三年に「過去最多」といわれた水準で推移していることを意味している。格差が拡大していることがわかるだろう。こうした格差社会の進行に対し、日本の統計も含んで、そのありようを分析し、解決策を提起しようと試みたのが、トマ・ピケティ『21世紀の資本』に他ならない。

●――ピケティの『21世紀の資本』での統計の方法について

ピケティがそこで使っているデータは、計量経済学者で統計学者のクズネッツの米国における「所得格差推移」(一九一三〜一九四八)の研究資料を拡大することを出発点としている。欧米日をはじめとして「課税記録」を収集し、「高所得層の十分位(上位一〇%――引用者)や百分位(上位一%――引用者)は、申告所得に基づいた税金データから推計」し、「それぞれの国で所得税が確立した時期から始まり(これはおおむね一九一〇年から一九二〇年くらいだが、日本やドイツなどの国では一八八〇年から開始されているし、ずっと遅い国もある)」(一八〜一九頁)という方法だ。

また「相続税申告の個票を大量に集めた」。これによりフランス革命以来の富の集積に関する均質な時系列データを確立できたとしている。

これらは「コンピュータ技術の進歩により、大量の歴史データを集めて処理するのがずっと簡単になった」ことに依っているという(二〇〜二二頁)。

これだけを見ても、「搾取論」を解いたマルクスの『資本論』とは全く趣が異なっていることが分かるだろう。

私見だが、宇野経済学の「三段階論」（経済学原理論―段階論―現状分析）においては、マルクスの『資本論』が経済学原理論であるのに対し、ピケティの本書は「現状分析」または、「段階論」（重商主義―自由主義―帝国主義）の拡張といったところであり、その点で、大きく異なっている。そこから言った場合、ピケティの本書に対するマルクス資本論の単純なアテハメ的な批判は、方法論的にいって、間違っていると考えるものである。

また、こうしたデータはマルクスの時代にはなかった、個人の「課税記録」、「相続税申告」のデータなどの統計を用いたものであり、『資本論』の搾取概念よりは完全に広く〈資産〉（世襲）と言うものが、中心概念となっている。ここが本書の特徴だ。

●――富裕層の状態＝格差の状態

本書は、第一部「所得と資本」、第二部「資本／所得比率の動学」、第三部「格差の構造」、第四部「二一世紀の資本規制」の四部からなっている。ここでは、第三部での格差の在り方を概観した上で、その原因としてピケティが説明している第一部と第二部、そして第四部で展開されている基本的な考え方を確認したい。第三部でピケティは次のように述べている。

「成人一人当たりの世界平均資産は六万ユーロ」（四五四頁）だが（一ユーロは一四〇円前後――引

用者）、「最も裕福な一パーセント——四五億人中四五〇〇万人——は、一人当たり平均約三〇〇万ユーロを所有している（大まかに言って、この集団に含まれる人たちの個人資産は一〇〇万ユーロ超）。これは世界の富の平均の五〇倍、世界の富の総額の五〇パーセントに相当する」（四五四頁）。

この数字は、一月一九日（二〇一五年）、反貧困のNGO団体・オックスファムが発表した報告で二〇一四年、上位一％が世界の富の四八％を所有し、一人当たりで二七〇万ドル（約三億二〇〇〇万円）に達する、他方下位八〇％の庶民の資産は、平均でその七〇〇分の一の三八五一ドル、合計でも世界全体の五・五％にしかならないとしていることからも明らかだろう。

この報告では、世界の上位八〇人が所有している富は、約二二三兆円（一・九兆ドル）で、下位五〇％の三五億人の所有する富と等しいということだ。

ピケティは言う。「手元の情報によると、世界的な富の階層の上部で見られる格差拡大の力は、すでに非常に強力になっている。これは『フォーブス』ランキング（長者番付のこと——引用者）に登場する巨額の資産のみに当てはまるのではなく、おそらくもっと少ない一〇〇〇万—一億ユーロの資産にも当てはまる。こちらの人口集団ははるかに規模が大きい。トップ千分位（上位〇・一％——引用者）（平均資産一〇〇〇万ユーロの四五〇万人の集団）は、世界の富の約二〇パーセントを所有しており、これは『フォーブス』の億万長者たちが所有する一・五パーセントをはるかに上回る。だから肝要なのは、この集団に作用する格差拡大の規模感を理解することだ」（四五五頁）。

●──格差の原因（r＞g）

ここで問題になるのは、以上のような富裕層の相続資産である。

「この根本的な不等式をr（資本収益率、リターン（return）のアール──引用者）＞g（経済成長率──引用者）と書こう（rは資本の年間収益率で、利潤、配当、利子、賃料などの資本からの収入を、その資本の総額で割ったものだ。gはその経済の成長率、つまり所得や産出の年間増加率だ）、……ある意味で、この不等式が私の結論全体の論理を総括しているのだ」（二八〜二九頁）とピケティは言う（この「不等式」の説明については文末の【注】参照）。

ピケティがここで言おうとしている意味は、《年間の国民所得の中での富裕層の資本所得の成長の割合＞年間の国民所得（資本所得＋労働所得）全体の成長の割合》ということである。

＊資本所得＝賃料（家賃などのこと）、配当、利子、利潤、キャピタル・ゲイン、ロイヤルティといった、土地、不動産、金融商品、産業設備など、法的な分類に関わらず単に資本を持っていることで得られる所得。
労働所得＝賃金、給与、ボーナス、非賃金労働からの稼ぎ（──経営者の所得）（二一一頁）、その他労働関連として法律で規定されている報酬。（二一〇頁）

富裕層が多くの資金で投資をしてリターンしてくるお金の量（額）と、労働者が労働所得として賃金を得るお金の量（額）と、どちらが多いかははっきりしている。とりわけ賃金は、経済成長率に規定され、例えば日本では物価の上昇を考慮した実質賃金はマイナス傾向となっていることが指摘されている。

ピケティは述べている。

「資本収益率は、一般には年間四、五パーセントほどなので、成長率よりもかなり高い。具体的には、労働所得がまったくなくても、過去に蓄積された富が経済成長よりもずっと早く資本増加をもたらすわけだ。

たとえばg＝一％、r＝五％ならば、資本所得の五分の一を貯蓄すれば（残り五分の四は消費しても）、先行世代から受け継いだ資本は経済と同じ比率で成長するのに十分だ。富が大きくて、裕福な暮らしをしても消費が年間レント（「資本所得」のこと。四三九頁など――引用者）収入より少なければ、貯蓄分はもっと増え、その人の資産は経済よりもより早く成長し、たとえ労働からの実入りがまったくなくても、富の格差は増大しがちになるだろう。つまり厳密な数学的観点からすると、いまの条件は「相続社会」の繁栄に理想的なのだ――ここで『相続社会』と言うのは、非常に高水準の富の集中と世代から世代へと大きな財産が永続的に引き継がれる社会を意味する」（三六六頁）。

多くの財産・資産を保有する人が、その資本を使い投資した場合の収益率が例えば労働による賃金の収益率を上回るということは、資本主義社会では「通用的」な真理、つまり、常識となっていることであり、一般に専門のコンサルタントなどを雇えば、雇わなかった以上にリスクは回避され、マネジメントも高度化するので収益率は一層高くなる。

第一次大戦前の「ベル・エポック」と言われた時代は、富裕層の繁栄の時代であり、労働者階級との格差は格段に開いていた。だが、二度にわたる世界戦争と大恐慌によって富裕層の相続する富が破壊され（二八五頁等）、それにつづく「公共政策」の必要と高度成長に支えられ一九一四〜七〇代までは、この資本収益率と経済成長率のかい離が狭まっていた。これを底として「U字曲線」を描いて、一九八〇年代以降――経済成長率の鈍化による労働力の削減・価値低下が構造化される他方で――富裕層の資本収益率におうじて資産が増大した（四一五頁）。富の不平等な分配が拡大している。ピケティはこれを「世襲資本主義」と規定する。

●――富裕税論

そこで、こうした世襲資本主義に対し富裕層の金融資産をはじめとする年間所得と資産に対して累進資本課税と相続税を軸とした富裕税をピケティは提起する。

例えば「ヨーロッパ富裕税の設計図」としては、次のようである。

「パリのアパルトマンを持つ人物は、地球の裏側に住んでいて国籍がどこだろうと、パリ市に固定資産税を払う。同じ原理が富裕税にも当てはまるが、不動産の場合だけだ。これを金融資産に適用できない理由はない。その事業活動や企業の所在地に基づいて課税するのだ。同じことが国債についても言える。『資本資産の所在地』（所有者の居住地ではない）を金融資産に適用するには、明らかに銀行データの自動的な共有により、税務当局が複雑な所有構造を評価できるようにする必要がある。こうした税金はまた、多重国籍の問題を引き起こす。こうした問題すべての解決策は、明らかに全ヨーロッパ（または全世界）レベルでしか見い出せない。だから正しいアプローチは、ユーロ圏予算議会を創り出して対応させることなのだ。……各国が通貨主権を放棄するなら、国民国家の手の届かなくなった事項に対する各国の財政的な主権を回復させるのが不可欠だろう。たとえば、公的債務に対する金利、累進資本税、多国籍企業への課税などだ」（五九〇～五九一頁）。

この税金のかけ方だが、ピケティはつぎのようにのべている。

これは一回限りの相続税ではない、「資本に対する永続的な年次課税」である以上、「そこそこ穏健なものでなければならない」。「資本の総ストックに対して毎年かかる税金」のことで、「今日のヨーロッパでは民間財産がきわめて高い水準にあるので、低い税率であっても富への累進的な年次課税は、巨額の税収をもたらす。たとえば、一〇〇万ユーロ以下の財産には〇パーセント、一〇〇―五〇〇万ユーロなら一パーセント、五〇〇万ユーロ以上なら二パーセントという富裕税を考えよう。EU加盟国すべてにこれを適用したら、この税金は人口の二・五パーセントくらいに影響して、ヨーロッパのGDPの二パーセント相当額の税収をもたらす。この高い税収は驚くようなものではない。これは単に、今日のヨーロッパでは民間財産がGDP五年分以上あるという事実によるものだ。そしてその大半は、富の分布における百分位の上の方に集中している。資本税だけでは社会国家をまかなえる税収にはならないが、でもそこから出てくる追加の税収は巨額になる」（五五三～五五四頁）。

また、次のようにも言う。

「さて、五〇〇万ユーロ以上の財産に対する税率が二パーセントどまりでなければいけない理由などないことに注目。ヨーロッパや世界で最大級の富に対する実質収益率は六—七パーセント以上だったから、一億ユーロや一〇億ユーロ以上の富には、二パーセントよりかなり高い税率にしても高すぎるとは言えない。もっとも単純で公平なやり方は、それ以前の数年にわたり、その富のブラケットごとで実際に観測された収益率をもとに税率を決めることだ。そうすれば、累進性の度合いは、資本収益率の推移と望ましい富の集中度に応じて調整できる。富の格差拡大（つまり、トップ近い百分位や千分位に属するシェアがどんどん増える状態）を避けるために（これは額面通りに見れば最低限の望ましい状態に思える）、たぶん最大級の財産に対しては五パーセントくらいの税率をかける必要があるだろう。もっと野心的な目標がお望みなら、例えば富の格差を今日より（そして歴史的に見て成長にとって必要ではない水準より）もっと穏やかなところまで引き下げたいなら、大金持ちに対しては一〇パーセント以上の税率だって考えられる」（五五五〜五五六頁）。

更にピケティは、この課税の手法に関わって、経済民主主義に言及している。

「本当の会計財務的な透明性と情報提供なくして、経済的民主主義などあり得ない。逆に、企業の意思決定に介入する本当の権利（会社の重役会議に労働者の座席を用意するのも含む）なしには、透明性は役に立たない。情報は民主主義制度を支援するものでなければならない。……民主主義がいつの日か資本主義のコントロールを取り戻すためには、まずは民主主義と資本主義を宿す具体的な制度が何度も再発見される必要があることを認識しなくてはならないのだ」（六〇〇頁）。

こうした「税制社会国家」（五一三頁）の構想は、私見では単に税制に一面化されるものではなく、格差の是正策として、地域通貨や地域の生活協同組合運動など、例えばラトゥーシュの『〈脱成長〉で世界を変えられるか？』（作品社、二〇一三年、中野佳裕訳、原著二〇一〇年）で論じられている内容などと〈接合〉する必要があるのではないかと考えるものである。

このラトゥーシュの思想については、拙著『世界資本主義と共同体』（社会評論社、二〇一四年）第三章を参照してほしいが、ピケティとラトゥーシュの論点の突合せは、本論著者としては、本論論題の範囲を超えていると考える。ここでは、それをふまえた上で、かかるピケティの提起する「税制社会国家」と、一八〇度対立すると考える以外ない、ミルトン・フリードマンの『資本主義と自由』（日経BP社、二〇〇八年初版、訳：村井章子、原著初版一九六二年）で論じられている〈所得再分配政策に対するフリードマンの批判〉について、見ていくこととする。

●――新自由主義者・フリードマンの所得再分配政策批判

ピケティは、フリードマンとの対決を避けているように、私には思える。ピケティはのべている。「フリードマンは明確な政治的結論を引き出した。資本主義の安定した中断のない成長を確保するためには、物価水準の規則正しい推移を保証しうる適切な金融政策を守ることが必要十分条件なのだ。ここからマネタリストの教義では、大量の公共雇用と社会移転プログラムを作り出したニューディールは、お金がかかるだけで役立たずなインチキでしかないことになった。資本主義を救うには、福祉国家も八面六臂の政府の活躍もいらない。唯一必要なのは、きちんと運営された連邦準備制度だけなのだ。……当然ながら、こうした出来事を別の角度から解釈しなおすこともできる。きちんと機能する連邦準備制度が、きちんと機能する社会国家や、うまく設計された累進課税政策を補う形で機能できない理由はない。こうした制度は明らかにお互いの代替物ではなく補完物なのだ」（五七七頁）とピケティはマネタリズムを批判する。だが、ピケティは次のように、マネタリズムに対する批評を集約する。

「でも私が興味を覚えるのはその点ではない。おもしろいのはあらゆる経済学者――マネタリスト、ケインズ派、新古典派――は、他のあらゆる観察者同様に、政治的な色合いによらず、中央銀行が最後にすがれる貸し手として活躍すべきで、金融崩壊とデフレ・スパイラルを避けるために必要なあらゆることをすべきだと合意している点だ」（五七七頁）。

こうして、ピケティは、このままフリードマン主義で行っていいのかとは問わず、むしろ「税制社会国家」と新自由主義とが、前提を同じくしていることを強調するのである。

そこで、フリードマンの新自由主義が、こうしたピケティの税制社会国家――所得再分配政策といったものをどのように批判してきたかを概観することにしよう。

『資本主義と自由』第一〇章「所得の分配」でフリードマンは、所得再分配政策としての「累進税が所得や富の不平等を軽減できない理由」として、いくつかのことを挙げているが、とりわけ次のような主張が特徴的である。

「累進税は、すでに裕福な人よりも、これから富を築こうとする人にとって重荷になることだ。

累進税があると既存の資産から上がる収入をさらに活用しようという意欲はたしかに削がれる。が、それよりも、資産を築く活動にとって打撃ははるかに大きい。（税が規定通り取り立てられるとしての話だが）。資産から上がる収入に対する課税は、資産そのものを減らしはしない。減らすのは消費と資産の拡大だけであって、資産自体は維持される。つまり、累進税は、リスクを避け、既存資産を守る方向へと所有者を仕向ける。そうなれば、すでに築き上げられた資産が分散する可能性は低くなる。これに対して、これから資産を築く場合はどうだろうか。だいたいは巨額の利益を上げ、それを貯蓄し、またリスクも高いがリターンも高い事業に再投資することによって、資産は築かれてゆく。だが累進的な所得税が厳格に適用されたら、このやり方で資産を気づく道は閉ざされるだろう。要するに累進税は、既存資産の所有者を挑戦者から守る役割を果たす」（三一三頁）。

「累進税がよいか悪いかを判断するにあたっては、税を二つの目的に分けて扱うべきだと私は考えている。……第一は、政府が行なうと決まった事業の資金を調達するための税、……第二は、所得の再分配だけをするための税である。第一の税は、受益者負担の原則からも、社会の平等を考えても、多少は累進制が必要かもしれないことは認めよう。しかし現在の所得税・相続税の最高税率を正当化することはできない。これらによる税収が現にひどく少ない点を考えただけでも容認できない。

第二の所得の再分配だけを目的とした累進税については、自由主義者の立場としては妥当な根拠は認め難い。このような累進税は、強権でもってAから引きはがしBに与えるあからさまな例であって、個人の自由に真っ向から反すると考える」（三一四頁）。

つまり、これらはピケティの課税論との関係で言うと、厳格な累進税では、資産を形成するために投資する幅が狭められるという事を一般に意味するものとなるということだ。また、これは、市場での自由な競争を所有階級が徹底的に行なうことを、抑圧するという事を意味している。富裕層の資産を貧困層に再分配することを否定し、ブルジョアジーの富の不当性（それは本書第一章で見たように、搾取によって形成されたものだ）を「個人の自由」という形で、隠蔽している。まさに競争原理に立脚したブルジョア・アトミズムが宣揚されているのである。

そして、フリードマンは次のように述べている。

「以上の点を勘案したうえで、個人所得税として最も望ましいのは、基礎控除を上回る所得に対する一律税率の適用である。このとき、対象となる所得はできるだけ広げる一方で、控除の対象は厳密に定義した必要経費に限る。そしてこれと並行して、……法人税は打ち切る。企業の所得は株主のものであり、株主はそれを納税申告に含めねばならない。このほかには、石油その他の資源に関する減耗控除の廃止、……所得税・不動産税・贈与税の調整……」（三一四〜三一五頁）などをあげている。

そして、次のように言う。

「所得の分配を変えるには、税金ではなくまったく違う策を講じるべきである。現在みられる不平等の大半は市場の不完全性に起因するが、その不完全性の大半は、政府の手で生み出されている。したがって、政府の手で取り除くことが可能だ。……例えば政府が特別に許可している独占、関税、特定集団に有利な法的処置などが、不平等を生み出す原因となっている。自由主義者としては、これらの撤廃を強く望む。……決まって市場経済が悪者にされ、政府の介入が正当化される。所得の分配も、この例に漏れない」（三一七〜三一八頁）。

つまり、政府・国家に金をやるな、市場を徹底的に解放せよという「市場原理主義」のこれがアジテーションにほかならない。

〈富める者はますます富み、貧しき者はますます貧しくなる。それでいい〉というわけだ。ピケティの提起する「税制社会国家」に真っ向敵対している。これらを見てもピケティは、もっと新自由主義と闘うべきではないのか。

二月二日（二〇一五年）、オバマ大統領は米国企業が海外で上げた収益に対して課税する、富裕層への課税を強化するという「予算教書」を提出した。貧富格差の広がりは、権力者たちの国民統合をも危ういものにしようとしているのだろう。

こうした新自由主義に対する基本的な観点が必要だ。封建社会など、資本主義に先行する諸社会が、〈収奪―経済外的強制〉によって組んでいた経済秩序を、資本主義は〈搾取と競争〉によって仕組んでいる。それが自由主義のシステムである。資本の原始的蓄積による労働力の商品化を契機として流通過程が生産過程を取り込んで、経済外的強制なしの自律的な経済システムとして成立し展開している資本主義社会のそれが特質をなすのである。

本論冒頭で述べたように宇野三段階論にもとづくならば、この資本主義の〈搾取と競争〉を終わらせるのは、資本主義的生産様式自身は肯定するピケティの「税制社会国家」の「現状分析」的分野における有効性とは別に、それとは位相を異ならせた「原理論」の位相としてのマルクスの資本主義批判に対応する社会主義オルタナティブ以外では、ないだろう。それはどのような内容になるのか。そのことは、本書終章で論ずることにしよう。

[注] 資本収益率(r)の考え方

この資本収益率について、その概念を確認しよう。

資本収益率とは「年間の資本収益」を、その法的な形態(利潤、賃料、配当、利子、ロイヤルティ、キャピタル・ゲイン等々)によらず、その投資された資本の総額に対する比率として表すものであり、「利潤率」や「利子率」より、はるかに広い概念だ(五六〜五七頁)。

まず「$\alpha = r \times \beta$」(「資本主義の第一法則」と定義される)の式が大切だ。

αは「国民所得」の中に占める資本の割合」である。rは「資本収益率」で民間資本(資産と意味づけられるもの)と、それが作り出した一年間の収益との比率。βは「資本/所得比率」で、「国民資本」(=民間財産(資本、資産)+公的財産で「国富」の総資本のストック)と「年間の国民所得」(年間の、資本所得+労働所得)との比率。「国民資本」が「年間の国民所得」の何倍あるかという値、六倍だったらβは六、あるいは六〇〇%となる。

*資本所得=賃料(家賃などのこと)、配当、利子、利潤、キャピタル・ゲイン、ロイヤルティといった、土地、不動産、金融商品、産業設備など、法的な分類に関わらず単に資本を持っていることで得られる所得。

労働所得=賃金、給与、ボーナス、非賃金労働からの稼ぎ(――経営者の報酬(二一一頁))、その他労働関連として法律で規定されている報酬。(二一〇頁)

例解として、ピケティがしているように（五九頁）個別企業に置きかえて考えてみよう。五〇〇万（単位ユーロ）の資本で、年間一〇〇万の所得を生産し（これがβの比率で、資本は生産された所得の五年分だから、β＝五で、五〇〇％）、そのうち労賃六〇万、利潤四〇万とすると（これがαの資本所得の比率で一〇〇万の所得に対して四〇万だから四〇％）、資本収益率rは八％となる（〇・四＝〇・〇八×五）。

この式は国民経済総体の所得の配分に関する式であって、この国民経済のレベルでの民間「資本収益率」rが、g国民経済全体の「所得と産出の年間増加率」（経済成長率）よりも、大きい状態が、格差を生み出す関係性となる（r＞gと表す）。そういう状態では「論理的にいって相続財産は産出や所得よりも急速に増える」（二九頁）。相続資本（資産）を多く持つ富裕層は、資本所得からごく一部を貯蓄するだけで資本の集積を増加させることができる。総じて、資本（資産）収益率が高い社会が、「世襲資本主義」の社会だ。

（初出：『テオリア』第二九号、二〇一五年二月一〇日発行、研究所テオリア。「書評　世界資本主義と税制社会国家――トマ・ピケティ『21世紀の資本』（みすず書房、訳・山形浩生、守岡桜、森本正史、二〇一四年、原著二〇一三年）を読む」に加筆）

第六章●──ボリシェビキ革命の省察

官僚制国家集産主義と軍政化（一般民主主義の否定）

●──はじめに──本論の位置づけについて

もう完全に過去のことだが、一九九七年当時、私が所属していたレーニン主義セクト＝「ブント」（いわゆる戦旗日向派）は、「臨時党大会」を開催し、「共産主義前衛党建設・暴力革命・プロレタリア独裁」を〈放棄〉し、「環境革命」派として緑派（広義）＝エコロジスト（「環境と人権のNGO」とも言った路線）に転向した。私も、それをメンバーとして積極的に担った。

その一九九七年（日本では二〇〇一年）に、フランスで出版されたのがクルトワ氏、ヴェルト氏らに依る『共産主義黒書』だった。私としてはこの本は、あくまでも手前味噌に言わせていただくならばの話だが、「レーニン主義からのテイクオフ」「左翼思想のパラダイムチェンジ」「唯一の前衛幻想を超えて」をスローガンとしていた一九九七年当時の同党──私は当時、党本部の「編集局」という部局で、部局員として活動していた──の問題意識を後押しするような内容となっている。

私は、二〇〇五年、同党中央が、リチャード・ローティの「改良主義左翼」（プラグマティズム左派）やアンソニー・ギデンズ「第三の道」のソシアル・デモクラットへの指向変容に乗り出したことに反対し、論争となり、結果として〈離党〉した。しかし、「レーニン主義からのテイクオフ」という問題意識は、私の心の中では今もつづいており、それはなお〈未完〉である。本論はその一環として、論じられることになるものである。

そこで、次の諸点を確認しておきたい。これは本論の位置づけとして重要なことだ。

一つは、「レーニン主義からのテイクオフ」というスローガンは、「レーニンに裏切られた」とか、「レーニンは間違っていた」と単純に言って終われるような問題ではなく、レーニン・ボリシェビキ革命運動のパラダイムを対象化し、それを、パラダイムとして乗り越え、別のパラダイムを実践としてつくりだすという、ものすごく、困難な仕事のことである。

また、〈パラダイム〉としてでなく、〈運動論〉としては、レーニンからは現代においても継承すべきものはある。

この継承すべきものについては『ブントの新改憲論』（筆名大崎洋）で私が論じている観点であり、一言で言うならば「自国帝国主義打倒＝革命的反戦闘争」であり、革命運動における闘争論の継承である（詳しくは最終章「エコロジスト・ルージュ」の第二節参照）。

したがってそれは、二一世紀現代のボリシェビキ諸運動に対する政治的な論難ではないことは、最初に確認しておきたいと思う。

もう一つ確認しておきたい点は、これから見るボリシェビキの経験は、他人事ではなく、自らのこととして受けとめる必要があるということである。これから見るような、レーニンらボリシェビキの内戦期の混乱と行き過ぎを、「しようがなかった」ことや「強いられたこと」や、「精いっぱいやったがそうなったこと」などとして、弁解したり、防衛したりする主張が存在する。そう言うのは自由だが、それだったら「前衛党の独裁的指導に従わないものたちを殲滅した」「党派闘争はプロレタリア独裁の一形態だ」と言った方が、よほどレーニンたちの考えていたことに即しているといえるだろう。そして、それは、レーニンらボリシェビキにとっては正義であったということだ。ボリシェビキはボリシェビキの正義を実現したと私としては考えている。そういう内ゲバテロリズム・軍事セクト主義は、本論著者を含む、すべての共産主義者、革命的社会主義者の明日の自分たちが、それをプラスの価値と考えて、やってしまう、かもしれないものなのだ。他人事ではなく、私（渋谷）自身が革命期となり軍事的ヘゲモニーを掌握していれば、そうするかもしれない恐ろしいものとしてである。だから、そうならないためには、何が必要かを、今から考えておくものとして、問題は主体的にたてられなければならないということだ。

以上が、本論の位置づけである。

第一節　一般民主主義と革命政権

民主主義と革命権力の関係の問題からはじめよう。

ニコス・プーランツァス（一九三六〜七九年、マルキストの政治学者としてフランスで活動。ギリシャ共産党員）は次のように述べている。

「代議制民主主義の諸制度と政治的諸自由とは、レーニンにあっては往々にして（マルクスの場合には決してそうではなかったのだが）、ブルジョアジーの純然たる発散物に還元されてしまっている。つまり、代議制民主主義＝ブルジョワ民主主義＝ブルジョアジーの独裁とされているのである。それらの制度や自由は全面的に根こそぎにされねばならず、また、強制的かつ取り消し可能な委任を受けた、下部における直接民主主義のみによって、要するに正真正銘のプロレタリア民主主義によって置き換えられねばならない、というのである。……レーニンの基本路線は、社会民主主義的潮流と、その議会主義と、そして評議会主義に対するその突然の恐怖と対峙する中で、いわゆる形式的民主主義をいわゆる実質的民主主義によって、代議制民主主義をいわゆる評議会主義（当時、いまだ自主管理という表現は用いられていなかった）的な直接民主主義のみによって根底的に代替させる路線であった。このことから私は、次のような真の問題を提起せざるを得ない。すなわち、早くもレーニンの存命中にソヴェト連邦の中で生起したことの主要因をなしたのは、また、中央集権的・国家至上主義的なレーニン（その後継者については周知のことである）の原因となったのは、むしろまさに、こうした状況そのもの、その路線（下部における直接民主主義のみによる代議制民主主義の完全な置き換え）そのものだったのではないか、という問題である」（『国家・権力・社会主義』、ユニテ、訳・田中正人、柳内隆、一九八四年、原著一九七八年、二八六〜二八七頁）。

このプーランツァスの指摘を受けて考えた場合、例えばレーニンがソビエト民主主義を一般民主主義に対置し、次のように述べていたことを想起する必要がある。

「ソヴェト民主主義――すなわち、具体的に現在適用されているプロレタリア民主主義――の社会主義的性格は、第一に、選挙人が勤労被搾取大衆であって、ブルジョアジーは排除されていることにある。第二に、選挙にかんするあらゆる官僚的な形式主義や制限がなくなっていて、大衆自身が選挙の手続きや期日を決定し、選挙されたものをリコールする完全な自由をもっていることである。第三に、勤労者の前衛である大工業プロレタリアートの、もっともすぐれた大衆組織がつくりだされていて、前衛はこの階級によって、もっとも広範な被搾取大衆を指導し、彼らを自主的な政治生活にひきいれ、彼らを彼ら自身の経験によって政治的に教育することができ、こうしてはじめて、住民がひとりのこらず管理することを学ぶための、また管理しはじめるための端緒がつくられることである。これが、ロシアで適用された民主主義の主要な特徴である。この民主主義は、より高度な形の民主主義であり、民主主義のブルジョア的歪曲と絶縁したものであり、社会主義的民主主義への、国家が死滅しはじめることを可能にする条件への、移行である」（「ソヴェト権力の当面の任務」レーニン全集第二七巻、大月書店、原書頁・二四二頁）。

このことに対し、プーランツァスは、レーニンに対する批判をローザ・ルクセンブルクから援用する。プーランツァスは述べている。

「ボリシェビキ革命およびレーニンに対する最初の、しかも正当かつ根本的な批判はローザ・ルクセンブルクによる批判であった。その批判は、社会民主主義（これは直接民主主義や評議会民主主義を黙殺した）の側からではなく、ローザが一命を捧げた（彼女は社会民主主義によるドイツでの労働者評議会鎮圧の際（一九一九年一月）に殺されたのである）評議会民主主義の断乎たる闘士から発せられたものだけに、決定的であった。ところで、ローザがレーニンを批判した点は、下部における直接民主主義に対するレーニンの無関心あるいは不信ではなく、まさしくその逆である。すなわち、ボリシェビキ政府の下で選出された制憲議会をソビエトのみに有利になるように解散した際にみられたように、代議制民主主義を無条件に除去しつつ、専ら下部における直接民主主義——専ら、と述べたのは、ローザからみれば評議会民主主義が常に本質的なものであったからである——にのみ依拠した点を批判したのである。『ロシア革命論』を読みかえす必要がある。以下にその一節だけを引用しておく。『民衆による普通総選挙を通じて登場した代議制を否定しつつ、レーニンおよびトロツキーはソビエトを勤労大衆の唯一の真正の代議機関として樹立した。しかしながら、国全体における政治生活の抑圧とともに、ソビエトじしんの活動もまた、麻痺状態の拡大を免がれえないであろう。総選挙、無制限の出版・集会の自由、さまざまの信条の間での自由な論戦がなければ、一切の政治制度の生命は消え、官僚制のみが勝利することになる』（『選集』第四巻（一九六二年、現代思潮社）所収『ロシア革命論』二五八ページ）。

なるほど、これはレーニンに関わる唯一の問題ではない。『何をなすべきか』における党理解、職業的革命家によって〈外部〉から労働者階級に持ち込まれる理論という理解、その他も、その後に生じた事態の中で重要な役割を演じているのだから。しかし根本問題はR・ルクセンブルクが提起した問題である。一連の他の諸問題についてのレーニンの立場以上に、またロシア固有の歴史的特殊性以上に、すでにレーニン存命中に、しかし、とりわけレーニンの死後に生じた結果(単一政党、党の官僚化、党と国家との混同、国家至上主義、ソビエトそのものの終焉、その他)は、ローザ・ルクセンブルクの批判したあの状況のうちに早くも包含されていたのである」(プーランツァス前掲、二八七〜二八八頁)。

つまり、ボリシェビキは、ソビエトを大衆的エネルギーとしながら、代議制民主主義・一般民主主義を否定しつつ、党の独裁を形成していったということだ。ソビエトは党の下部大衆動員機関・下部議決機関となってゆくということだ。(このことについては、拙著では「革命ロシアのアルケオロジー」の「【二】官僚制国家の形成」、『ロシア・マルクス主義と自由』所収を参照せよ)。

ローザ・ルクセンブルクは、プーランツァスが引用した文章につづき、次のように述べている。「何人といえども、この法則を免かれない。公共生活は次第に眠り込み、尽きることを知らぬエネルギーと限りを知らぬ理想主義とを持つ二、三〇人の政党指導者が支配と統治を行ない、実際には、その中の一ダースばかりの卓越した人たちが指導して、労働者のエリートは、時折、会議に召集されて、指導者の演説に拍手を送り、提出された決議に満場一致で賛成することになる。要するに派閥政治になる。――これも独裁には違いないけれども、プロレタリアートの独裁ではなく、一握りの政治家の独裁、つまり、ブルジョア的意味における独裁、ジャコバン支配の意味における独裁である」（ローザ・ルクセンブルク選集第四巻、「ロシア革命論」、現代思潮社、一九七〇年新装、二五八頁）。

こうした事態が、実際、具体的にどう展開していったかを見ることにしよう。

●――立憲民主党（カデット）非合法化の問題点

一九一七年一〇月二七日、人民委員会議（臨時労農政府）はボリシェビキ主導で「出版についての布告」を発令。軍事革命委員会はカデット（立憲民主党）の機関紙『レーチ』『ヂェーニ』その他を反革命的であるとして閉鎖した。これに対して左翼エスエルは一一月四日、ソビエトの全ロシア中央執行委員会の会議にて、「出版についての布告」に反対し、「出版の自由へのあらゆる制限の即時撤廃」を要求した。

だが、こうした批判をしり目にボリシェビキは、一一月二八日、人民委員会議の名で「革命に対する内乱の首謀者たちの逮捕に関する布告」を発表する。布令全文は次のようである。

「カデット党の執行機関のメンバーたちは、人民の敵として逮捕され、革命法廷で裁判に付されることになる。カデット党が革命に敵対する内乱とつながりを有していることに鑑み、彼らを特別監視のもとにおくべき義務を、地方の各ソビエトは負う。この布告は、即刻実施に移されるものとする。ペトログラード一九一七年一一月二八日、午後一〇時三〇分」。

略式の大量逮捕令だった。この布告は、レーニン、トロツキー、アヴィロフ、メンジンスキー、ジュガシヴィリ・スターリン、ドゥイベンコなどによって署名されたものだ。

これに対し左翼エスエルは政府（人民委員会議）がソビエト中執にこの布告の批准を求めたことに対し、カデット党員のこの略式逮捕令を「民主主義の侵犯」と批判した。

この直後、人民委員会議の司法人民委員をやることになる（数か月やった）左翼エスエルのスタインベルクは次のように回想（同書は第二次大戦後、執筆）している。

「略式の大量逮捕令は、革命の日常的な扇動と混乱の中では、特に罪を犯さずともカデットであると言う単にそれだけの理由で、国中の誰もがカデット党員を迫害し逮捕し危害を加えることができる、ということを意味していた。（中略）左翼エスエルは、しかしながら、その危険な内容、および命令がソビエト執行部には何の相談もなく発せられた事実の双方に対し、反対することを決定した」。

「もし個人としてカデット党員が人民に対する陰謀のかどで告発されたとしたら、彼を個人的に公開裁判――その時には、われわれは証拠を提示すべきであり、彼は弁護の権利を有するべきである――にかけようではないか。だが、一つの社会集団――不特定の人びとの集団――を人権の保護外に置くことはわれわれにはできないと、私は主張した」（スタインベルク『左翼社会革命党1917-1921』、鹿砦社、一九七二年、原著一九五五年、五四～五五頁）。

干渉戦争・内戦期とはいえ一党派に対する緊急令の布告という形は、軍事的党派闘争の方法でボリシェビキが前衛独裁をうちかためてゆく手法のひとつだったといえる。だがしかし、そうではなく社会秩序を破壊した「者」に対しては刑法などによって裁くべきだ。略式の大量逮捕で、「社会集団」をまるごと人権の保護外に置くやり方は、国家テロという以外ではないからだ。

こうしたことはボリシェビキが、ブルジョア独裁よりもよくコミューンの中で発揮されるべき民主主義的法治主義を、帝政ロシアの軍事的独裁とおなじような権力者の恣意的独裁、まさにスターリン主義的前衛独裁に歪曲してゆく第一歩であったと考える必要がある。

●——ボリシェビキにとって憲法制定議会は解散させる必要があった

一九一七年一〇月革命をへて開催された第二回ソビエト大会（一〇・二五〜二六）では、「平和についての布告」「土地についての布告」などが採択された。しかし、いろいろな政策などの決定は最終的には憲法制定議会にて決定するとなった。そして憲法制定議会までの間、「臨時労農政府」として「人民委員会議」を設置することが決まった。

しかし、憲法制定議会の代議員選挙では、ボリシェビキは、エスエルに大差で負けてしまう。そこで問題となるのは、ボリシェビキが確保した人民委員会議の権力が憲法制定議会後には消失してしまうということになることだった。

ボリシェビキは、エスエルの選挙名簿がエスエルが右派と左派に分かれる前の名簿であり、また左翼エスエルの支持が拡大していることを反映していないとして、選挙の無効を主張する。それは左翼エスエルも同じ主張だった。ボリシェビキは人民委員会議に左翼エスエルの入閣を促し、憲法制定議会と人民委員会議との対立構図をまずつくり、さらに人民委員会議がソビエト権力を最高権力と認めるという対決構図をつくりだした。

ここでのポイントだが、この局面での対立構図は、エスエル右派などの憲法制定議会（の多数派）と、これに対するボリシェビキと左翼エスエルとのソビエト派共闘という構図だ。

憲法制定議会（の多数派）に対するボリシェビキと左派エスエルの利害は、一致していた。この時点ではまだソビエトはボリシェビキの「伝導ベルト」にはなっていないが、憲法制定議会に対しては、共にたたかうことができる相手だった。こうしてボリシェビキは、ソビエトの動員をつうじて憲法制定議会を解散させ、人民委員会議の権力、つまり、ボリシェビキの前衛権力を維持することに成功したのである。

以下、年表で整理してみよう。

【一九一七年】

▲一二・九　七名の左翼エスエル、人民委員会議に入閣。スタインベルク、司法人民委員に。スピリドーノワは参加拒否、農民ソビエト議長、労働者ソビエト中央執行委員の職務があるとの理由から。（ブレストリトフスクで、講和交渉開始）。

▲一一・一二〜一二月上旬集約。憲法制定議会代議員選挙開始。投票率五〇％弱。四四四〇万票。全員比例代表制（六五選挙区）。

エスエル　四〇・四％、四一〇議席、一七九〇万票。

（左・右に分裂前の選挙名簿で、左翼エスエルが含まれている。左翼エスエル単独候補は四選挙区）。

ボリシェビキ、二四％、一七五議席、一〇六〇万票。

カデット、四・七％、一七議席、二一〇万票。

メンシェビキ、二・六％、一六議席。

民族政党、二八・三％、八三議席。

他三議席。


【一九一八年】

▲一・五　憲法制定議会開会。議長選挙（右派エスエル：チェルノーフ二四四票、左派エスエル：スピリドーノワ一五三票）。ボリシェビキの提案「ソビエトの宣言文」……「ロシアはソビエト共和国と宣言される。土地の社会化、労働者の生産管理、銀行の国有化。講和政策が採択される」を議長が無視。ボリシェビキ、左翼エスエル退場。

▲一・六　全ロシアソビエト中央執行員会、「憲法制定議会解散についての布告」。ボリシェビキと左翼エスエル、憲法制定議会の会議場を武装制圧。

▲一・一〇〜一八　第三回全ロシアソビエト大会（代議員七〇八名。ボリシェビキ四四一、左翼エスエル一一二、エスエル三五）。土地社会化基本法採択、第三期召集全ロシアソビエト中央執行委員会（ボリシェビキ一六〇、左翼エスエル一二五）を選出。（一・一三　第三回全ロシア農民ソビエト大会、労兵ソビエトと合同。二・一八　ドイツ軍、進撃再開。二・二一「社会主義祖国は危機に瀕す」発表）

●──一九一七年一二月　レーニン「憲法制定議会についてのテーゼ」

レーニンは憲法制定議会問題について、次のような方針を表明していた。「（ソビエト共和国は）憲法制定議会を持つブルジョア共和国よりも、民主主義のいっそう高度な形態である」「比例選挙制が人民の意志を真に言いあらわすのは、政党別名簿が、その名簿に反映している党派への人民の現実的な区分に、一致しているときだけである」、エスエルが分裂前の名簿での投票であり、「選挙人の大多数の意志と憲法制定議会にえらばれたものの顔ぶれとの間には形式上の一致さえないし、またありえない」。「憲法制定議会はソビエト権力を承認せよ」。「平和・土地・労働者統制の諸問題にかんするソビエト権力の政策を承認することを無条件で声明せよ」（レーニン全集第二六巻、原書三四〇頁以降）というものだった。まさに会議場を武装制圧して憲法制定議会を解散させるような行動のための強い意志統一をうかがわせるものにほかならない。

●――ローザ・ルクセンブルクの立法議会解散政策に対する批判

ここで、このような革命ロシアの政治過程に対する、ローザ・ルクセンブルクの「ロシア革命論」（現代思潮社、選集４）での分析を見ることにしよう。そこでは立法議会を封鎖したことに対するルクセンブルクの批判が述べられている。

「立法議会が一〇月革命という決定的転回点の遥か以前に選ばれ、（実際に選挙が行われたのは革命直後）その構成のうちに新しい状況の姿でなく、古びた過去の姿をうつしているのであってみれば、この時効にかかった、死んで生まれた立法議会を解散して、時を移さず、新しい立法議会のための改選を公示するという結論が自然に生じた筈であろう。彼らは、ケレンスキー的な昨日のロシア、動揺およびブルジョアジーとの連合の時期を代表する議会に革命の運命を委ねようとは欲しなかったし、また。そうすべきでもなかった。そこで、直ちに、それに代えて、生まれ変わった、進んだロシアから生まれた議会を招集することだけが必要であった」。

つまり、選挙をやりなおせばよかったのだということだ。

「そうはせずに、トロツキーは、一〇月に招集された立法議会の特殊な欠陥から一切の立法議会が不必要であるという結論を下し、更に、この欠陥を一般化して、普通選挙によって生まれた国民代表一般が革命期には無能力であると説くに至った。

『政府権力をめぐって赤裸々な退っ引きならぬ闘争がおこなわれて来たため、労働者大衆は短期間に大量の政治的経験を積み、その発展は急速に一つの段階から他の段階へと進んでいる。土地が広大であればあるほど、また、その技術的装置が不完全であればあるほど、民主主義制度の鈍重なメカニズムはこの発展に追いつくことが出来ない』（トロツキー、九三頁）（トロツキー「一〇月革命からブレストの講和条約まで」——引用者）

ここでは、既に『民主主義制度一般のメカニズム』ということが問題になっている。まずこれに対して明らかにせねばならないのは、代表制度に対する右のような評価のうちには、それこそ、あらゆる革命時代の歴史的経験と真向から衝突する、何か公式的な硬直した見方が現れているということである」（二五〇頁）というものだった。

ルクセンブルクは、徹底した民主主義こそがプロレタリア独裁の前提だとし、これを否定するボリシェビキの独裁が「派閥政治」「ブルジョア的意味における独裁」だと述べたのである。まさに前衛独裁となっていることを批判したのである。

●――一般民主主義と党の独裁――ロシア一八年憲法の「制限選挙」規定について

この前衛独裁の中でなにが行なわれたかということだが、ここでは、具体的には、革命ロシアの「制限選挙」問題を考える。

この場合、「制限選挙」とは、「有産階級」なるものを実体化し、そのすべてが、労働者に対して経済的に階級搾取をしてきたということをもって、選挙被選挙権をはく奪するという規定を、憲法に明記することをしてしまったということである。

ここにみられるような「選挙制度」の規定は、形式民主主義を通じた多数派の形成を通じ、政策決定のプロセスが決まる、民主主義国家の共同主観性（簡単に言えば「常識」）から考えるとかなり異質だ。

これが一九一八年の「ソビエト社会主義共和国連邦憲法」第六五条（制限選挙）の問題というものである。そこでは次のような人々は選挙・被選挙権がないと規定されていた。

選挙被選挙権の規定を引用する。

「第六十四条　ソビエトを選挙しまたソビエトで選挙される権利は、宗教、民族性、性別、居住地などを問わず、投票日までに一八歳に達しているロシア社会主義連邦ソビエト共和国の市民の為に与えられる。

ａ生産的かつ社会的に有益な労働によって生計を立てる全ての有権者（同様に農家が生産的に仕事ができるよう家事に従事する人々）、即ち工業、商業、農業などのあらゆる組織と部門に従事する日給または月給の労働者と小作農及び利益の為に雇用契約を結ばされた労働者を雇わないコサックの農家。

ｂソビエト陸海軍の兵士。

ｃいかなる等級（degree）も無効にするこの条項のパラグラフａとｂに列挙されたカテゴリーに属する市民」。

「第六十五条　次のような人々に対しては選挙権と被選挙権が、たとえそのカテゴリーに含まれていたとしても拒否される。

ａ利益の為に雇用契約を結ばされた労働者を雇う者。

ｂ働かずに得た収入、即ち資本による利息、事業からの利益、不動産による受領金等によって生活する者。

ｃ私的な貿易業者（private traders）や利潤優先の仲買人。

ｄ僧侶や聖職者。

ｅ旧警察の雇用者とスパイ、憲兵隊の特殊な団体と秘密政治警察部局、同様に旧皇族のメンバー。

f訴訟手続によって精神病者と宣告された者、同様に監房に居る者。

g刑期の定められた、法律や法廷の決定により金銭上の忌まわしい犯罪を糾弾された者。」

ロシアの中学高校の歴史教科書では、次のようである。

「利益の追求を目的とし雇用労働者を利用している者、または不労所得により生活している者、ツァーリ警察に勤務していたもの、牧師から選挙権が剥奪された。労働者には選挙の優先権が確保された。すなわち、農民の五票が労働者一票と同じ票となった」（アレクサンドル・ダニロフ、他、著、吉田衆一、アンドレイ・クラフツェビッチ監修、ロシアの中学・高校歴史教科書、『ロシアの歴史』（下）九年生の部、明石書店、二〇一一年、原著二〇〇三、二〇〇四年、三四八頁）。

例えばそれは、以下のようなこととは違う問題を提起している。例えば反革命勢力での活動を職業とし、人民を弾圧していた者たちに対しては、刑法などで裁く必要があるだろうし、一定期間、警察施設などに収容したうえで、その罪状を捜査する必要がある。そのことの中での政治的処分として、選挙被選挙権を停止する措置をとることは正当といえるだろう。

しかし、六五条は、それとはまったく異なった問題を提起するものだ。階級闘争とはいえ普通選挙制度の否定は、それだけで不特定の「人々」「市民」の平等というものを社会システムとして否定し、形式民主主義の圏外に置いたのである。この否定の先には独裁、専制政治しかない。

これではそもそも「市民」という観念が実質的に成立しない。そういう作風と政治体制が、まさに官僚制独裁国家を形成したのだ。

この問題は、カデット（立憲民主党）の非合法化問題と、同じ問題だ。カデット（立憲民主党）の中で一〇月革命以後、反革命活動に従事した人たちに対しては、刑法などで訴追する必要があった。革命権力なのだから、それは当然のことだ。しかし、レーニンたちは、カデットそれ自体を非合法化し、事実上、カデットに関わる全ての人々を無権利状態にしてしまった、その問題と酷似した問題としてある。

「所有階級」なるものを実体的に措定し、その人々から「制限選挙」でもって選挙被選挙権を憲法で剥奪するということは、明らかに行き過ぎであり、〈一般民主主義の形式〉の否定であり、結局、近代民主主義の基本的社会形態である〈市民社会〉が根付かず、それを根付かそうという問題意識もきわめて希薄なものとしてそれはあるというべきである。

＊制限選挙と左翼エスエル……この「制限選挙」は、左翼エスエルも綱領的文書で肯定している。「労働の資格が、ソヴェート共和国の第一の特異性である。勤労者のみがソヴェートの選挙に参加することができ、あらゆる搾取者は政治的市民権を持たない」（「左翼エス・エル党綱領草案」、『ナロードの革命党史——資料・左翼社会主義者・革命家党』加藤一郎編、鹿砦社、一九七五年、八二頁）。

●——制限選挙の思想——初期ソ連のリーダー・トロツキーの『テロリズムと共産主義』から

制限選挙の台頭期の初期ソ連のリーダーであったトロツキーは当時刊行した『テロリズムと共産

主義』で、次のように述べている。ここでは民主主義の否定が、仕方ないものではなく、正しいものとして肯定されている。

「民主主義の原則――人民主権・普通選挙・自由――は、カウツキー（このトロツキーの本は、カウツキーのロシア革命に対するブルジョア民主主義的な批判に対する反論としてかかれたものだ――引用者）に道徳的義務の後光がついて見える。これらの原則はその歴史的内容から切り離されて、その抽象的性質の中でとらえられ、不変のもの、神聖なものとして示される。この形而上学的罪悪は偶然の出来事ではない。……形式民主主義の原理は、科学的社会主義によってたてられたのではなく、いわゆる自然法理論によってたてられている。……個人は絶対である。何人も言論によって自己の思想を表現する権利をもつ。何人も、平等な選挙権をもつ。封建制に対する闘争の旗印として、民主主義の要求は、進歩的性格をもっていた。だが、時がたつにしたがって、自然法の形而上学（形式的民主主義の理論）はその反動的様相を明らかにし始めた。そして、それは労働者大衆と革命的政党の現実的要求を統制するための観念的基準なのであった。……社会主義の進路は、労働者階級が課題を達成するのに必要な力をたくわえるや否や、民主主義を投げ捨て、これをプロレタリア的機構によって置き換えることを目指しているのだ」（七一〜七四頁）。

字数の関係で引用箇所を大分省略したが、基本的に、このようなことを論じているのである。

しかし、この「プロレタリア的機構」とは、ボリシェビキの一党独裁でしかなく、その民主主義の放棄の結果はスターリン主義独裁だったのだ。形式民主主義の否定を革命的だというのが、「制限選挙」の思想だということだ。もっとも、ソ連は一九三六年に男女平等普通選挙となったが、それは官僚制国家が全面的に確立したことを逆に意味するもの以外ではない。けれども反対に、われわれは、プロレタリア民主主義を確立してゆくうえで、形式民主主義を決して否定してはならない。その手放した結果が、革命ロシアの前衛主義的・スターリン主義的変質だったことは十分記憶しておくべきである。

●――レーニンのカウツキー批判
――「プロレタリア革命と背教者カウツキー」(一九一八年一〇月～一一月執筆)から

レーニンは「制限選挙」について、どのように論じているだろうか。レーニンは、トロツキーのように、これを、普遍的な自然法批判としては論じず、現実から出発している。

「注意しておかねばならないが、搾取者から選挙権をとりあげる問題は、純ロシア的な問題であって、プロレタリアートの独裁一般の問題ではない。……わたしの小冊子『国家と革命』のなかで、たとえば民主主義と独裁の問題を分析した。選挙権を制限する問題については私は一言も述べなかった。いまもまた、選挙権制限の問題は、独裁のある民族に特殊な問題であって、独裁の一般的な問題ではない、と言わなければならない。選挙権制度の問題は、ロシア革命の特殊な条件、ロシア革命の特殊な道を研究するときに、これをとりあつかわねばならない。……これは独裁を実現するために必須なものではない。これは、独裁という論理的概念の欠くことのできない標識ではない。

これは、欠くことのできない条件として、独裁という歴史的・階級的概念のうちにふくまれるものではない」(レーニン全集第二八巻、原書ページ二三四〜二三五)。

ここまでは、「制限選挙」というものが、革命ロシアに固有なものであって、普遍的なプロ独の概念には、その一つの標識としてはふくまれないことが言われている。だが、ここで知っておくべきことは、次のことだ。

ここから、われわれは、すでに、この文書が執筆されていた一九一八年の一〇月には、レーニン直属という法的位置づけを持ったチェーカーが銃殺独裁にのりだしており、他党派解体、食糧徴発という農民抑圧戦争をボリシェビキが開始していたことを想起する必要があるということである。カデットをはじめ、すでに、ロシア最大党派である左派・右派のエスエルなども非合法化されていった、そういう中で、ボリシェビキにとって制限選挙が意味を持つなら、それは自らに敵対するものすべてを「有産階級」として粉砕するということとくっついた話であり──例えば反ボリシェビキ農民はクラークと規定された──その「ブルジョアジー」に対する内戦の一つの政策として「制限選挙」があったということでしかない。これがレーニンにならって、「純ロシア的な問題」としての制限選挙の意味であると考えることができるだろう。

このことは、レーニンから先ほど引用した文章の、すぐ後につづく、彼の文章によって、はっきりと確認できる。レーニンは述べている。

「独裁の欠くことのできない指標、独裁の概念は、階級としての搾取者を暴力的に抑圧することであり、したがって、この階級に対して『純粋民主主義』を、すなわち平等と自由を破壊することである。……理論的問題は、搾取階級に対して民主主義を破壊しなくても、プロレタリアートの独裁は可能であるか、ということである。……プロレタリアートはブルジョアジーの抵抗を打ち砕かずには、自分の敵を暴力的に抑圧せずには、勝つことはできないということ、そこにはもちろん民主主義はないということが、それである。このことをカウツキーは理解しなかった」（前掲二三五〜二三六頁）と。

レーニンは「階級としての搾取者の暴力的抑圧」がプロ独の「理論的問題」だとしている。これは実践的には暴力革命によるブルジョアジーに対する暴力的な武装解除をなすような武装権力としてプロレタリア独裁を一義的に規定しているということ以外ではない。そこにおける「純ロシア的問題」（政策）としての、反革命階級としての搾取者・有産階級に対する制限選挙政策ということだろう。結局は、「プロレタリア独裁の手法」として存在することに変わりはない。

ブルジョア階級の中には反革命活動をする人間はいっぱいいるが、一人一人全部把握できない、だから一つの政策として選挙権をはく奪することで、勢力を弱めようということだろう。しかし、暴力革命であったとしても「反革命勢力の武装解除と抑圧」は、選挙法という形をとって憲法という基本法に明記する、階級を実体化し階級ごと抑圧する（これは多大な人権侵害を孕む）ということではなく、刑法や臨時の戦時法で反革命活動を「弾圧する」「抑圧する」ということで十分なことなのであり、十分に反革命者・反革命勢力のための「純粋民主主義」は破壊できるといわねばならない。まさにそれ以上に、選挙法を制限選挙にしたときの弊害（形式民主主義の制限）を考慮しない危険をともなったものであったということができる。特殊ロシア的問題として言うなら、先述したように、三六年、スターリンは制限選挙を普通選挙制度に変えるが、それは、国家体制が安定し、政敵抹殺のシステムがしっかりと出来上がったからにほかならない。

●――「一般民主主義」の先進的役割について――廣松渉の問題提起

その場合、「プロレタリア独裁」という概念が、如何に定立するのかということが、問題となる。廣松渉は、次のように述べている。

プロレタリア独裁とは「共産党独裁の謂いでもなければ、況や個人独裁の謂いでもない。独裁という詞は、マルクス本人の用語法では、統治形態よりも、政治権力の階級的性格規定を表わす。マルクスはまさにプロレタリアートというデモスのクラティアを構想していたのであった」(「自由・平等・友愛のマルクスにおける行方」『マルクスの根本意想は何であったか』所収。情況出版、三六頁)と論じている。

ここからわかることは、労働者階級なるものを〈実体化〉し、「所有階級」には選挙被選挙権を与えないというような実体主義におちいるのではなく、まさに、政治権力を中心として、有産階級の市民はもちろん、旧ブルジョアジー層をも動員した、社会主義を建設する全人民的な共同連関、〈全人民的な役割役柄分掌態〉をつくりだしてゆくことが、とわれているということだ。そうした政治を実現してゆく政治権力の階級的性格が「プロレタリア独裁」として規定されるということである。だから一般民主主義――普通選挙制度は断固継続するべきであり、その選挙の結果は、政策選択の妥当性をめぐるバロメーターとなるのである。

これは、今日の資本主義社会でのブルジョア民主主義によって定立している保守党政権が「ブルジョア独裁」であることはもとより、一部革新政党を巻き込んだ、例えば日本では近年、「社会民主党」が入閣した民主党連立政権などが成立したが、まさにそういう、ブルジョア改革政権・中間連合政権なども、階級的にはブルジョア階級の階級支配はそのままに、支配階級としてのブルジョアジーと協調して資本主義の共同連関を形成せんとするブルジョア独裁政権という規定があたえられるべきだということと、基本的には同じことであるということができるだろう。

また、ブルジョア独裁の下で、左翼政権が成立した場合、それが、いきなり「プロ独」の規定性を持つとはならないことは当たり前の話だが、その場合、その政権が、どれだけの実質的・実践的なプロレタリア・ヘゲモニーを有しているかによって、「ブルジョア独裁」という階級的性格規定を形骸化させてゆくことは可能である。それから、「プロ独」への移行は、まさに市民社会の「陣地戦*」に勝利するか否かが一つの重要なカギとして問われてくる。

＊陣地戦……職場・職業・学園・地域・自治体など様々の社会単位においてプロレタリア自己解放を自覚した人々がその単位のヘゲモニーを取り、ヘゲモニーを形成してゆくこと。

こうして古典的な「プロレタリア独裁」（統治形態としてのプロ独、ないしは前衛独裁）と、政治権力の階級的性格規定としての「プロレタリア独裁」の相違が、ふまえられるべきなのである。統治形態ではなく、階級的性格規定としての「プロ独」の下では、「一般民主主義」的システムは、階級格差を消滅させた諸個人の平等と人権を形態的に形作っているゆえに、プロ独の本来の目的〈労働力商品化の廃絶を端緒とした価値法則の廃絶。階級と階級支配の廃止〉にむしろ合致するように機能できるし、そうしたものとして〈成熟した市民社会の中に、住民自治のなかに、国家権力を眠り込ませる〉社会の形をつくる前提になってゆく機能を果たすはずだ。もっともここで問われるのは、そういうことを意識し意志統一した政治的社会運動の存在である。これなしには、そういう政治は実現できないことは前提である。

●――レーニンは他党との同盟をどう考えていたか

レーニンは一九一七年九月、『ラボーチー・プーチ』第一二号に「ロシア革命と内乱」という以下のような文章を掲載した（レーニン全集第二六巻）。

「カデットすなわちブルジョアジーに反対する、ボリシェビキとエス・エルおよびメンシェビキとの同盟は、まだためされていない。もっと正確にいえば、このような同盟は、たんにただ一つの戦線で、わずか五日のあいだ、すなわち八月二十六日―三十一日、コルニーロフ陰謀のときに、ためされただけである。しかも、こういう問題は、まだどんな革命にも見られたことのない容易さで、反革命にたいするもっとも完全な勝利をもたらした。……ブルジョアの全出版物は、それを受け売りしているすべての連中（プレハーノフ、ポトレソフ、ブレシコ―ブレシコフスカヤ、その他）といっしょになって、ボリシェビキとメンシェビキおよびエス・エルとの同盟こそ、内乱の惨禍で『おどす』ものだと、声をかぎりにわめきたてている。……もし絶対に争う余地のない、事実によって絶対に証明された革命の教訓があるとすれば、それは、ボリシェビキとエス・エルおよびメンシェビキの同盟だけが、全権力をソビエトにただちにうつすことだけが、ロシアにおける内乱を不可能にするということにほかならない。なぜなら、このような同盟にたいして、労働者・兵士・農民代表ソヴェエトにたいして、ブルジョアジーが内乱をおこすということは、考えられないからである。……およそどんな革命でも、その平和的発展ということは、きわめてまれな、困難なことがらである。なぜなら革命とは、もっとも鋭い階級矛盾が最大限に激化したものだからである。しかし、農民国で、プロレタリアートと農民の同盟が、もっとも不正な、もっとも犯罪的な戦争にくるしむ大衆にたいして平和をあたえ、農民にたいしてすべての土地をあたえることができるなら、そういう国では、そういう歴史的時機には、全権力がソヴェトにうつされれば、革命の平和的発展は可能であるし、予想されることである。ソヴェトが完全に民主主義的であり、兵士は五百人に一人の割合で、労働者は一千人の選挙人に一人の割合で代表を出すというような『小窃盗行為』、民主主義的原則の『かすめとり』を放棄さえすれば、権力をめざす諸党の闘争は、ソヴェトの内部で平和的にこれをおこなうことができる。民主的共和国では、このような小窃盗行為は消滅するにきまっている」（原書頁、一七～一八頁）。

だが、そうはならないということも、レーニンは書いている。レーニンの意図は明確だ。ボリシェビキの考えた方針通りに、できるようにするということだけがあるのであり、そこにおけるポイントは、レーニンは、一般民主主義を守ろうとはしていないということだ。

「もし権力をただちにソヴェトに引渡すことによって、都市労働者と貧農の同盟を実現できるなら、なおさらよい。ボリシェビキは、革命発展のこの平和的な道を確保するためには、なんでもやるであろう。それなしには、単なる憲法制定議会はそれ自体では救いをもたらすものとはならないであろう。なぜなら、憲法制定議会のなかでも、エス・エルは、カデットや、ブレシコ―ブレシコフスカヤや、ケレンスキー（彼らはいったいどういう点でカデットよりましなのか？）、その他、等々の連中と協定『遊び』をつづけることもできるからである。もし、民主主義派が、コルニーロフ陰謀の経験にさえまなばないで、動揺と協調との有害な政策をつづけるなら、我々はこう言おう、この種の動揺ほど、プロレタリア革命を瓦解させるものはない。だから、諸君、内乱でおどすのはやめたまえ。もし諸君がコルニーロフ陰謀や『連立』を、いますぐ、きっぱり、片づけようとおもわないなら、内乱はさけられない。だが、この内乱は、搾取者にたいする勝利をもたらし、農民に土地をあたえ、諸国民に平和をもたらし、世界の社会主義的プロレタリアートの勝利にみちた革命への大道をひらくであろう、と」（原書頁、二二二〜二二三頁）。

結局、ボリシェビキは、ソビエトをエネルギーとしたボリシェビキの党派主義的ヘゲモニーを前提として、諸々のケースを考えていたということ以外ではない。それは前衛独裁への道であった。以降の節がそれを示すだろう。

第二節　チェーカー独裁と軍政化

●――チェーカーの形成

一九一七年一二月、チェーカー（反革命・サボタージュ取締全ロシア非常委員会）が設置された。さらに革命裁判所が設置される。チェーカーは人民委員会議直属の機関、つまりレーニン直属の機関だ。それはボリシェビキにとっては「党の管轄機関」であり、司法人民委員のスタインベルク（左翼エスエル）の司法人民委員部への監督権限の委譲の要求を、チェーカーのリーダーだったジェルジンスキー（のち、一九二二年につくられたGPU内務人民委員部付属国家政治局の初代長官）に出したが、それが拒否されるというようにして確立した。つまり、ボリシェビキの専制として確立したということだ。

●――殺人指令文書「レーニン秘密資料」の存在

そこで、チェーカーや赤軍を使って、ボリシェビキが展開した、反革命の取り締まりについて、いくつかの殺人指令が存在することが「ロシア現代史文書保存研究センター」というところの文書であきらかになってきた。これは、文学的な表現を用いれば、クレムリンの地下に保管されていた第一級の特定秘密文書が、ソ連崩壊後、公開されたということを意味している。

例えば研究者によれば、「一九二一年六月一一日、タンボフ農民への裁判なし射殺命令――クラーク反乱――発令者レーニン」「一九二一年六月一二日、毒ガス使用とタンボフ農民絶滅命令――クラーク反乱――発令者政治局」（アントーノフ反乱に関するもの）、「一八年五月三一日、ストライキ労働者射殺命令――黄色い害虫――発令者ジェルジンスキー」（労働者ストライキに対するもの）、「二一年三月五日、最後通牒――雉のように撃ち殺す――白衛軍の豚――発令者トロツキー」（クロンシュタット反乱に関するもの）などとされているものである。例えば日本でこうしたデータを大量に収集しているブログに、宮地健一氏（元日本共産党員）の「共産党問題・社会主義問題」というブログがある。ここでは宮地氏のホームページのアドレスを示す。

http://www2s.biglobe.ne.jp/~mike/leninsatujin.htm#m29

●――チェーカー独裁がスターリン主義への道を掃き清めた

以下にみられるようなレーニン・ボリシェビキの行為とスターリン主義に違いがあるならば、〈戦争的手法〉の対象の違いである。レーニンが戦争的手法を用いているのは、党外の諸勢力に対してであって、党内には用いていない。スターリンは、戦争的手法を党内に用いている。それが違いである。本論著者にとっては、〈それだけの〉違いである。

左翼エスエルのスタインベルクは述べている。

「一九一八年から二〇年にかけて、シニカルなテロルの体系――これはそれ以降あたりまえのこととなるが――が創設され、強化されるようになったのである。この時期に起こった諸事件は、後にボルシェビキ国家が建設される基礎を形成することとなった。そして革命ロシアの土壌は、この時期に毒され、やがて将来そこに毒々しい果実が実るのは必然だったのである。

一九一八年二月二一日の宣言（「社会主義祖国は危機に瀕す」――引用者）は、略式の銃殺刑を正当化し、これを扇動するものとして、チェー・カーによるテロルへの道を掃き清めた。

それ以降全土を赤く染め尽くすことになった血の海については、ここで詳細に述べることはできない。『社会主義の名において』何がなされつつあったかを知るには、『チェー・カー週報』に発表された処刑者の長い、しかも完全というにはほど遠いリストを見れば十分である。

ドイツとのブレスト＝リトフスク条約締結（これが左翼社会革命党の政府からの引揚げの原因となった）後の事態の全般的悪化と打ち続く食糧危機とは、結局のところ懲罰および徴発分遣隊を組織して農村へ派遣することを余儀なくさせたが、そこでこれらの分遣隊は残虐な強制手段を行使することとなった。（中略）このようなやり方をつうじて反革命的叛乱鎮圧の任務を帯びたチェー・カー、革命法廷（革命で否定された死刑が復活――引用者）、懲罰分遣隊それに軍隊の活動はすべて結び合わされて、散発的ではあったが事実上のテロル状態をつくりあげていった」（『左翼社会革命党

1917-1921』、鹿砦社 一三三頁)。

まさに銃殺独裁の重点のひとつは、農村におかれていた。この原因は次のようである。ブレスト講和ののち、ドイツ軍は民族主義のウクライナラーダ政権と分離講和を締結した。そして「ウクライナの最も肥沃な、最も工業化された地域を占領した。少したつとドイツ軍はドンやカフカースの諸地方へ侵入した。彼らは中央ロシアを、常にそこへ必要欠くべからざる諸原料を供給してきたこうした地域から切断したのである。というのは、ウクライナはパンを、ドネツ盆地は石炭と鉱石を、そしてカフカースは石油を産み出していたのだ。ロシアは計画的に絞殺されつつあった」(スタインベルク前掲書、一二二頁)ということだ。

だから中央農業地帯とヴォルガ河流域から穀物を調達するしかなかったが、これらの地域は、エスエル(——左派)の農民ソビエトが展開する農民革命の牙城だった。左翼エスエルは農民ソビエトへの物資調達の委託と公定価格の引き上げなどの経済政策を提起した。農民ソビエトを信頼していればそれで改善される問題である。

しかしボリシェビキは、そういう経済政策は一切取らず「農村でパンが隠匿されている」として「農村に対する階級闘争」を宣言したのだ。

まさにボリシェビキは、かの「農民層の両極分解論」というロシアの現実では存在しなかった分析(拙著『世界資本主義と共同体』第六章を参照せよ)、その完全な理論的破産物を、むしろ党派闘争の理念として、「ボリシェビキ=貧農」VS「ボリシェビキに従わない農民勢力=クラーク(富農)」とレッテル張りするセクト主義的図式へと利用、適用し、「食糧独裁」にはいってゆく。

こうして、ボリシェビキの農村抑圧戦争は、例えばウクライナでは次のように展開した。

マフノ・ウクライナ革命叛乱軍（約五万人）が、ドイツ軍をウクライナから放逐し、マフノと赤軍が白軍殲滅のため「共闘」する。この共闘のためマフノ軍は赤軍の義勇軍部隊として登録。これは赤軍に部隊を解体したのではなく、「黒旗」の保持やマフノ軍の内部規律には赤軍は干渉しないなどの条約をむすんでいた。簡単に言うならマフノは赤軍と統一戦線軍を形成したということだ。しかし内戦が終了したのち、赤軍がマフノ軍に〝司令部を解散し赤軍に部隊を解体しない場合は、非合法化する〟という旨の布告を行う。そしてマフノ軍を武力で粛清し、国外に追放してゆく。

この他、タンボフのエスエルであるアントーノフ農民軍などの農民軍と赤軍の闘いでは、百数十万の農民が決起しており、農民叛乱軍と赤軍双方に多数の死者がでた。

例えば「タンボブ県は農民戦争になって、ボリシェビキはみな殺しになるありさまです」（「ロシア革命以降の世界とマルクス主義」廣松渉・和田春樹対談、『廣松渉コレクション第二巻　社会主義の根本理念』、情況出版、一九九五年、二七三頁、和田の発言）というほどの事態として展開した。

＊マフノについては拙著では社会評論社『アウトノミーのマルクス主義へ』「第2章」「注解1：革命ロシアにおける他党派解体主義の問題について——なぜマフノ軍に赤軍への編入を指令するのか——唯一の前衛主義」参照。「編入」は「解体」にした方がわかりやすかった。連合独裁を否定したボリシェビキの唯一の前衛独裁論に関するものだ。

＊アントーノフ反乱（一九二〇～一九二一年）……中央農業地帯のタンボフ県で起こったボリシェビキ独裁打倒の農民反乱。タンボフは、二〇世紀冒頭からエスエルの牙城の一つ。モスクワの南東

五〇〇キロにあり、モスクワに最も近い小麦の穀倉地帯だったため、一九一八年以降、「食糧独裁令」での徴発が厳しかった地域である。二〇年八月、タンボフの一万四〇〇〇人以上の民衆が、タンボフ県三郡の「人民委員」などのボリシェビキを総殲滅した事態が起こった。この反乱の指導者が、アレクサンドル・スチェパノヴィッチ・アントーノフである。アントーノフは一九〇六年以来のエスエル党員で、一九一七年二月革命までシベリアに流刑されていた。解放後は、生まれ故郷のキルサーノフに戻り民兵隊の隊長をしていたが、一八年八月、ボリシェビキと決別し農民反乱を組織し始めた。「ボリシェビキの人民委員政治」に反対し、「商取引の自由」「食糧徴発の停止」「自由選挙」「ボリシェビキの委員とチェーカーの廃止」を掲げて闘った。一九二〇年一〇月の時点ではボリシェビキはタンボフ市とわずかな地方都市しか制圧できず、アントーノフ軍は五万人にまで巨大化して行った。レーニンは、一〇月一九日、この反乱を消滅させるため、ジェルジンスキーに「最も速やかに、もっともよい手本となるように、この運動を粉砕しなければならない」との指令書を送った（『共産主義黒書――ソ連編』一二〇頁）。投入されたチェーカーと赤軍は、毒ガスまで使用して、容赦のない徹底的な弾圧をおこない、一九二二年六月、アントーノフもチェーカーとの銃撃戦により殺害された（以上の内容は本論の参考文献の一つ、『共産主義黒書――ソ連篇』に基づく）。

以上をふまえながら、以下、「内戦期の混乱」といわれてきた党派戦争について、事例で以って、分析してゆきたい。まず、内戦期の全体を概観し、その中で、ボリシェビキの農村抑圧戦争をはじめとした党派戦争を見てゆくことにしよう。

●――ロシア内戦期の段階的（時期的）区分について

以下は、ロシアの中学・高校で習う歴史教科書の一つ、『ロシアの歴史』九年生用のものである（『ロシアの歴史』明石書店、アレクサンドル・ダニロフ他著、吉田衆一、アンドレイ・クラフツェヴィチ監修、寒河江光徳、他訳。二〇一一年）。

「◆内戦の原因と基本的な段階

内戦は一九一七年革命の結果であった。大規模な変革が急速におこなわれた。これらの変革は、権力や所有権を失った社会グループからの抵抗に遭わずにはいられなかった。他方、権力に到達したボリシェヴィキは、いかなる犠牲を払っても保持する努力をした。民主主義の規範を無視し、憲法制定会議を蹴散らし、自分の論敵を強制的に排除し、一党独裁確立の道に立脚し、メンシェヴィキと左派エスエルを事実上軍事的方法をとる闘争へと追いつめた。内戦の火事を膨張させるに貢献したのは、ブレスト講和と一九一八年春から夏にかけての村落での非常事態政策であり、これにより農民と愛国心をもつ住民層を武力抵抗へと引きずりこんだ。

内戦は、一九一七年一〇月から一九二二年一〇月までの期間で、これはボリシェヴィキのペテログラードでの権力奪取から極東での武装闘争を終えるまで続いた。この戦争は三つの基本段階に分けられる。

一九一七年一〇月～一九一八年春まで――『緩やかな内戦』の時期。軍事行動は主にローカル的な性格であった。ボリシェヴィキの敵対者は政治的闘争（メンシェヴィキとエスエル）を行うだけか、あるいは自分の運動（白軍）を形成していた時期であった。ソヴィエト政権の当初の諸法令に引きつけられた国民の多くはボリシェヴィキを支持した。

しかしながら、一九一八年の春から夏にかけて、ボリシェヴィキと敵対者との激しい政治闘争が公然とした軍事対立の形態へと変化した。

内戦の二番目の『戦線的段階』が始まり、この段階をいくつかの時期に分けることができる。

一九一八年の夏から秋、村落における食糧独裁の導入（チェーカー、赤軍など食糧徴発隊による、穀物などの強制徴発のこと。詳しくは拙著『世界資本主義と共同体』第六章を参照せよ――引用者）、貧民委員会の組織化、そして階級闘争が燃え上がって戦争がエスカレート化した時期である。中流農民や裕福な農民たちの不満は、反ボリシェヴィキ運動のための大衆的基盤を作り出した。

一九一八年一二月～一九一九年六月――赤軍と白軍との正規軍同士の戦闘期。ソヴィエト政権との武力闘争で、白軍運動は最も大きな成功を収めた。メンシェヴィキとエスエルの一部はソヴィエト権力との協力へ向かった。この時期は戦線での戦争が激しく、赤軍と白軍のテロが横行した。

一九一九年後半～一九二〇年秋――白軍敗北の時期。中流農民に対する関係をボリシェヴィキは緩和した。白軍あるいは赤軍支持で揺れていた農民はソヴィエト政権側に傾いた。

第三段階、一九二〇年末～一九二二年まで、『小内戦』の時期。この時期には、ボリシェヴィキの経済政策に反対する農民の大暴動、労働者の不満増大、クロンシュタット海軍水兵の叛乱があった。ボリシェヴィキは新経済政策を実行し、徐々に内戦終結へ向かう一助となった」（三五〇～

三五一頁）。

本論では、このうち、ボリシェビキの労働者・農民に対する軍政化を扱うものとする。

＊帝国主義の反革命干渉戦争に関するものも、論旨とのかかわりで、文脈の圏外と判断し省略するが、一点だけ。ドイツとのブレスト講和に反対したのが、左翼エスエルとボリシェビキのブハーリン派だった。彼らは対独革命戦争を主張した。そして、それは左翼エスエルとボリシェビキの連立政権崩壊までいってしまう（一九一八年三月）。だが、シベリアで、日本帝国主義の反革命干渉戦争と闘った極東ソビエト政権は、パルチザン戦争に突入。左翼エスエルやアナキスト、農民運動などとボリシェビキの統一戦線は、そこでは、維持されていた。そして日帝を放逐（一九二二年、北樺太からは一九二五年）した。このことは明記しておくことにする。

●──ボリシェビキの軍政化としての内戦

以下、ステファヌ・クルトワ、ニコラ・ヴェルト著（ヴェルトは、一九八五年、平凡社、荒田洋訳、『ロシア農民生活誌』のニコラス・ワース）、『共産主義黒書──犯罪・テロル・抑圧──ソ連篇』（恵雅堂出版、二〇〇一年。外川継男訳。原著一九九七年）から、いくつかの【事例】をあげる。これらの資料が、「ロシア現代史文書保存研究センター」の資料に、そのデータの少なくない部分を依拠していることは、明らかだ。

＊外川は、ゲルツェン『向こう岸から』現代思潮社などを翻訳した、ロシア史の研究者。

そこから、ボリシェビキ外諸党派、労働者、農民、知識人に対するボリシェビキの軍政的弾圧＝党派戦争をしるした事例をあげることにする。紙数の関係でこれが限界である。くわしく把握したい方は、本論が参考にした、諸文献に当たられるようにお願いする次第である。

一九一八年八月三〇日、レーニン暗殺未遂事件がおこった。これに対抗する措置として、ボリシェビキ政権は「赤色テロル」を宣言した。これをつうじて、ボリシェビキの前衛独裁が、本格的に進行してゆくことになる。

＊事例の各文に付加している（　）内の出典は、「注」として各章の文末に集約されていたものを、この引用文ではそれぞれの「注」の各箇所に明記するという体裁をとったものである。

●──総体として──人質・収容所・軍事規律化・密告・銃殺

【事例一】「一九一八年八月ひと月を通して、ということは九月三日に赤色テロルが「正式」に始まる以前に、レーニンとジェルジンスキーをはじめとするボリシェビキ指導部は、チェーカーや党の地方機関に無数の電報を打って、蜂起のあらゆる試みを防ぐために、『予防措置』を講ずるよう要求した。『これらの措置のうちで最も効果的なのは──とジェルジンスキーは説明している

――ブルジョワジーの中から人質をとることである。諸君がつくったブルジョワジーから徴収された特別税のリストをもとにして……すべての人質と容疑者を逮捕し、強制収容所に監禁するのだ（RTsKhIDNI〔РЦХИДНИ〕. 76/3/22.〔ロシア現代史文書保存研究センター〕）』。

八月八日、レーニンは食糧人民委員のツルーパに、次のような政令を起草するように要求した。『各穀物生産地区において、最も裕福な者二五人を人質にとり、食糧徴発計画が実行されないときには、その命をもって責任をとらす』。ツルーパは、このような人質をとることは難しいというところから、要求が聞こえないふりをした。レーニンは今度はもっとはっきりした第二の覚え書を彼に送った。『わたしは人質をとれとは言っていない。各地区において名指しで指名するようにと言っているのだ。この指名の目的は彼ら金持ちが自分たちの税金に対して責任があるように、自分たちの地区の食糧徴発の即時実現に命をかけて責任をもつということだ（*Leninskii sbornik*, vol.18（1931）, p.145-146, cité in D.Volkogonov, *Le Vrai Lénine*, Paris, R.Laffont, 1995, p.248.（『レニンスキー・ズボールニク』、ヴォルコゴーノフ『真相のレーニン』〔英訳〕より引用。）〔英訳はD. Volkogonov, Lenin: Life and Legacy, 最新版はLenin. A New Biography, The Free Press, 1994 邦訳はドミートリー・ヴォルコゴーノフ 白須英子訳『レーニンの秘密』上下、NHK出版、一九九五〕）』。

人質政策のほかに、一九一八年八月にボリシェビキ指導部は、戦時のロシアに出現したもう一つの抑圧道具を実験した。それは『強制収容所』である。一九一八年八月九日、レーニンはペンザ県の執行委員会に電報を打って、『クラーク、聖職者、白衛軍、その他の疑わしき者を強制収容所』に閉じこめるように命じた（V. I. Lenin, *Polnoe sobranie sochnenii*, vol.L, p. 143.（レーニン『著作全集』））。

その数日前、ジェルジンスキーとトロツキーは同じように人質を『強制収容所』に収監するよう命じた。これらの『強制収容所』はきわめて簡単な行政措置でまったく裁判もなしに『疑わしき者』を閉じこめる収容施設である。ロシアには他の交戦国と同様に、すでに多くの捕虜収容所があった。

予備拘束される『疑わしき者』の中にはまず第一に、まだ自由の身だった反対党の政治家がいた。一九一八年八月十五日、レーニンとジェルジンスキーはメンシェヴィキ指導部の主立った者、マルトフ、ダン、ポトレーソフ、ゴールドマンらの逮捕命令に署名した。すでにこの時、彼らの新聞は沈黙し、代表はソビエトから追放されていた（РЦХИДНИ 76/3/22/3.（ロシア現代史文書保存研究センター））」（八二頁）。

●――労働運動において――人質政策・強制収容所・銃殺独裁

【事例一】「ボリシェビキは労働者の名において政権を獲得したのだが、弾圧のエピソードの中で新体制が最も注意深く隠蔽したのは、まさにその労働者に対して加えた暴力であった。一九一八年から始まったこの弾圧は、一九一九～一九二〇年にかけて進行し、その絶頂は有名な一九二一年春のクロンシュタットのエピソードである。……一九一八年七月二日のゼネストの失敗のあと、ボリシェビキは社会革命党の何人かの指導者を逮捕したが、これはその中のマリア・スピリドーノヴァが、ペトログラードの主立った工場をめぐって大喝采を博した直後だった。この逮捕のあとの一九一九年三月に、労働者の二度目の大きな騒動が古都［ペトログラード、新都はモスクワ］で起こった。……一九一九年三月十日、プチーロフ工場の労働者の総会は、一万の参加者の前で正式にボリシェビキを非難する宣言を採択した。『この政府は、チェーカーと革命裁判所の助けをかりて統治する共産党中央委員会の独裁でしかない（РЦХИДНИ, 17/84/43/2-4.（ロシア現代史文書保存研究センター））』。

宣言は全権力のソビエトへの移行、ソビエトと工場委員会における自由な選挙、労働者が田舎からペトログラードへ持ち込むことのできる食糧の制限（一・五プード、すなわち二四キロ）の廃止、投獄されている『真に革命的諸党派』の政治家、とくにマリア・スピリドーノヴァの釈放を要求した。……一九一九年三月十六日、チェーカーの分遣隊は、武器を手にして守っていたプチーロフ工場を襲撃した。およそ九〇〇人の労働者が逮捕された。その後数日間に、約二〇〇人のストライキ参加者が、ペトログラードから五〇キロほど離れたシュリッセリブルク要塞監獄で、裁判もなしに処刑された。新しい儀式によって、スト参加者は全員解雇されたあと、自分たちが反革命のリーダーによって騙され、『犯罪に引き込まれた』という声明に署名したあとでなければ、再雇用されることがなかった（G. Legget, *op. cit.*, p.313（レゲット　前掲書（『チェーカー　レーニンの政治警察』のこと――引用者））、V. Brovkin, *Behind...*, *op.cit.*, p.71（ブロフキン前掲『背後で』――『内戦の前線の背後で』のこと――引用者）、*Petrogradskaia Pravda*, 13 avril 1919, p.3.（『ペトログラード・プラウダ』一九一九年四月十三日））。……一九一九年春以降、チェーカーの秘密部門は、いくつかの労働運動の中心に、あれこれの工場における『精神状態』を定期的に報告する任務を負った密告者網を設置した。労働者階級は危険な階級となった……」（九四～九五頁）。

【事例二】「一九一九年春は、トゥーラ、ソルモヴォ、オリョール、ブリヤンスク、トヴェーリ、イヴァノーヴォ、ヴォズネセンスク、アストラハンなど、ロシアのいくつかの労働者の町で多くのストライキが起こって、乱暴なやり方で鎮圧されたことで特記される（РЦХИДНИ, 17/66/68/2-5; 17/6/351（ロシア現代史文書保存研究センター））」。ストライキは武力で鎮圧され、多くの労働者が銃殺された。トゥーラのストライキでは「二六人の『リーダー』が死刑に処された（РЦХИДНИ, 17/6/351.（ロシア現代史文書保存研究センター）、*Izvestia TsKa RKP(b)*, no.3, 4 juillet 1919（『ロシア共産党（ボ）中央委員会イズヴェスチア』一九一九年七月四日、第三号）、РЦХИДНИ, 2/1/24095（ロシア現代史文書保存研究センター）、ГАРФ, 130/3/363（ロシア連邦国立文書館）」（九五～九六頁）。

【事例三】「一九一九年末から一九二〇年春にかけてボリシェビキ権力と労働者世界との関係は、二〇〇〇以上の企業が軍隊組織となった結果、ますます悪化した。労働の軍事規律化の主唱者だったトロツキーは、一九二〇年三月の第九回党大会において、この問題についての自分の考えを述べた。人間は生まれつき怠惰の傾向をもっている――とトロツキーは言う。資本主義の下にあっては、労働者は生きるために仕事を探さなければならない。働く者を駆り立てるのは資本主義市場である。社会主義の下では『労働資源の利用が市場にとって代わる。』したがって国家のつとめは勤労者を導き、使い、統率することであり、勤労者は労働者国家の兵士、プロレタリアの利益の擁護者として、服従しなければならない。労働の軍事規律化の意味と基本はこのようなものであって、これは一部の労働組合の活動家やボリシェビキの指導者によって、厳しく批判された。しかし、実のところ、この労働の軍事規律化とは、戦時にあっては敵前逃亡と同じと見なされたストライキの禁止であり、指令の原則と権限の強化であり、それ以降役割が生産的政策の遂行に限定されるようになった組合および工場委員会の完全な従属であり、当時いつも不確かだった食糧探しのために多くの労働者が職場を離れたり、欠勤や遅刻するのを禁止することを意味した」（九七頁）。

【事例四】「工場における『秩序回復』をめざした労働の軍事規律化の方策は、期待した効果とは反対に、多くの時限スト、作業中止、ストライキ、暴動を引き起こし、それらは情け容赦なく鎮圧された。『これら有害な黄色い害虫であるストライキ参加者の絶好の場所は――一九二〇年二月十二日の『プラウダ』はこう書いている――強制収容所である！』。労働人民委員部の公式統計によれば、一九二〇年前半にロシアの大・中規模の工業経営の七七％においてストライキが起こっている。中でも金属工業、鉱山、鉄道といった混乱の元になった部門が、労働の軍事規律化が最も進んだ分野だったことは意味深い。チェーカーの秘密部門がボリシェビキ指導部に送った報告は、軍事規律化に反対する労働者に加えられた弾圧がどんなものだったかを明らかにしている。逮捕された労働者は、たいてい『サボタージュ』または『脱走』という罪で革命裁判所で裁かれた。一例をあげるなら、一九二〇年四月にシンビルスクで武器工場の十二名の労働者が収容所送りになったが、その罪状は『イタリアのストライキ型のサボタージュを行ない……大衆の宗教的迷信と弱い政治的関心を利用してソビエト政権に反対する宣伝を行い……給与に関するソビエトの政策について間違った解説をした（V. Brovkin, *Behind..., op.cit.*, p.289.（ブロフキン　前掲『背後で』））』ことであった。

この紋切り型の言葉の暗号を解くなら、それは被告たちは管理部から許可されていない休憩をとり、日曜日の強制労働に抗議し、共産主義者の特権を批判し、最低生活もできない給与を告発したということであった。

共産党の最高指導部——その中にはレーニンもいたが——は、ストライキに対する見せしめの弾圧を呼び掛けた。一九二〇年一月二十九日、ウラルの労働運動の高まりを前に、不安になったレーニンは、第五軍の軍事革命委員会議長のスミルノフに電報を送った。『Pの報告によれば、鉄道労働者が大規模なサボタージュをしているという……伝え聞くところでは、イジェフスクの労働者も関係しているとのことだ。わたしは君がそれを放置し、サボタージュを大衆処刑で処置しないことに驚いている（*Trotsky Papers*, vol.II, p.20（『トロツキー・ペーパーズ』））』。

一九二〇年には労働の軍事規律化に続いて多くのストライキが起こった。エカチェリンブルクでは一九二〇年三月、八〇人の労働者が逮捕され、収容所送りになった。リャザン—ウラル間の鉄道では、一九二〇年四月に一〇〇人の鉄道員が有罪となった。モスクワ—クルスク線では一九二〇年五月に一六〇人、ブリヤンスクの金属工場では一九二〇年六月に一五二人が有罪となった。労働の軍事規律化を通じて起こったストライキがきびしく弾圧されたこれらの例は、さらに何倍にもなろう（V. Brovkin, *Behind...,op.cit.*, p.297 et suiv.（ブロフキン　前掲『背後で』）」（九八〜九九頁）。

●——農民運動と農村に対して
——食糧徴発・「匪賊」(緑軍)絶滅・人質政策・村焼き討ち・銃殺・毒ガス・大量虐殺

【事例二】総体的概観として。

「『労働戦線』が象徴的にせよ、戦略的にせよ、どれほど重要だからといって、それは体制が取り組まなければならない内戦の無数の『国内前線』のほんの一部でしかなかった。食糧の供出(この問題は、拙著『世界資本主義と共同体』社会評論社、第六章を参照せよ——引用者)と徴兵を拒む農民——緑軍——との闘争にこそ、全精力を割かねばならなかった。反乱兵や逃亡兵や農民一揆と闘う任務を帯びたチェーカーの特別部門と共和国国内守備隊の現在入手し得る報告を見れば、赤軍と白軍の他に、この鎮圧の『醜悪な戦争』で行使された、まれにみる暴力の恐ろしさが浮かんでくる。……ネストル・マフノやその他の農民軍の首領に率いられた『匪賊の中の匪賊』のウクライナを『一掃する』ための弾圧の理想的やり方を特徴づけて、トロツキーは『鉄のほうき』と呼んだが、これこそがその力だった(A. Graziosi, *The Great Soviet Peasant War. Bolsheviks and Peasants 1917-1933*, Ukrainian Research Institute, Harvard University, 1996.(グラツィオージ『大ソビエト農民戦争　ボリシェヴィキと農民　一九一七〜一九三三年』))。

農民の騒乱は一九一八年の夏から始まっていた。それは一九一九〜一九二〇年に新たな拡大をみせ、一九二〇〜一九二一年の冬に最高潮に達し、ボリシェヴィキ体制を一時やむなく後退させるほどになった」(一〇〇頁)。

「農民を反乱に駆り立てたのは、二つの直接的理由があった。それは食糧徴発と赤軍への徴兵である。一九一九年一月に、一九一八年夏以来行なわれてきた余剰農産物の無秩序な追求が、中央で計画された調達システムにとって代わられた。各県、各地区、各郡、各農村共同体は、あらかじめ予測された収穫に応じて、一定の割り当てを国家に供出しなければならなくなった。この割り当てには穀物だけではなく、馬鈴薯、蜂蜜、卵、バター、採油植物、肉、クリーム、ミルク等々も含まれていた。それぞれの村落共同体は、それらの取り集めに連帯責任を負っていた。村全体が割り当てを完全に納めた時、初めて当局は受け取りを発行し、それで初めて加工品を購入する権利が生じた。しかし、それとてもけっして十分ではなく、一九二〇年末にはようやく需要の一五％を満たすだけだった。納入した農産物の代金はほんの名目的なものだった。ルーブルの価値は下落し、一九二〇年末には金ルーブルに対して九六％価値を失っていた。一九一八年から一九二〇年にかけて、穀物の徴発は三倍になった。数の上ではっきりさせるのは難しいが、農民反乱の数も少なくとも同じ割合で増大した（S. A. Pavliuchenkov, *op. cit.*, p. 188-240.（パヴリュチェンコフ　前掲書（『農民ブレスト（またはボリシェヴィキのネップ前史）』のこと――引用者））」（一〇一頁）。

「多くの場合彼ら（農民反乱――引用者）は、森の中に潜んでいる逃亡兵――『緑軍』に指導された。一九一九～一九二〇年の脱走兵の数は、三〇〇万以上と見積もられている。一九一九年には約五〇万の脱走兵が、チェーカーの部隊と反逃亡兵特別委員会によって逮捕された。その数は一九二〇年には七〇万から八〇万にのぼった。それでも一五〇万から二〇〇万の間の逃亡兵が――その大部分は土地の事情をよく知っている農民出身だったが――当局の追求から身を隠すことができた（O. Figes, «The Red Army and Mass Mobilization during the Russian Civil War, 1918-1920», *Past and Present*, no.129, november 1990, p. 199-200.（ファイジェス《ロシア内戦期の赤軍と大衆動員》『パースト・アンド・プレゼント』、第一二九号、一九九〇年十一月））。……政府は次第により厳しい弾圧策をとるようになった。何千という逃亡兵が銃殺されたばかりか、彼らの家族も人質に取られた。……レーニンが署名した一九一九年二月一五日の政令は鉄道の除雪の夫役をきちんとやらない地域の農民から人質をとることを地方チェーカーに厳命していた。『もし除雪がなされない時は、人質は銃殺刑に処せられる（*Dikrety Sovetskoi Vlasti*, Moskva, 1968, vol. IV, p. 167.（『ソビエト政府法令集』第四巻））』。

一九二〇年五月一二日、レーニンはすべての地方の反逃亡兵特別委員会にあてて以下のような訓令を出した。『逃亡兵が帰営のために与えられた七日間の特別猶予期間がすぎたら、これら労働者人民に対する矯正できない裏切り者に科せられる処罰は、より一層強化されなければならない。家族およびいかなる手段であれ逃亡兵を助けた者は、今後人質と見なされ、そのように扱われる。（V. Brovkin, *Behind...op.cit.*, p.318（ブロフキン　前掲『背後で』）』この政令は実際に行なわれていたことを立法化したにすぎなかった。それでも逃亡兵の流れは減らなかった。……逃亡兵は緑軍のパルチザンの大部分を占めた。これに対してボリシェビキは三年間（ところによっては四年も五年も）前代未聞の容赦ない残酷な戦争をおこなった」（一〇一～一〇二頁）。

【事例二】「『一九一九年四月三十日、タンボフ県。四月初め、レビェディアンスク地区で、人と馬の徴発、穀物の徴発に反対するクラークと逃亡兵の暴動が発生した。「共産主義者を倒せ！　ソビエトを倒せ！」と叫びながら、武装した暴徒は郡の四つの執行委員会を掠奪し、七人の共産主義者を生きたまま鋸で切り裂くという野蛮なやり方で殺害した。食糧調達部隊から救援の要請があり、チェーカー第二一二大隊は反乱を起こしたクラークを粉砕した。六〇人が逮捕され、五〇人がその場で処刑された。反乱が発生した村は完全に焼き尽くされた。』

『ヴォロネジ県、一九一九年六月十一日十六時十五分。電報。状況は好転しつつあり。ノヴォホペルスク郡の反乱は、ほとんど一掃された。わが軍の飛行機は匪賊の主たる巣窟であるトレチャキ村を爆撃し、これを全焼させた。掃討作戦なお継続中』。

『ヤロスラヴリ県。一九一九年六月二十三日。ペトロパヴロフスク郡の逃亡兵の反乱は鎮圧された。逃亡兵の家族は人質に取られた。逃亡兵の各家族から男が一人ずつ銃殺されるようになると、緑軍が森から出て、降伏し始めた。見せしめに三四人の逃亡兵が銃殺された（PTBA, 33987/3/32.（ロシア国立軍事文書館））』。

農民ゲリラを平定するこの戦争における当局の異常な暴力を証言する、同じような報告は何千とある（V・P・ダニーロフの許でロシア、フランス、イタリアの歴史家チームが行なった研究の報告集〔全五巻〕は一九九七年末にロシアで出版される予定である。〔これは一九九八年に出版された。V.P. Danilov, (red.)Sovetskaia derevnia glazami VChK-OGPU-NKVD, 1918-1922, M.1998.〕〔ダニーロフ編『全露非常委員会―合同国家政治保安部―内務人民委員部の見たソビエト農村　一九一八〜一九二二年』〕）。このゲリラは逃亡兵が参加していたのに、通常『クラークの反乱』とか、『匪賊の暴動』と呼ばれた。上述の三例は、最もよく用いられた弾圧手法を示している。逃亡兵または『匪賊』の家族が人質に取られ、逮捕されて処刑される。村は爆撃されて、焼かれる。この盲目的（ママ）

で異常に厳しい弾圧は、村落共同体全体の共同責任の原理にもとづいている。……当局の民事的でもあれば、軍事的でもある以下の文書はこう定めている。『もし村人が近隣の森に隠れている匪賊を、いかなる形にせよ、援助した時は、その村は全て焼かれる』」（一〇二～一〇三頁）。

【事例三】「一九一九年九月には、総合的な情報が入手できるロシアの十県で、四万八七三五人の逃亡兵と、七三二五人の『匪賊』が逮捕され、一八二六人が殺され、二二三〇人が銃殺された。一方、ソビエトの役人と軍人の犠牲者は四三〇人だった。このきわめて不完全な数には、より大規模な農民蜂起の時の犠牲者数は考慮に入っていない。

この蜂起は何度か盛り上がりをみせた。一九一九年三月～八月、とりわけヴォルガ中流域とウクライナの蜂起。一九二〇年二月～八月、サマラ、ウファ、カザン、タンボフなどの諸県、さらに白軍に勝ったボリシェビキに再占領されたが、奥地では依然として農民ゲリラが支配していたウクライナ、一九二〇年末から一九二一年前半の農民運動、これはウクライナとドン川、クバン川流域では手酷く弾圧されたが、タンボフ、ペンザ、サマーラ、サラートフ、シンビルスク、ツァーリツィンなどロシア諸県を中心に、巨大な農民一揆となって最高潮に達した。この農民戦争の猛火は、二十世紀最大の飢饉の到来で、ようやく下火になった」（一〇三頁）。

【事例四】「一九二〇年の初めにデニーキン（白軍の指揮官――引用者）の後継者のウランゲリ男爵を指揮官とする白軍は、クリミアに逃避していたばらばらのいくつかの軍団を除いて、敗北した。ここにおいてボリシェビキの軍勢と農民が対決することになった。一九二二年まで、権力との闘いが行なわれた農村には、容赦ない弾圧が加えられるようになる。一九二〇年の二月から三月には、

『熊手の一揆』として知られる新たな大反乱が、ヴォルガからウラルまでの広い地域、カザン、シンビルスク、ウファの諸県で起こった。ロシア人のほかタタール人やバシキール人も住んでいることの地域には、とくに重い食糧の調達が課せられていた。数週間のうちに反乱は十いくつかの地区に拡大した。『黒鷲』と呼ばれる蜂起軍は、絶頂期には五万もの戦闘員を擁した。大砲と小型軽機関銃をもった共和国国内守備隊は、熊手と槍で武装した反乱側の多くの農民を殺した。数日間で何千もの一揆参加者が大量虐殺され、何百もの村が焼かれた（O. Figes, *Peasant Russia, Civil War;*〔the Volga Countryside in Revolution, 1917-1921〕.〔Oxford U. P. 1989〕; London, 1992, p.333 *sq.*（ファイジェス『農民のロシア、内戦—革命のなかのヴォルガ流域地方、一九一七〜一九二一年』）V. Brovkin, *Behind...,op.cit.,* p.323-325（ブロフキン　前掲『背後で』））」（一〇六頁）。

「緊迫した情勢は少なくとも一九二二年の夏まで、ところによっては、はるかそれ以降も、きわめて強く残った。地方では食糧徴発隊が依然として弾圧を続け、労働者のストライキは残酷に打ち破られ、最後の社会主義活動家たちは逮捕され、『森の匪賊一味の根絶やし』は人質の大量虐殺、毒ガスを使っての村の爆撃など、ありとあらゆる手段で続けられた。しかし、食糧徴発隊に最も痛めつけられ、生き残るために蜂起した、熱狂的な村落を打ち負かしたのは、結局のところ一九二一〜一九二二年の大飢饉であった。飢饉の地図は、それ以前の年に食糧徴発隊に一番攻撃され、農民の反乱が最も激しかった地帯と完全に重なっている」（一一八頁）。

【事例二】ここでは、一つの事例で十分だろう。

一九二二年九月のことである。

「数日後レーニンはスターリンにあてて長いメモを書き、その中でマニアックな詳しさで、すべての社会主義者、知識人、自由主義者その他の『紳士方』をロシアから『決定的に掃討』することを再び論じた。

『メンシェビキ、人民主義的社会主義者、カデット等の追放の問題について、わたしが出立する前に始まっていたこのやり方がまだ必ずしも完了していないので、いくつかの問題を提起したいと思う。すべての人民主義的社会主義者を根こそぎにするよう決定したか？　ペシェホーノフ、ミャコーチン、ゴルンフェリトその他はどうだ？　わたしは彼らは皆追放されるべきだと思う。彼らはエス・エルより危険だ。なぜならもっとずる賢いからだ。それからポトレーソフ、イズゴーエフ、そして『エコノミスト』の連中（オーゼロフその他多くの輩）も。メンシェビキのローザノフ（狡猾な医者）、ヴィグドルチク（[別名]ミクロまたはその類の名）、リュボーフィ・ニコラエヴナ・ラドチェンコとその娘（二人はボリシェビズムの最も危険な敵だと言われている）、N・A・ロシコーフ（彼は追放されるべきだ。度し難い）……マンツェフ＝メッシング委員会がリストを作成し、これらの何百人かの紳士どもは容赦なく追放されるべきだろう。我々はロシアを徹底的に浄化しよう……『作家の家』の全作家と、（ペトログラードの）『思想の家』の思想家も、ハリコフはくまなく捜査しなければならない。あそこは外国だから、そこでなにが起こっているのか、我々はなにも知らない。市はエス・エルの裁判が終わる前に、素早く徹底的に浄化されなければならない。ペトログラードの著述家と作家を処理してくれたまえ（彼らのアドレスは『新ロシア思想』一九二二年第四号三七ページと個人編集者リストの二九ページに載っている）。これは超重要だ！（РЦХИДНИ, 2/2/1338（ロシア現代史文書保存研究センター））』（一三九～一四〇頁）。

●――メリグーノフの資料から――労働者ストライキ銃殺・農民大量虐殺

ロシアのナロードニキ系グループ、「人民社会主義党」（エヌエス）のメンバーだった、セルゲイ・ペトローヴィッチ・メリグーノフ（一八七九～一九五六年）が、一九二三年ベルリンで『赤色テロル』を発行。翌年増補した『ロシアにおる赤色テロル』を刊行した。そして、一九九〇年、ロシアで復刻となった。その『ロシアにおける赤色テロル』は、『共産主義黒書――ソ連篇』（以下『黒書』）においても、「この先駆的著作に記された弾圧に関する主たるエピソードのリストは、不完全なものではあるが、対立した両陣営から出た多彩な資料全体によって完全に裏付けられる」（『黒書』、一一三頁）と評されているものである。

このメリグーノフの著作は日本で出版されている。『ソヴェト＝ロシアにおける赤色テロル（1918～23）――レーニン時代の弾圧システム』（社会評論社、二〇一〇年、梶川伸一訳）がそれだ。ここでは二つ事例をあげよう。

【事例一】アストラハンでの労働者ストライキ弾圧・虐殺に関するもの。

一九二二年に、エスエル党の中央ビューローが、ベルリンで出版した『チェー・カー』は、「本書の特別な価値は、ときには直接に、ときには監獄で犠牲者から、目撃者から、証人から資料を集めたことにある。それは語るべきことを直截に知っている人々により書かれた。これらの生々しい印象は無味乾燥な文書より雄弁である。これらの人々の多くをわたしは個人的に知っているし、彼らがどれだけ細心に資料を集めたかも知っている。『チェー・カー』はわれわれの時代を特徴づけるための歴史的な文献として、傑出した文書として、永遠に残るであろう」（七三頁）とメリグーノフは書いている。そこからの引用である。

アストラハンで労働者がストライキに決起したのは、食糧事情の悪化に対して、パンの自由買付の一時的認可を要求してのことだった。

「（一九一九年――引用者・渋谷）三月にアストラハンで労働者のストがおこなわれる。目撃者は、このストは労働者の流血で鎮圧されたと証言する。……。

『労働者の苦しい物質的状態を穏やかに議論していた一万人集会は、機関銃兵、水兵、榴弾兵によって包囲された。労働者が解散を拒否した後、ライフル銃からの一斉射撃を受けた。次いで、集会参加者の密集した群衆に向けて機関銃が鳴り響いた。耳を聾する大音響とともに榴弾が炸裂した。

集会は混乱に陥り、身を伏せ、不気味に静まりかえった。機関銃の銃声の後、負傷者の呻き声も、死者の断末魔の叫びも聞かれなかった。

街には人が絶えた。静まりかえった。ある者は逃亡し、ある者は身を潜めた。二〇〇〇人以上の犠牲者が労働者の隊列からもぎ取られた。

恐るべきアストラハンの悲劇の第一幕はこれで終わった。

さらに恐ろしい第二幕は三月一二日にはじまった。労働者の一部は『勝利者によって』捕獲され、艀と汽船により六ヶ所の警備司令部に収監された。汽船《ゴーゴリ》はその中でも恐怖で抜きんでていた。中央に『蜂起』に関する電報が送られた。

共和国軍事革命［評議会］議長トロツキーは簡潔な電報で応えた。「容赦なく懲らしめよ」。それで不幸な囚われの労働者の運命は決せられた。……非常警備司令部の地下室で、単に中庭で銃殺が行なわれた。汽船と艀からそのままヴォルガ河に投げ込まれた。幾人かの不幸な者には首に石が巻きつけられた。何人かは手足を縛られ、舷側から投げ込まれた。機関室付近のどこかの監禁所で見逃され生き長らえた労働者の一人は、一晩で汽船《ゴーゴリ》から約一八〇人が投げ込まれたと語った。市内の非常警備司令部であまりにも大勢が銃殺されたので、彼らをかろうじて墓場に運ぶことができただけで……』」あった。

「『三月一五日までに、父、兄弟、夫の死を悼まなかった家は一軒もないであろう。いくつかの家では数人を失った。

銃殺された者の正確な数字を、アストラハン市民全員を尋問すれば復元できるかもしれない。最初その数字は二〇〇〇人といわれた。次いで、三〇〇〇人と。……その後、権力は銃殺された「ブルジョワジー」数百人の名簿を公表した。四月初めまでに犠牲者は四〇〇〇人を数えた。弾圧はそれでも収まらなかった。トゥーラ、ブリャンスク、ペトログラードに続いて一九年三月に津波のように広まったあらゆるストに対して、権力はアストラハン労働者に報復しようと決意したのは明白である。ようやく四月末に銃殺は収まり始めた。

この時アストラハンは不気味な光景となった。通りから完全に人影が消えた。家では涙がかれた。政府施設の塀、ショーウィンドー、窓には命令書、命令書、命令書が貼りだされた。……』」(七五〜七七頁)。

このアストラハンの虐殺は、一九二一年クロンシュタット反乱鎮圧でボリシェビキがおこなった虐殺の前では最大の労働者虐殺だったといわれている。『黒書』では、次のようである。

「赤軍と白軍の間の戦闘の単なるエピソードとして長いこと語られてきたアストラハンの虐殺は、今日入手し得る史料に照らしてみると、その本当の性格が明らかになる。それはクロンシュタットの虐殺前の、ボリシェビキ権力によって行われた最大の労働者虐殺であった」(九七頁)というわけである。

【事例二】ボリシェビキによる農民虐殺に関するもの。

「一九年一月に出された『左翼エスエル通報』第一号により、一八年末に一連の諸県で大量の農民銃殺があったことを、われわれは確認する。例えばトゥーラ県エピファニ郡で一五〇人、カルーガ県メドゥイニ郡で一七〇人、リャザニ県のプロンスク郡で三〇〇人、カシモフ郡で一五〇人、スパッスク郡で数百人、トヴェリ県で二〇〇人、スモレンスク県ヴェリジ郡で六〇〇人などが銃殺された」（一三七～一三八頁）。

「二〇年のトムスク県コルィヴァニ蜂起（ボリシェビキなきソビエトをスローガンとするもの——引用者）の際には五〇〇〇人以上が銃殺された。ウファー県における同様な蜂起は、左翼エスエルの言葉によれば、『公式資料では、農民一万人、非公式資料では、二万五〇〇〇人以上が銃殺されている』といった残虐さで鎮圧された。『ハリコフ県ヴァルキ郡で数百人の農民が銃殺されている』と、モスクワで非合法に発行された左翼エスエルの『労働の旗』特派員は述べている。ある村で彼は一四〇人の銃殺を数えた。二一年のベロルシアにおける反乱運動との闘争の記録がある。これももっぱら食糧税の徴収を原因として発生した内戦史の一コマである。抵抗は激しい報復を招く。［ミンスク県］ボブルイスク郡リャスコヴィチェンスカヤ郡はほとんど全部が焼き討ちされた。逮捕者はヴォログダ県か飢餓地方に送られ、財産は没収され、パルチザンが出没する管区では何十人もの人質が取られる。郡でストーク何某の懲罰部隊が作戦行動を行い、彼は指を扉で挟んだりして容疑者を痛めつける」（一三八頁）ということである。

●——内戦は、〈国家集産主義的均質化〉の過程だった

これらからわかることは、経済学的分析としては、これから分析するように、この内戦の過程自体が、国民経済の集産主義的均質化の過程であり、そこでは、白軍との内戦より以上に、ウクライ

ナ・マフノ革命反乱軍やタンボフのアントーノフ農民軍をはじめとする農民戦争こそ、ボリシェビキにとって内戦の最大の強敵にほかならなかったのだ。

集産主義とは、「土地・工場・鉄道・鉱山などの重要な生産手段を国有として政府の管理下に集中・統制すべしとする主義」（広辞苑）のことだが、国家集産主義的・国家資本主義的な全国の経済均質化のためには、ボリシェビキは完全に別の社会的ヘゲモニーとしてあった、エスエル、左翼エスエルやその他の農民反乱に決起した農民勢力を完全に解体する必要があった。だから、これから見るように、仮に「白軍の抵抗」がなかったとしても、農民勢力などの解体のための「内戦」は勃発していたであろう。

したがって、その過程で、戦術的に過度の行き過ぎがあったことは、倫理的に批判されるべきことだが、逆にタンボブなどでは、ボリシェビキは総殲滅されたように、それは互いの攻防の中で起こってもいることであり、それを中心として考えた場合は、「内戦期の混乱」として、教訓とすべきものであった。

むしろここで、問題なのは、いかなる社会主義をめざそうとしたのか、そこにおいてこそ、このボリシェビキが内戦でとった一連の事態の評価がきまるというのが、本論の立場である。

本論の結論から言うならば、ボリシェビキは、これからのべるように集産主義を全面化して国有化を進め、「国家資本主義→社会主義」という基本コースを策定し、その下で、〈生産力主義と工業化路線、都市文明〉の下、前衛党の国家独裁としての社会主義近代国家を建設していった、そうした文明観・価値観を是とする場合は、レーニンらをあくまで擁護し、「ボリシェビキ革命ＹＥＳ、内戦期の混乱は教訓化せよ」ということでいいだろう。

だが、そうではなく、拙著『世界資本主義と共同体』（社会評論社、二〇一四年）の第六章で展開したような、〈農耕共同体に基づく社会主義建設〉ということを、左翼エスエルと共に価値とする場合は、農耕共同体を擁護する農民がボリシェビキに殺害されていったわけだから、「内戦期の混乱」としてだけで、すますことはできない。ボリシェビキの近代主義を克服・止揚していく以外ないということになる。

その場合、ボリシェビキに内在した観点としては、ブハーリンがプレオブラジェンスキーとの論争で、「消費財生産に従属した工業化と『農民的農業』の育成」を主張し、急激な農業集団化は労農同盟の破壊だとした観点を擁護することが重要である（拙著『世界資本主義と共同体』一三六頁以降参照）。

いずれにせよ、ボリシェビキの軍政化は、こうした近代化のための内戦の過程で形作られた。そこでは、これまでみてきたように、〈一般民主主義〉が否定され、〈党〈前衛〉の真理〉がとってかわった（本論【補論】を参照せよ）。あくまでも本論の立場からするならば、ということでしかないが、プロレタリア革命においては、反前衛主義・反近代主義ということが対自化されるべきだということだ。

こうした中で、では、レーニンがどのように「国家資本主義→社会主義」、または、前衛独裁ということを成立させていったか、その論理に内在して行こう。

第三節　国家資本主義的独裁——党の独裁的指導

●——レーニンの「国家資本主義↓社会主義」路線——「経済政策、とくに銀行政策の基本原則」（全文）

まず、レーニンが「国家資本主義↓社会主義」ということで、何を具体的に考えていたか、その青写真を見ることから始めよう。それは「経済政策、とくに銀行政策の基本原則」というレーニンのメモ書きに簡潔にまとめられている。

「I、工業と交換との国有化を徹底的に遂行すること。
II、銀行の国有化と、社会主義への漸進的移行。
III、住民を消費組合へ強制的に統合すること。
［プラス商品交換］
IV、物資の生産と消費との記帳および統制。
V、労働規律。
［プラス租税政策］
中央集権
強制的な当座勘定（簿記で、当座貯金と当座貸越の両方を整理する勘定——引用者）へ、あるいは、貨幣を銀行に強制的に保有しておくことへうつる措置。

消費組合への住民の強制的統合、ならびにそれへうつる措置。

協同組合員の機構を、全国民の消費組合への統合へ徐々にうつすことについて、組合員と契約をむすぶ条件。

上からはじめられた労働義務制。

混乱、無秩序、および無為とたたかうみじんも容赦のない措置、労働者・農民の規律と自己規律を高める断固たる、きびしい措置を、無条件に必要な緊急なものとみとめること。

会計検査院を、経済生活のあらゆる分野における遊動検査官グループを組織するための現実の検査院に変えること。

ソヴェト権力に協力する希望を表明したブルジョア・インテリゲンツィアと怠業者とを仕事へ参加させる実際的諸条件。

生産、生産物のストック、および労働生産性を計算するための工業裁判所。

(ただちに、かつ無条件に)
一、工業の国有化を徹底的に遂行すること。
二、一人のこらず消費組合と生産物交換に統合する方向へ徐々にうつること。
三、銀行政策。
四、労働規律その他。
五、租税政策(財政)。

一、あらゆる工業、鉄道、生産手段と交通手段との国有化を徹底的に遂行すること。国有化される企業にたいするサンディカリズム的な、混乱した態度との無条件の、仮借のない闘争。全国的規模での経済生活の中央集権化をねばりづよくおこなうこと。事前の計画と見積り、毎週の調査報告、労働生産性の実質的増進をうまずたゆまず要求すること、国有化される工業諸部門を管理する機構の創設と実地試験」(一九一八年四月執筆。レーニン全集第二七巻、大月書店、原書二八六～二八七頁)。

ここに書かれていることは、ロシアにおける集産主義の大まかな見取り図である。そういう国有化と国家による管理ということを経て社会主義へというのが、レーニンの基本の考え方としてあったのである。まさに「サンディカリズム的な、混乱した態度との無条件の、仮借のない闘争」とレーニンが書いているように、まさに労働者の生産自治と、サンディカリズム的連帯を排除し、国家集産主義的な統制と国家の「人民委員」「政治委員」(コミサール)などの命令に従う断固たる規律を労働者と農民に要求しているのである。

日本の社会主義者のなかには、レーニン・ボリシェビキの党独裁を擁護したいばかりに、「労働者自主管理はやろうとしたが、できなかった」という言説が依然存在している。そういう言説は今まで見てきたように、そしてこれから見るように、ボリシェビキ官僚主義を擁護するためにするものにほかならない。

●――レーニン「『左翼的』な児戯と小ブルジョア性とについて」をめぐって
――前衛独裁の考え方＝党の階級に対する意志統一

以下はブハーリンとレーニンとの間でなされた論争においてレーニンが論じたものである。ブハーリンは、生産の労働者管理を維持し発展させることを主張したが、レーニンは労働者管理を過渡的なものとして、今後は、党が決定した指導者の管理・統制へという方針を展開してゆく。

レーニンはのべている。

「どんな共産主義者も『社会主義ソヴェト共和国』という表現が、社会主義への移行を実現しようというソヴェト権力の決意を意味するものであって、けっして新しい経済秩序を社会主義的なものとみとめることを意味するのでないということも、一人として否定しなかったようである。だが、移行という言葉は、なにを意味しているか？　それは、経済に適用するばあいには、現在の体制のなかには資本主義の要素、小部分、小片もあり、社会主義のそれもあるということを意味しないであろうか？　だれもがそのとおりだとみとめている。しかし、これをみとめていても、ロシアに現存するいろいろな社会＝経済制度の諸要素とは、いったいどういうものであるか、ということについてはかならずしもだれもが深く考えているわけではない。だが、ここに問題の核心があるのである。

これらの要素を列挙してみよう。

（一）家父長的な、すなわちいちじるしい程度に現物的な農民経済、

（二）小商品生産（穀物を売る農民の大多数はこれに入る）、
（三）私経営的資本主義、
（四）国家資本主義、
（五）社会主義。
ロシアは非常に大きく、また非常に多様性に富んでいるから、社会＝経済制度のこれら異なった型が、ロシアのなかでからみあっている。事態の特異性はまさにこの点にある。

そこで問題になるのは、どの要素が優勢かということである。小農民的な国では小ブルジョア的自然発生性が優勢であり、また優勢にならざるをえないのは明白である。耕作者の大多数、しかも圧倒的な多数が小商品生産者なのである。国家資本主義の外皮（穀物専売制、統制下にある企業家と商人、ブルジョア的な協同組合員）を、投機者が、ここかしこで破っており、投機のおもな対象は穀物である。

主要な闘争はまさにこの分野で展開されている。『国家資本主義』に類する経済的範疇の用語でいえば、だれとだれとのあいだでこの闘争がおこなわれているのか？　私がいま列挙した順序の、第四と第五のあいだであろうか？　もちろん、そうではない。ここでは国家資本主義が社会主義と闘争しているのではなく、小ブルジョアジー・プラス・私経営的資本主義が、いっしょになり一つになって、国家資本主義とも、社会主義とも闘争しているのである。小ブルジョアジーは、国家資本主義的なものであろうと、国家社会主義的なものであろうと、あらゆる国家的な干渉、記帳、統制に抵抗する。これはまったく争う余地のない現実の事実であって、これが理解できないところに、

『共産党左派』の経済的誤謬の根源がある」（レーニン全集第二七巻、原書頁三〇三頁、「『左翼的』な児戯と小ブルジョア性について」、一九一八年五月、『プラウダ』に三回に分けて発表）。

もう一つ、レーニンが「国家資本主義」の位置づけを論じているものを読んでみよう。

「私が国家資本主義に『高い』評価をあたえるのは、けっして現在だけのことではなく、ボリシェビキが権力をにぎるまえにもあたえていたことを読者に納得してもらうために、一九一七年九月に書いた私の小冊子『さしせまる破局、それとどうたたかうか？』から、つぎの引用をすることにしよう。

『……ユンカー＝資本家国家のかわりに、地主＝資本家国家のかわりに、革命的民主主義国家を、すなわち、あらゆる特権を革命的に破壊する国家、もっとも完全な民主主義を革命的に実現することをおそれない国家を、もってきたまえ。そうすれば、真に革命的民主主義的な国家のもとでは、国家独占資本主義が、不可避的に、社会主義に向かっての一歩、あるいは数歩を意味することがわかるだろう！

……なぜなら、社会主義は国家独占資本主義からの、つぎの一歩前進にほかならないからである。

……国家独占資本主義は、社会主義のためのもっとも完全な物質的準備であり、社会主義の入口であり、それと社会主義と名づけられる一段のあいだには、どんな中間段階もないような、歴史の段階の一段であるからである』（二一七、二一八ページ）〔本全集、第二五巻、三三一、三三三ページ〕」。

これは、ケレンスキーのもとで書いたものであり、ここで問題にしているのは、プロレタリアートの独裁ではなく、社会主義国家ではなく、『革命的＝民主主義的』国家である、ということに注意されたい。われわれがこの政治的段階をたかくのぼればのぼるほど、社会主義国家とプロレタリアート独裁とを完全に諸ソヴェトに体現すればするほど、それだけわれわれは、ますます国家資本主義をおそれるにおよばなくなる、ということは、明白ではなかろうか？……そして、われわれの到達していないこの入口をとおるほかには、社会主義のなかに入ることができないのは、明白ではなかろうか？

どの側面から問題に近づくにしても、結論は同じことである。すなわち、われわれには『国家資本主義』にある恐れがあるなどという『共産党左派』の議論は、まったくの経済的な誤謬であり、彼らが、こともあろうに小ブルジョア・イデオロギーの完全なとりこになった証拠である」（レーニン前掲原書頁、三〇八〜三〇九頁）。

ここでポイントなのは、つまりレーニンが「ボリシェビキが権力をにぎるまえにも」と書いている所だ。これらの集産主義的方針は、ボリシェビキの独裁の下で、行われるという意思統一を組織実践的な前提としている。一般的な社会主義の話ではないことが、確認されるべきである。

レーニンの考え方が分かっただろう。次にもう少し具体的にイメージできるところを引用しよう。

「ロシアのもっとも優秀な労働者も、このことを理解した。彼らは組織者である資本家に、指導者である技師に、専門家である技術者にまなびはじめた。彼らは、やさしいことから、むずかしいことへ徐々にうつりながら、しっかりと、慎重に［まなび］はじめた。冶金と機械製作で進行が緩慢であるとすれば、それは他よりむずかしいからである。しかし紡績労働者、煙草労働者、皮革労働者は、階級から脱落した小ブルジョア・インテリゲンツィアのようには、『国家資本主義』をおそれない、『トラストの組織者』にまなぶことをおそれない、『皮革業中央委員会』や『繊維業中央委員会』の型の中央指導機関の労働者は、資本家と席をならべ、彼らにまなび、トラストをととのえ、ソヴェト権力のもとでは社会主義の入口であり、社会主義の永続的勝利の条件である『国家資本主義』をととのえている。

ロシアの先進的労働者のこのような活動は、労働規律を導入しようという彼らの活動とともに、騒がしさ、目ざましさを伴わず、若干の『左派』には必要不可欠なあの鳴りものなしに、非常に用心ぶかく、徐々に、実践の教訓を考慮しておこなわれたし、またおこなわれている。この困難な活動のうちに、巨大な規模の生産の建設を実際にまなぶ活動のうちに、われわれが正しい道をすすむ保障があり、ロシアの自覚した労働者が、小所有者的分解と崩壊と、小ブルジョア的無規律とたたかう保障があり、共産主義の勝利の保障がある」(レーニン前掲、原書頁、三二七頁)。

つまり、一言で言うならば、レーニンは、労働者(生産自主)管理は〈無規律〉だということ、小ブル・イデオロギーだということをいいたのである。なぜなら、そういう状態では、党の意志統一ができる職場とできない職場があることになるだろうからだ。だから、ボリシェビキの独裁的指導の体制としての国家資本主義的な統制を全国的に組織しなければならないということだ。

一般的に生産をまなぶということは、労働者管理のもとでも十分にできることだ。レーニンにとっての問題は、ボリシェビキの権力の労働者階級に対する〈意思統一がやれるか・やれないか〉だ。これがボリシェビキ官僚主義の中心的命題にほかならない。

ロバート・V・ダニエルズは『ロシア共産党党内闘争史・上』（現代思潮社、一九七〇年初版、原著一九六〇年）で書いている。

「一九一八年初頭にはすでに、工業における労働者管理の問題は、ボリシェビキ指導部の間に紛争をかもし出していた。論争は、講和条約（ブレストリトフスク講和条約――引用者）をめぐる対立に呼応する左右の線に沿って進行した。もっとも、後者の問題が、経済問題を一時覆いかくす形となったが。左派は労働者管理の諸機関に基づき、かつこれを代表する全国的経済権力の確立とならんで、工場委員会が実施しつつある、事実上の産業国有化を承認し、これを完成することを要望した（この場合は、党の権力とは相対的に別個のものとして経済的へゲモニーは形成される――引用者）。レーニンは、これと対照的に、資本家的管理機構をできるだけ長く維持したいと考え、労働者管理を直接的な国家管理が可能となる時まで私的工業家にはめておく一時的な口輪と考えるようにますますなっていった」（六八～六九頁）。

このようなレーニンのおしすすめた方向は、国家権力をにぎったボリシェビキ前衛党が資本主義を統制することを通じて社会主義を建設することを、つまり、前衛党の独裁的指導という前衛独裁の考えに基づくものである。この考え方において、鉄道独裁などの人民委員の独裁やコミサール（政治委員）の制度が展開していったのだ。

交通人民委員に独裁的権限を与えるなど、ボリシェビキ官僚主義による、伝動ベルトを、レーニンはつくった。レーニンが生産の労働者管理を否定したのは、ボリシェビキ党の意志統一を、労働者階級に貫徹するため、ボリシェビキ以外の政策や見解、そして影響力を排除するためだ。党の独裁的指導ということである。それがボリシェビキ官僚主義だ。

「最近の鉄道管理令や、個々の指導者に独裁者的全権（あるいは、『無制限な』全権）を与えるという布告をめぐって展開されている闘争は、特徴的である。小ブルジョア的放恣の意識的な代表者たち（だが、おそらくは、大部分が無意識的なのだろうが）は、『無制限』な（すなわち、独裁者的な）全権を個々の人間にあたえることを、合議制の原則からの、また民主主義からの、さらにソヴェト権力の原則からの後退だと見たがっている。……第一は、独裁者という無制限な全権をもつ個人を任命することが、ソヴェト権力の根本原則と一般に両立できるか、という原則問題である。……革命運動の歴史では、個人の独裁はきわめてしばしば革命的階級の独裁の表現者であり、にない手であり、先導者であったということ、これについては反駁のできない歴史の経験が物語っている。……われわれは、無政府主義者でなければ、資本主義から社会主義へ移行するためには国家が、すなわち強制が必要であることを、みとめなければならない。強制の形式は、その革命的階級の発展程度によって、それから、たとえば、長い反動的戦争の遺産といったような特殊事情によって、さらにまた、ブルジョアジーや小ブルジョアジーの反抗の形態によって、きまる。したがって、ソヴェト的（すなわち、社会主義的）民主主義と、個々の人が独裁者的権力を行使することのあいだには、どのような原則的矛盾もけっしてないのである。プロレタリア独裁がブルジョア独裁と異なっている点は、前者が多数の被搾取者のために、少数の搾取者に打撃をくわえるということであり、さらにまた、プロレタリア独裁を――個人を通じても――実現するのは、たんに勤労被搾取者の大衆だけではなくて、こういう大衆を歴史的創造活動にめざめさせ、それに立ちあがらせるようにつくられている組織（ソヴェト組織はこういう組織にはいる）でもあるということである。

第二の問題、すなわち、現在の時機に特有な任務という見地から見た、ほかならぬ個人的独裁権力のもつ意義という問題については、あらゆる機械制大工業――すなわち、社会主義の物質的・生産的源泉であり、基礎であるもの――が、数百、数千、数万の人々の共同作業を指導する意志の、無条件的な、もっとも厳格な統一を要求するといわなければならない。技術的にも、経済的にも、また歴史的にも、それが必要であることは明らかであり、社会主義について考えてきたものならだれもが、いつでもその条件としてみとめている。しかし、もっとも厳格な意志の統一は、どうしたら確保できるであろうか？　それは数千の意志を、一人の意志に服従させることによってである。

この服従は、共同の仕事に参加する人々の自覚と規律性とが理想的である場合には、むしろ、オーケストラ指揮者のおだやかな指揮をおもわせるかもしれない。もし、規律性や自覚が理想的でない場合は、この服従は、独裁の鋭い形態をとることもありうる。だが、いずれにしても、機械制大工業の型にならって組織された作業の過程がうまくいくためには、一人の意志に異議なく服従することが無条件に必要である。鉄道にとっては、それは、二重にも、三重にも必要である。……革命がほかならぬその発展と強化のために、すなわち社会主義のために、労働過程の指導者の単一の意志に大衆が異議なく服従することを要求しているのである」（「ソヴェト権力の当面の任務」一九一八年四月「プラウダ」などに発表、レーニン全集第二七巻、原書二三七〜二三九頁)。

つまりこのことは、党の労働者人民に対する意思統一を一元的かつ絶対的に形成すること、貫徹することを意味している。

こうした、集産主義的・前衛主義的手法によって、党の独裁的指導を形成することを通じ、官僚制国家資本主義の体制、ボリシェビキ官僚主義が出来上がっていったのである。

●──国家資本主義化の方策としての「労働組合」問題

一九二二年、スターリンが共産党の書記長となるまでは、人民委員会議議長レーニンのもとで、トロツキーが革命ロシア官僚主義化のトップバッターであった。

トロツキーの指導の下、内戦終了からの転換期において「労働の軍隊化」の三本柱＝労働組合の国家機関化、労働(企業)の軍隊組織化、赤軍の労働軍化が展開されたが、それが、官僚制国家としてのスターリン主義的秩序の基礎をつくる重要な経験となった。

「労働の軍隊組織化の基礎を形づくる政府による強制の形態なしには、資本主義経済を社会主義経済で置き換えることは空論にすぎないだろう。……社会組織のなかで、軍隊を除いて、プロレタリア独裁国家がおこなうほど、完全に国民を従属させ、意のままに全面的に支配する権利があると確信している社会組織は、軍隊をおいて他にない。軍隊だけが……各人にたいして任務・目的・規律・命令の完全な服従を要求する権利を獲得した」（トロツキー『テロリズムと共産主義』、現代思潮社、一九七〇年、原書一九二〇年、一八五頁）。

一九二〇年一月一五日、赤軍ウラル第三軍が、初の労働軍になった。赤軍の労働軍化のはじまりだ。そして二〇〇〇もの企業に労働の軍隊化が組織されていった。

そのことは「出来高払い賃金」「テーラーシステム」での作業動作管理などの、資本主義の賃金・管理体系を、「社会主義的生産の増大」という観点から導入し（トロツキー前掲書では一九三頁）、労働者の生産管理・生産自治ではない官僚制的賃金制度を組織するものとしてあった。まさに官僚制国家資本主義のはじまりだ。すでにレーニンは一九一八年を初発に、一九一九年一月、第二回全ロシア労働組合大会の後、全ロシア労働組合中央執行委員会と人民委員会議の決定として「賃金格差の布告」を発令しノルマ・出来高・一二等級の賃金格差表など、賃率にもとづく位階制賃金制度を制定していった。

これこそ、スターリニスト国家における賃率制度（拙著では、『ロシア・マルクス主義と自由』社会評論社、一二四頁以降）の始まりにほかならない。

以下の論述はレーニン『労働組合論争3』国民文庫一〇八三頁以降、アレクサンドラ・コロンタイ他『ロシア革命と労働者反対派』海燕書房、ダニエルズ『ロシア共産党党内闘争史・上』現代思潮社九六頁以降からの援用である。

一九二〇～二一年労働組合論争においてレーニンは「労働組合の役割と任務について」（一〇人グループ提案のロシア共産党第一〇回大会議案）などではトロツキー派の「労働組合の国家化」に

反対し、労働組合の「共産主義の学校」としての役割を強調している。

だがこの場合、これらのレーニンのトロツキーに対する批判の関係での対立間隔は、サンジカリズム（党の独裁的指導からの自立化）に対しては、完全になくなっていることを確認する必要がある。

例えばそれが一九二一年一月第二回鉱山労働者大会でレーニンが、労働者反対派などの労働組合による経済自治――組合専従、労働者委員会の選出の実施などについて「組合が推挙した候補者はすべて否認できず、最高経済国民会議およびその機関に対し責任を負うものとみなさなければならない」（労働者反対派テーゼ）ということに対して、「サンジカリズムのたわごと、生産者の義務的候補者――すべてこういうものは屑かごに放り込むべきである。この道を歩くならば、それは実際には党を放っぽりだすことを意味している。実際に、プロレタリア独裁はロシアに存在しえないことになる」と批判したことなどにみられるものにほかならない。

このレーニンのサンジカリズムに対する批判は、トロツキーやブハーリン――トロツキー派、ブハーリン派の両者はこのころ合同していた――などを批判するために、この月に出されたシリャプニコフなどの「労働組合の任務――労働者反対派のテーゼ」に対する批判を持ち出すかたちでおこなわれたものである。ダニエルズは述べている。「穏健左派（ここでダニエルズが指示しているのはトロツキー派をさす――引用者）の労働組合綱領に対するレーニンの返答は、すでに労働者反対派によって占められている許し難い逸脱の範疇に有無をいわさず叩き込んでしまうことであった」のだと。

そしてだから党独裁の防衛のため、労働者反対派などに対する組織問題では、ブハーリン、トロツキーはレーニンと統一するというように展開していったのである。つまりレーニン・トロツキーにあっては、労働者大衆に対するボリシェビキ党の前衛独裁が「プロレタリア独裁」にほかならないのである。それは、一般民主主義とはもとより、コミューンの自立的な大衆運動自身とも、一八〇度対立するものであった。

かかる「労働の軍隊化」や格差位階制賃金、党の独裁的指導性に対する叛乱として、一九二一年二月のペトログラード労働者ストライキ闘争にいたる全国的な労働者反乱が展開したのである。まさに一九二一年三月のクロンシュタット反乱は、このペトログラード労働者ストライキに連帯するものとして戦われた。それはまさしく党の独裁的指導性の排除・革命的民主主義を復権しようと戦われたのである。

第四節　クロンシュタット反乱の正義

●――クロンシュタット綱領は何を示しているのか

ボリシェビキは食糧独裁令（一九一八年五月）以降、「戦時共産主義」という軍事統制経済を敷き、労働者と農民の自律的な革命運動、とりわけ、農民革命の成果（土地社会化法に基づく、土地の割変え共有化の推進）を抑え込んでいく。内戦が終了する時期、労働者のストライキや農民反乱が顕著になってゆく。その頂点にクロンシュタット反乱が勃発したのである。

ここでは字数の関係で、その反乱のすべてを論じるのはむりであり、政治内容を中心に見てゆくことにする。

一九二一年初旬、内戦の終結期、ペテログラードの労働者ストライキに連帯して軍港クロンシュタットで赤軍の水兵を主力とした反乱がおきた。その闘いはソビエト革命の思想に、官僚化する労農政府が復帰することを提起するものだった。

イダ・メット「クロンシュタット・コミューン」（『クロンシュタット叛乱』、鹿砦社、一九七一年初版）が伝えるところによると、反乱の直接の背景には赤軍の官僚化があった。

一九二一年二月、バルチック艦隊共産党員水兵会議は海軍における「政治部」＝コミサール（政治委員）の完全な廃止を要求した。コミサールとは、事実上共産党のヘゲモニーでソビエト権力が運営されるように配置された監督官のことだ。バルチック艦隊政治部の官僚主義化、政治部の「独裁的態度」と指導方法に対し兵士たちは隊内民主主義の復活を要求した。そして一九二一年一月だけで五〇〇〇人の水兵が共産党を離党した（一六～一九頁）。

他方でペテログラードの労働者ストライキは、ブレスト講和によって生じた、都市部と農業生産地帯との断絶に端を発した、飢餓問題にあった。それは、「戦時共産主義」という「物々交換」などによる商業の否定と労働者自主管理の否定など、一連の官僚独裁によって、ますます悪化していたのだ。

一九二一年二月、クロンシュタットの水兵たちは、ペテログラードの状況を知るために代表団を派遣する。そして、多くのストライキ、工場を視察し、労働者たちと意見交換した。そして二八日、クロンシュタットにもどり、ただちに以下のような「決議」を表明した。

これは戦艦「ペトロパブロフスク」の艦隊乗組員総会の決議といわれるものだが、これがクロンシュタット水兵総会や、赤衛軍の多数の部隊によって支持され、最後にクロンシュタットの全労働者大会において賛成されることになってゆくのである。これがのちに「クロンシュタット綱領」といわれるものとなる。

綱領の全文を読もう。この要求項目をみれば、一九二一年、革命ロシアがいかに官僚主義的に変質していたか、その変質は、「しかたないこと」ではなく、ボリシェビキによって意図的に推し進められたものだったことがわかると考えるのは私（本論著者）だけではないだろう。

「（一）ソビエト再選挙の即時実施。現在のソビエトは、もはや労働者と農民の意志を表現していない。この選挙は自由な選挙運動ののちに、秘密投票によって行われるべきである。
（二）労働者と農民、アナキストおよび左翼社会主義諸政党に対する言論と出版の自由。
（三）労働組合と農民組織に対する集会結社の権利およびその自由。
（四）遅くとも一九二一年三月一〇日までにペトログラード市、クロンシュタットそれにペトログラード地区の非党員労働者、兵士、水兵の協議会を組織すること。
（五）社会主義諸政党の政治犯、および投獄されている労働者階級と農民組織に属する労働者、農民、兵士、水兵の釈放。
（六）監獄および強制収容所に拘留されているすべての者にかんする調書を調べるための委員会の選出。
（七）軍隊におけるすべての政治部の廃止。いかなる政党も自らの政治理念の宣伝にかんして特権を有するべきでなく、この目的のために国庫補助金を受けるべきではない。政治部の代わりに、国家からの資金援助でさまざまな文化的グループが設置されるべきである。
（八）都市と地方との境界に配備されている民兵分遣隊の即時廃止。
（九）危険な職種および健康を害する職種についている者を除く、全労働者への食糧配給の平等化。
（一〇）すべての軍事的グループにおける党員選抜突撃隊の廃止。工場や企業における党員防衛隊の廃止。防衛隊が必要とされる場合には、その隊員は労働者の意見を考慮して任命されるべきである。

（一一）自ら働き、賃労働者を雇用しないという条件の下での、農民に対する自己の土地での行動の自由および自己の家畜の所有権の承認。

（一二）われわれは、全軍の部隊ならびに将校訓練部隊が、それぞれこの決議を支持するように願っている。

（一三）われわれは、この決議が正当な扱いの下に印刷、公表されるよう要求する。

（一四）われわれは、移動労働者管理委員会の設置を要求する。

（一五）われわれは賃労働を使用しないという条件の下での、手工業生産の認可を要求する」

（二五～二六頁）。

以上一五項目。ここには官僚制国家化する革命ロシアへの告発がある。それが否定され、行われていないから、要求したのである。

これらの要求は、ペトログラード労働者ストライキと連帯し、ソビエト民主主義を復権させるためのものだったが、同時に、穀物徴発政策に対してタンボフ、ヴォルガ、ウラル、西シベリアなどで広がった、農民反乱の闘いを支持するものでもあった。

●――ネップへの転換と大虐殺でしのいだレーニンたち

「農民は徴発を拒否し、輸送車を止め、その荷を奪った。鎮圧のために派遣された部隊は、村ぐるみで蜂起する村々に、行く手をはばまれた。軍が農民の側に寝返ってしまうこともあった。政権は、叛徒を鎮圧するに必要な部隊を手にしていなかった。農民が蜂起するのと同時にクロンシュタットの爆発が、突発した。この場合も、一九二一年の物質的困難が決定的な役割を演じている」というのは、廣松渉『マルクスと歴史の現実』（平凡社、一九九〇年、二四六頁以降）で、カレール・ダンコースというフランスのソ連史の研究者を引用してのべられているものだ。

クロンシュタットは武装し、これらの要求を掲げた異議申し立てに突入した。

クロンシュタットでは、共産党員も反乱した。「臨時党委員会」がつくられ、イリン（共産党の食糧供給委員）、ペルヴォーチン（党地方執行委員会議長）、カバノフ（党地区労働組合委員部長）を先頭に、七八〇名が集団離党した（イダ・メット前掲書四二頁以降）。

レーニンらは、こうしたクロンシュタットを中心とした全国的な労農反乱に直面し、戦時共産主義の撤回、ネップ（市場——商業——の復活、農民の余剰生産物の処分の自由、強制徴発を現物累進課税にかえる）で対応することで、こうした抵抗闘争を封じることに成功する。

こうした政策の転回点でボリシェビキは、クロンシュタットを弾圧したのである。三月のことだった。

軍事人民委員のトロツキーは、次のような最後通牒をクロンシュタットの臨時革命委員会に対し発した。三月六日、トロツキーはラジオで、つぎのように発令した。

「労農政府は、クロンシュタットおよび反乱戦艦が直ちにソビエト共和国の権威に服するよう要求する。私は、それゆえ、社会主義の祖国に向けて拳をふりあげたすべての者が、即刻その武器を捨てるよう命令する。……無条件に降伏する者のみが、ソビエト共和国の慈悲をあてにできるであろう。私は、現在、武力をもって反乱を鎮圧し、叛徒を屈服させるべく、準備を整えよ、との命令を発している。善良なる住民がこおむるであろう危害に対する責任は、反革命的叛徒の上に完全に帰せられるであろう。この警告は最後のものである。トロツキー　共和国革命軍事委員会議議長、カーメネフ最高司令官」（スタインベルグ『左翼社会革命党 1917-1921』、鹿砦社、蒼野和人訳、一九七二年、原著一九五五年、二六一頁）。

三月七日、クロンシュタット「臨時革命委員会」の機関誌『イズベスチャ』は、「陸軍元帥トロツキーは、三年間にわたる共産党員政治委員（コミサール）の専制政治に抗して反乱を起こした自由クロンシュタットを脅迫してきた。……トロツキー氏よ、われわれは君の慈悲など必要としないのだ」と戦闘宣言を発した。

翌三月八日、赤軍からの砲撃が始まり、三月一六日以降、本格的な交戦状態に突入。そして反乱は鎮圧される。この反乱の交戦、相互殲滅戦では、双方に多くの数千名単位の犠牲者がでた。

「クロンシュタットは、一つの時代の終焉を示すものであった」と、スタインベルグは前掲書で書いた（二七四頁）。まさに一九一七年、武装蜂起で左翼エスエルやアナキストともにプロレタリア権力を樹立したボリシェビキ党は一九二一年には、人民抑圧権力に変質していた。その決定的な定立が、まさにクロンシュタット反乱の弾圧を通じて画期されたのである。

●――クロンシュタット反乱に対する弾圧

ボリシェビキは、クロンシュタットを如何に弾圧したか。

「作戦は三月八日に開始された。十日目にクロンシュタットは双方数千の犠牲を出して陥落した。反乱の鎮圧は容赦ないものだった。敗北後、投獄されていた何百人もが銃殺された。最近公刊された資料によれば、一九二一年四月～六月だけで二一〇三人が死刑、六四五九人が強制収容所へ収監となった。クロンシュタット陥落の直前に約八〇〇〇人が凍った広い湾を越えてフィンランドへ逃げ延びたが、結局彼らはテリオキ、ヴィボルグ、イノの移送収容所に強制的に収監された。彼らのうち大赦の約束に騙されてロシアに帰った者は、ただちに逮捕されてアルハンゲリスク近くの最も忌まわしい収容所であるソロフキ島とホルモゴールイに送られた。アナキスト系の資料によれば、ホルモゴールイに送られた五〇〇〇人のクロンシュタットの拘留者中、一九二二年まで生き延びた者は一五〇〇人以下であった。

ドヴィナ湖畔のホルモゴールイの収容所は、多くの収容者を手早く処分することで、悲しい名声を轟かせていた。平底船で上陸した囚人は首に石を、両手に手枷をつけられて、川に投げ込まれた。この集団溺殺は一九二〇年の六月に、ミハイル・ケードロフというチェーカーの指導者によって始められた。いくつかの一致した証言によると、ホルモゴールイに運ばれてきた多くのクロンシュタットの反乱兵やコサックやタンボフ県の農民が、一九二二年にドヴィナ川で溺殺されたに違いなかった。同年、移送特別委員会は、事件の時要塞にいたというだけで、二五一四人のクロンシュ

タット市民をシベリアに送ったのだった！」（前掲クルトワ、ヴェルト著、『黒書』一一三～一一四頁）
ということである。

●――コミンテルンによるクロンシュタット批判

ここでレーニンの側の見解も見ておこう。

一九二一年三月、「クロンシュタット反乱に関する共産主義インターナショナルの宣言」（抜粋――『コミンテルン・ドキュメントI　1919-1922』ジェーン・デグラス編著、荒畑寒村他訳、一九七七年からの引用（部分）、――ロシア語版『共産主義インターナショナル』第一七号、通巻四二九九頁、一九二一年六月）では、次のようである。

「資本家の反革命は、一部の労働者が反革命の誘惑に負けようとしたほどに疲弊し苦しめられているのを目算においている。一般の協商国のスパイや帝政主義組織の手先と組んでこの目的で働いているのが社会革命党の地下組織であり、第二インターナショナルに属する一部のメンシェビキである。彼らの煽動は、三月二日のクロンシュタット水兵の一部の蜂起を挑発することに成功した。……帝政主義の指導者グチコフやツァーリ時代の前閣僚ココフツォフを頭とする在外ロシア銀行は、クロンシュタット運動を援助するため直ちに巨額の金をフィンランドに送った。フランスとアメリカ政府もまた、時を移さず赤十字の旗の下にクロンシュタットへの支援を動員した。しかるにこれら援助の到着は間に合わなかった。共産党員に指揮された赤軍は、これら亡命反革命主義者がその支給物資とともにフィンランドを通過して、クロンシュタットに着くのに成功する前に行動を起こした。クロンシュタットの反革命攻撃は一掃され、それが多くの教訓を国際労働階級に与えたうえに、ついにそれは第二と第二半インターナショナルの仮面を引きはがすことに成功した。第二半インターナショナルの全機関紙はあげて反革命側に立った。……これらプロレタリア革命の敵たちが、真実のソヴィエト政府の要求と偽称しているクロンシュタット水兵の支持を買って出たとすれば、それは彼らが、もしロシア・ソヴィエト政府が倒れれば、ヴァンデヴェルデやシャイデマンが唯一の合法的ブルジョア政府のロシアへの復帰という夢を実現させうるだろうということを明らかに理解したからにほかならない。

国際労働運動の真実の事態を評価するうえにもっと重要なことは、第二インターナショナルの機関紙が、言葉のうえではロシア革命、プロレタリア独裁、ソヴィエト政府を支持しながら、同時に事実のうえではクロンシュタット蜂起を讃美したという事実である。……全ロシアの反革命運動にとってよろこばれているこの蜂起が、赤旗を掲げ、一九一七年ロシアにおいてブルジョア権力が転覆された時と同じスローガンが使用されているにもかかわらず、それは反革命的蜂起にほかならないことを。ゆえに、第二および第二半インターナショナルを打倒せよ！　公然たるおよび仮面を被ったブルジョアの下僕たちを打倒せよ！」（一八七〜一八八頁）というものだ。

とにかく「クロンシュタット反乱は反革命だ」ということだけを言いたいのである。

●──まとめ──「ソビエト民主主義」では前衛主義を止揚できない

左翼エスエルのリーダーの一人であった、スタインベルグは次のように述べている。
「クロンシュタットは、一つの時代の終焉を示すものであった。クロンシュタット以降ロシアの人民は、自己の権利と名誉とを護るため、そうした手段をもって起ち上がる力をもはや持つことはなかった。人は陰鬱な心を抱いて、歴史の上で正義が勝利することなど決してないし、圧制者が互いに交代しようとも圧制の剣は依然として残るのだ、と言うかもしれない。だが、やはりそうではないのだ。クロンシュタットの影は今なおロシア全土を覆っている。今日、勝利に満ちた征服者たち──トロツキー、ジノヴィエフ、トゥハチェフスキーは何処にいるのか? 彼らがあれほど誇りをもって防衛した、その体制が、後には彼らを裏切り者と罵り、一人また一人と殺していったのだ。だがクロンシュタットの殉教者たちは、罪なき子らとしてロシア人民の記憶の中に今も生き続けている。

一七九三年、ダントンがパリ革命法廷に臨んだ時、彼は九月の大虐殺を彼に思い出させるかのように亡霊の如き声が『九月！　九月！』と叫ぶのを耳にした。クロンシュタットに責任を負うべき体制がクレムリンに君臨するかぎり、それは、『クロンシュタット！　クロンシュタット！』という叫びを耳にし続けるであろう」（前掲スタインベルグ著『左翼社会革命党　1917-1921』、二七四頁）。

そして、この体制は、ソ連邦の崩壊という形で、崩壊した。クロンシュタット反乱の組織者たちは、「第三革命」（スタインベルグ前掲、二六四頁）「自由ソビエト」（同、二七三頁）を主張した。

それは、ソビエトを民主主義と同義とすることを共同主観性としていた。

だが、ここで、本論著者とクロンシュタットとは、見解を異にすることになる。

ここで、話は、本論冒頭に戻るのである。プーランツァスの話に戻るのである。

唯一の前衛であるボリシェビキは、ソビエトを否定したのではなく、ソビエトを自己の社会的勢力として、一般民主主義を否定し、憲法制定議会を武力で解散させ、自己の権力を確立した。まさに、そしていまだに、マルクス・レーニン主義の教義では、一般民主主義＝ブルジョア民主主義という教説は生きている。それこそが、問題である。本論著者の観点から言うならば、一般民主主義をブルジョア民主主義と一面的に解釈して批判（前衛主義）し、葬り去った革命運動が、その一般民主主義擁護の重要性を自覚し、「唯一の前衛幻想」を根底から払拭しないうちは、何度でも、革命政権の軍政化は、生ずるということもまた、明らかなことなのである。だったら、どのような共同体が考えられるのか。それを、終章で、考えることにしよう。

［補論］「唯一の歴史的真理の所有者」＝ボリシェビキという前衛独裁の言説について

「政治哲学」のお話だ。ソビエトのある会議で左翼エスエルのスピリドーノワは、レーニンを批判して、「レーニンはプロレタリア独裁ではなく、理論独裁をやろうとしている」と批判したそうだ。レーニン主義では革命理論が政治と結びついたとき、ある組織的権威をもって一人歩きというか、モノローグ（独言）を語り始める。それが「自分こそが唯一の真理だ」というものだ。後述するように左翼運動では、それが「唯物論的社会主義」であり、「唯一の前衛幻想」だ。いまでも、客観主義的な科学主義、法則の物象化にまどわされ、この手の考え方、実はタダモノ論でしかないものを、唯物論だと思いこんでいる人がいるが、今から一〇〇年前は、それが、一つの巨大な権威を持って存在していたのである。

そこで、左翼ナロードニキである左翼エスエルとボリシェビキとの政治哲学での相違を問題にしよう。ここでは、左翼エスエルの側からのボリシェビキに対する対論を軸にみてゆきたい。そして、はからずも、ここに書きだしたボリシェビキ「政治哲学」への批判の論点は、廣松哲学の「ロシア・マルクス主義」批判に通底していることを、廣松をかじったことがある人なら気づくだろう。

二〇世紀前半の「マルクス主義」

一九五五年に刊行されたスタインベルク『左翼社会革命党 1917-1921』（日本では一九七〇年代に

鹿砦社から発売）の第九章、「マルクス主義対ナロードニズム」を読んでみよう。スタインベルクはロシア革命当時の左翼エスエルの指導者の一人で、戦後まで生き残った人物だ。

ここで、言われている「マルクス主義」の「唯物論哲学」や「経済法則」と称されていたものの内容だが、それはレーニン存命中のものであり、多くはカウツキー理論や、エンゲルス主義といわれるもの【例えば商品経済史観――資本の本源的蓄積の忘却や、生産力と生産関係の矛盾が必然的に社会革命を導くといった全く間違ったテーゼなどがそれだ――詳しくは、拙著『世界資本主義と共同体』参照――。哲学的には「生産力」「生産関係」のこの二つの概念を二つの独立した概念として実体化することはできないし、経済学的には、その矛盾は新たな資本蓄積を導くのであり、この矛盾から革命の必然性を「ただちに」とくことはできないということ、あるいは本論で問題とする「法則」の実在論・利用論、云々】に彩られたものであって、スターリン主義発生以降、「エンゲルス・スターリン主義」との対決をとうして形成された疎外論、物象化論や、日本の宇野・経済学方法論などの研究内容はゼロだということは、十分に踏まえるべきことである。

そういう時代のマルクス主義が、ここではあつかわれていることを、まず念頭においてほしい。しかし、これから見るような、法則の実在論・利用論にもとづいた、「政治哲学」化された考え方・言説は、レーニン主義のディスクール言説秩序となって（レーニン主義者が全部そうではないが、また、そういうことを、対自化したのがレーニン主義者の廣松だったということができるわけだが）、戦後どころか二一世紀まで生き続けているのである。

スタインベルクは次のように言っている。

「ボリシェビキ党は、マルクス主義の攻撃的・戦闘的な翼を体現していた。……二つの主要な観念が、ヨーロッパ・マルクス主義のバックボーンをなしていた。第一の観念は人類の歴史の発展過程は一定不変の社会的諸法則に従って進む、というものである。……すべての社会的現象とその概念は、人類の指針としての唯一の正しい綱領を定式化するためにぜひとも科学（《社会生理学》）が発見してゆかなければならない諸法則の体系に支配されている」というものと指摘する。

これは、廣松的に言えば「法則の物象化」「一義一価的法則論」（歴史の目的論、規定原理実在論）として批判することになる。

「第二の概念としてマルクス主義は、社会の歴史的諸法則について明確な特徴の輪郭を描く――それは、経済的諸法則である」。「階級と階級との間には、永続的で熾烈な階級闘争が存在する。それ故、マルクス主義の教義が敷衍して説くところでは、産業プロレタリアートという近代的階級は、その真の階級的利害と資本主義社会におけるその支配的位置とを、自覚させられねばならない、資本主義体制は、不可避的に社会主義に移行するであろう。プロレタリアートはこの歴史的趨勢の主人公なのである」。これが第二の概念だ。

この考え方は労働者本隊主義を生み出した。また、「下部構造決定論」への批判、アルチュセールなどの「重層的決定」論、「審級論」などとして論争が行われてきたところでもある。またさらに「政治的な階級概念」として、「工業労働者だけが、革命的階級なのか」という問題。むしろ、政治的階級概念としてのプロレタリアートは、革命的階級としてはもっと広く被抑圧人民に開かれた概念として措定できるのではないかといった問題などがある。

例えば左翼エスエルなどは、「労働者、農民、革命的インテリゲンチャー」の三勢力が一体となった概念として「勤労者」と呼び、それを革命的プロレタリアートの措定としていた。

しかしここでの問題は、この社会主義への教義を自覚するということについての方法論的な問題が、ここから発生してゆくということである。つまり「自覚」ということが、ここでのキーワードだ。

それで、第三の概念。「歴史の進展は（そしてこれがマルクス主義の第三の基本的観念なのであるが）、人間集団、即ち階級によって遂行されつつある。この故に歴史の発展過程が、個々人の能動的な意志に依存する度合いは最も少ない。人類というチェス盤上の駒は、様々な方向に動き、それぞれの人格が持っている全力をふりしぼって結合したり衝突したりしている個々人の形をとるのではなく、集団であり、集合的意志を持った諸グループの形をとるのである。歴史と文化の発展においてそれぞれの役割を演ずるのは、個々の労働者、農民、役人ではなくて、労働者階級、農民層、資本家階級、官僚組織なのである。平均的人間は、複雑な社会機構の中にあっては一個の歯車に過ぎない。……彼はある意味では歴史的必然性に奉仕するに過ぎない――したがってまた、歴史的諸事件の流れに対し個人的責任は負わないこととなる」とスタインベルクはいう。

廣松哲学では、階級とか官僚機構とか、あるいは国家という社会集団は、「諸個人の共同連関・

諸関係」を、そのように定められた「役割役柄分掌態」として現象させているところのものであり、そこから例えば階級や国家という「物　モノ」の方が社会諸関係をつくっているというように逆転して、それらの「物　モノ」を実体視することにもなってゆくと解かれるわけである。これは、これから説明するが、「法則」というものもおなじことだ。階級搾取もその社会の共同主観性のありかた、決められたルールの産物であって、それは、また、諸個人の共同連関をもってつくられているものだ。だからこそ、人間実践である階級闘争で、搾取に立ち向かうことも可能になる、人間実践で共同連関のルールを変えよう！というのが、廣松哲学の考え方になる。

つまり、個人の能動的な意志による実践なくしては、階級闘争は組織できないのである。

しかし、ロシア・マルクス主義の考え方、スターリン主義のタダモノ論では、それは、客観主義的に階級対立の必然性なるものに置き換えられ、そこでは人間個人は、その法則に従うということになる。またしても法則の物象化だ。諸個人は人間実践から外在化した法則なるものに、運命づけられているというわけである。

廣松によれば実際は、「個々の法則について言えば、ある種の状態が一定のあり方で随伴、継起すること、この予期的現認が恒常的に充足されること……この現象を斉合的・統一的に説明すべく事象が規則的拘束に服しているという擬人法的な暗黙の想定のもとに、構成的に措定されたもの」（『存在と意味』第一巻五〇六〜五〇七頁、岩波書店）として「法則」なるものは存在する。

だから、それは、人間がその認識対象との共犯関係（対象分析のありよう）をつうじた、対象となっている事象に対する共同主観化（合意、妥当とされる結論・判断）された分析結果の形成として作り上げたものに他ならない。例えば自然科学においてもそこでは、人間主体の側の能動的な対象への働きかけがあり、それがどういう働きかけであったかによって、その共犯関係（対象分析のありよう）の内容、法則として措定すべき現象の内容性にも相違が現れる。ましてや歴史は人間が主体的に作っているものである。それを、客観主義的な法則の働きとするのは、完全な規定原理実在論であって、形而上学であることは明らかだ。実体化された〈法則なるものが〉歴史をつくっているわけではないのである。

まさに人間の能動的・共同主観的側面を軽視した客観主義的な法則論では、結果解釈主義的に「法則なるもの」、そういうディスクールを、結果にかぶせた説明が唯物論的なものとして、流通することにしかならないことになる。それは経済的諸法則から説明できるとなるわけである。ここには、たくさんの問題があるのだが、本論論者の拙著では『ロシア・マルクス主義と自由』（社会評論社）第六章、第七章を参照願えればさいわいである。

「歴史の力そのもの」としての「党」の真理——党の神学化＝規定原理実在論

しかし、ここで取り扱おうとする問題はこれから先にある。スタインベルクは次のように言う。「階級意識に目覚めたプロレタリアでさえ、錯綜した政治的・経済的現象を不断に解説し、闘争において彼らを導いてくれる指導者を必要としていた。これらマルクス主義指導者たちは党を構成し、党はプロレタリア階級の名において必然的な歴史過程を領導する。党およびその指導者は歴史そのものと同一視される。彼らは歴史の力そのもののなのだ」。

これが、「一義一価的法則」——歴史の目的論、規定原理実在論、つまり、絶対の法則の下に歴史はあるところに向かって、進んでいるというものである。その歴史の真理を党が握っていて、党は歴史の力そのものだというわけだ。これはもう、党の神学化以外のなにものでもない。

これはレーニンの『唯物論と経験批判論』での「絶対的真理」の実在論などではっきり論法化されていることである。「絶対的真理」は一つだと。だからボリシェビキ以外に「絶対的真理」は存在せず、ボリシェビキに敵対する者は、歴史の進歩をさまたげるものとなるのである。このレーニン「絶対的真理」論のゴジラ化こそ、一九三〇年代のソ連邦、ミーチン・スターリン哲学にほかならない。

スタインベルクは述べている。

「彼らは、ボリシェビズムによって決定され、定式化された革命ロシアの採るべき途こそ、マルクス主義が歴史の発展方向は唯一つしかないと主張している以上、唯一可能な途であると考えた。それ故、人民と国土は、この歴史的作業の実現へ向けて利用されねばならない。……プロレタリアートを導くのは、唯一つの政治組織以外にありえない。それこそがボリシェビキ党なのであり、ボリシェビキ党はプロレタリアートの頭脳と肉体となって活動し、またそれ故に権力を掌中にしっかりと握らねばならないのである」。

「ここから不可避的に、また論理的に導き出される結論は、党は指導者の方針に逆らう者は誰であれ——階級、運動あるいは個人であれ——認めることができない、というものであった。いかなる反対も、いかなる指示された方針からの逸脱も、単に党に対する反逆にとどまらず、歴史の命令への反逆でもある」ということになるわけだ。全くの歴史の目的論・規定原理実在論にもとづく歴史法則なるものの形而上学である。そこに前衛独裁の言説が乗っかっているのにほかならない。

ここからボリシェビキは、さらに、粛清の正当化を導く。

「ボリシェビキ進撃の前に立ちはだかる者は――たとえそれが彼らと同じ社会主義陣営に属しているとしても――躊躇することなく、また容赦なくかたずけられねばならない。（後に、この論理の帰結として、ジノヴィエフ、カーメネフ、ブハーリン、トロツキー等のボリシェビズムそのものの《創始者たち》でさえもが、いわゆる偏向のかどで粛清された）」のである。

スタインベルクの主張に本論論者（渋谷）は全面的に同意する。ボリシェビキの歴史はまさに、前衛独裁、唯一の前衛幻想そのままの軌跡をたどったではないか！　もっともスタインベルクがここまで、ズバッと言えたのは、彼が一九三〇代のミーチン哲学や、それ以降のソ連邦の行く末を見極めて、一九五〇年代にこの本を刊行したということに尽きるわけだが。

ボリシェビキの伝導ベルト独裁、チェーカーの銃殺独裁は、このような、ボリシェビキの「唯一の前衛幻想」によって意思統一されたものだった。それはボグダーノフの「相対的真理」論に対するレーニンの「絶対的真理」論からする批判などに始まる、ボリシェビキの哲学論争の歴史においてもあきらかである。「絶対的真理」の所有者は一つでしかなく、それが、ボリシェビキなのである。そこでは「相対的真理」の「対論」としての民主主義的論争や合意形成などは結局は認めないとなる以外ない。まさに「唯一の前衛幻想」という「正当性」をそうした前衛独裁の根拠としていたのである。

そして、このボリシェビキの前衛独裁は、一九一七年ロシア革命で武装蜂起を組織し、プロレタリア権力を樹立した革命党たるボリシェビキ党を、一九二一年には、人民抑圧権力に（自らを）変質させたものとしてあった。その象徴的事態が、クロンシュタット反乱だったのである。

［参考資料］左翼エスエルについて――左翼・社会主義者―革命家党綱領草案を読む

エスエル（SR社会主義者―革命家党）については、日本においては、レーニンらの党派闘争の中での紹介しか、ほとんど知られていないので、ここに綱領の「前文」などを紹介し、若干の評注をしてみたい。ちなみに、ロシアでは、中学高校の教育課程（一一年制）の九年生のロシア史で、ひとつの「節」として学習する（例えば、歴史教科書『ロシアの歴史』、下巻、二五二頁、明石書店、参照、――二一世紀現在使われているもの）。これから使用する文献は主に加藤一郎編『ナロードの革命党史――資料・左翼社会主義者―革命家党』（鹿砦社）に全文収録されているものである。あくまでも、「客観的に」紹介する。

エスエル（SR）とは何か

左翼エスエルの前身の「エスエル」（社会革命党）は、ナロードニキ運動の活動家たちによって一九〇一年に結成された。その結成期の綱領ではつぎのように、革命的権力の樹立から社会主義の社会の確立までには過渡期があることが明記されている。

「党綱領の完全な実現、すなわち資本主義的所有物の奪取、社会主義的基盤での生産と全社会体制の再組織化は、社会的・革命的党に組織された労働者階級の完全な勝利――その際、労働者階級の一時的な革命的独裁の確立が必要である――を前提とする」と、プロレタリア独裁を明記している（『ナロードの革命党史――資料・左翼社会主義者―革命家党』加藤一郎編、鹿砦社、八三頁下段。この文献に全文所収）。

こうした過渡期の社会主義建設を、何を中心にやるのか、その一つの中心に、農業革命に関する考え方がある。

綱領は農業に関する諸問題でつぎのように述べている。

「エスエル党は、社会主義とブルジョワ的所有原理に対する闘争のために、ロシア農民層の共同体的・勤労的考え方、彼らの伝統と生活形態、とくに彼らの間に広まっている確信――土地は誰のものでもなく、その用益権は労働にのみあたえられるという確信に依拠しようとするであろう。農村での革命の任務に関する自己の全体的考え方に応じて、党は土地社会化、すなわち土地を商品取引から除外して、個々人あるいはグループによる私的所有物から全人民の財産へ変えることを支持するだろう。

それは次のような基盤に基づく。すなわちあらゆる土地は、民主主義的に組織された無階層的農村・都市共同体から、地域ならびに中央諸施設にいたる中央と地方の人民自治機関の管轄に入る（分散と移住、土地フォンドの管理など）。土地の用益は勤労の均等用益でなくてはならない。すなわち自分自身の労働を、個々人であるいは協同で投下することに基づいて消費基準を保証しなくてはならない。また賃貸料は特別課税という方法で社会的必要に向けられなくてはならない。

狭い地方的ではない意義を持つ土地（広大な森林、漁場など）の用益はより広範な自治機関によって規制される。鉱物は国家のものに留まる、土地は買い戻し金なしで全人民の財産に変わる、所有権のこの変革のために苦しむ者に対しては、個人の生存が新しい条件に適応するために不可欠な期間だけ、社会的援助を受ける権利が認められる」(九三〜九五頁)。

では、一九一七年二月革命で権力についたエスエル中央は、なぜこの綱領の実施をやっていこうとしなかったのだろうか、ここにエスエル左派の、中央に対するブルジョアジーとの「協調主義政策」への批判がおこった根拠がある。

一九一八年、モスクワで発行された、左翼エスエル指導部のカムコーフによる「左翼社会主義者―革命家党とは何か」(前掲書に全文が所収)というパンフレットは述べている。

「われわれに言わせれば、右翼社会主義者―革命家が自らの綱領に背いた、ということである。彼らは専制を打倒することができたし、地主と資本家を犠牲にすることによって、労働者と農民の現状を改善するという最小限綱領の実現に取りかかる準備があった。しかし、彼らは綱領の第二の部分である最大限綱領、すなわち、根本的にあらゆる抑圧と搾取を廃絶すること、階級社会を廃絶すること、労働の王国、社会主義の王国(マルクス・エンゲルスがいった「必然の王国」に対する「自由の王国」を想起せよ!――引用者)を樹立することに対して完全に無力であったのだ」(二九一頁)。

つまり、エスエル右派は、もともとのエスエル綱領を裏切ったのだということだ。その右派には、ケレンスキーとサビンコフ(陸軍次官)がいた。ボリシェビキは、こうしたエスエルを批判したが、しかしそのボリシェビキは「国有化」――生産手段の国家収容しか実現しなかった。自立的工場委員会運動・サンジカリズムなどの高揚に直面し、ボリシェビキ党の意思統一がとおらない中で、「生産の労働者管理」をやめてしまい、ボリシェビキ権力の上からの命令(伝導ベルト)

が通りやすい官僚の「単独責任制」に変更し、結局は官僚制支配を必然化した、それがボリシェビキのやったことだった。

それは一般民主主義の否定に基づき、コミューンとも程遠い、官僚制国家の支配秩序であった。それは残念ながら、スターリニズムの支配体制へと展開する以外ではなかった。それとは違い、エスエル綱領はミール農耕共同体の原理を、協同的生産様式の基礎として組織化することを表明していたのである。

左翼エスエルの闘い

▲一九〇一年ナロードニキ活動家ナタンソーンら、社会主義者―革命家党（SRエスエル）結成。

▲一九〇五年第一次ロシア革命。一〇月、セント・ペテルブルグに労働者ソビエト成立。構成党派は、エスエル、社会民主党、ポーランド社会党。一二月モスクワで武装蜂起。

▲一九〇六年　一・一六　タムボフ県で、農民抑圧権力者ルジェノフスキー将軍をエスエル戦闘団員、マリア・スピリドーノワ（後、左翼エスエル党首）が銃撃、完全打倒。自殺を計るが逮捕され拷問。裁判では死刑から、全欧的助命運動のすえ終身懲役刑になる。

▲一九一四年　七月　第一次大戦勃発。八月　エスエル党幹部協議会、祖国防衛派と、チェルノーフ、ナタンソーンらの国際主義派に分岐。

▲一九一五年九月　ツインメルバルト国際社会主義者協議会、チェルノーフ、ナタンソーン参加。

▲一九一六年四月　キンタール国際社会主義者協議会、ナタンソーン参加。秋　首都ペトログラードにアレクサンドロヴィチを中心とするエスエル左派グループ結成。

▲一九一七年二月　二月革命。臨時政府樹立。エスエル左派は、入閣反対。
▲三月『ゼムリャー・イ・ヴォーリャ』（土地と自由）紙――第一次大戦の帝国主義的性格を主張
――にエスエル左派結集。
▲四月四日　レーニン「四月テーゼ」。
▲五月四～二八日　第一回ロシア農民代表大会、エスエル左派完敗（執行委員会、チェルノーフ
八一〇票（右派）、ナタンソーン二九六票、カムコーフ一〇票、スピリドーノヴァ七票）。
▲五月五日　第一次連立政府に、エスエルからはチェルノーフ（農業大臣）参加。（サビンコフは陸軍
次官）。
▲五月二五日～六月四日　モスクワでエスエル第三回党大会。スピリドーノヴァら左派は、中央委員
会のブルジョアジーとの協調主義を批判。
▲六月　ペトログラードで第一回全ロシア労兵ソビエト大会。
▲七月一二日　エスエル左派組織局、ソビエト中央執行委員会と全ロシア農民ソビエト執行委員会の
エスエル左派フラクション、党内での完全な行動の自由を留保するとの宣言を発表。
▲七月二四日　第二次連立政府成立。エスエル、アフクセーンチョフ（内務大臣）、チェルノーフ（農
業大臣）が参加。
▲八月二七日　コルニーロフ反革命反乱。
▲九月一〇日　第七回エスエル党ペトログラート市協議会、左派圧倒的。
▲九月　レーニン「ボリシェビキは権力を掌握せねばならぬ」。
▲九月二五日　第三次連立政府成立。
▲一〇月四日　エスエル党中央の牙城全ロシア農民ソビエト執行委員会、一〇・二〇にソビエト大会を
招集することに反対。
▲一〇月一七日　第一回全ロシア工場委員会協議会（～二一まで）。

▲一〇月二〇日　ペトログラート軍事革命委員会初会議。ボリシェビキ、左翼エスエル、アナーキストが参加。
▲一〇月二五日　ペトログラート軍事革命委員会による武装蜂起。権力奪取。
▲一〇月二五〜二六日　第二回全ロシア労兵ソビエト大会、ソビエト権力の承認、「平和についての布告」「土地についての布告」を採択。
▲一〇月二七日　人民委員会議（臨時労農政府）が成立。
▲一一月一九〜二八日　左翼エスエル創立大会。
▲一二月九日　七名の左翼エスエル、人民委員会議（労農政府）に参加。
▲一九一八年・五・一三　食糧独裁令公布。
▲五月一四日　全ロシア執行委員会、モスクワ・ソビエト、労働組合と工場委員会代表者合同会議で、カムコーフ（左翼エスエル指導者）ボリシェビキの対外政策は「革命の漸次的圧殺」であると非難。
▲六月一一日　カレーリン（左翼エスエル）、全露中央執行委第一九回会議で貧農委員会の組織化を批判。
▲六月一六日　左翼エスエル党中央委員会決定「勤労農民層の不自然な階層分化に帰する有害な方策の実施にたいして、中央と地方で断乎とした形態で戦うことを、左翼エスエルとマクシマリストは声明する」が、左翼エスエル機関紙『ズナーミャー・トルダー』（勤労の旗）に掲載さる。（レーニン・ボリシェビキの「農民層の階級分化・両極分解」論の教条と、農民層に対する「クラーク」のレッテルに対する非難）。
▲六月二〇日　左翼エスエル党中央委員会指令「全党組織は国外国内反革命との闘争のための武装義勇隊を党委員会付属として設立せよ」。党中央委員会付属全ロシア戦闘団総司令部設立。
▲六月二四日　左翼エスエル党中央委員会、ブレストリトフスク講和条約（三・三調印）による息つぎを即時終結させるためドイツ帝国主義の代表者に対してテロルを組織することを決定。

▲六月二八～七月一日　左翼エスエル第三回大会（モスクワ）、ブレスト講和、死刑の適用、国家行政の中央集権化に反対する決議採択。
▲七月四～一〇日　第五回全ロシア・ソビエト大会（ボリシェビキ七七三名、左翼エスエル三五三名など一一六四名）。
▲七月六～七日　左翼エスエル戦闘団のドイツ大使・ミルバッハ暗殺を合図に、左翼エスエル・モスクワ蜂起。

モスクワ蜂起はブレストリトフスク講和条約に反対し、対独徹底抗戦に突入することを目的とするものだったが、それはこれまで読んできたように、左翼エスエルとしては、ドイツ軍がウクライナをはじめとしたロシアの穀倉地帯を占領していることに対する闘いの呼びかけであり、ドイツと講和し農民から農産物を徴発しているボリシェビキに対する農民革命勢力による抵抗権の発動としての主張をもったものとしてあった。

この七月蜂起によって左翼エスエルは赤軍に鎮圧され非合法化されることとなった。なお、この七月蜂起に反対して結成された左翼エスエル内の二つの分派（ナロードニキ共産党、革命的共産主義者党）は、その後、ボリシェビキ党に入党している。

左翼エスエル綱領草案

一九一七年一一・一九～二八、左翼エスエルは創立大会を開催。一九一八年四・一七～二五には第二回大会を開催した。これらをつうじて綱領が形成される。ここに掲載するのは大会に提出された綱領草案の「前文」の全文である（文献は加藤一郎編『ナロードの革命党史――資料：左翼社会主義者――革命家党』（鹿砦社、訳・加藤一郎、一九七五年）から）。

以下の綱領で特徴的なのは、「社会の階級的分裂そのものの廃止」による「人間的個性の全面的・調和的発展」をテーマとしていること。

まさに『共産党宣言』が「階級および階級対立をともなった古いブルジョア社会に代わって、一人一人の自由な発展が、すべての人の自由な発展のための条件となるような連合体が現れる」（『共産党宣言』第二章、太田出版『共産主義者宣言』訳から引用）といっているのを想起するべきである。

左翼エスエル党綱領・前文（全文）

「現代ロシアは、その歴史的発展の中で文明世界の先進諸国とのますます一層緊密な関係に入っている。ただし、その際、以前の歴史、地域的条件、国際的情況の独自性に規定された一連の特殊性を保持している。

社会的連帯の確立、人間的個人の全面的・調和的発展のための闘争の中に表現されている人類の社会的進歩は、無人称的な階級的敵対のみならず真実と公正のための意識的戦士の干渉をも予定している。住民の増大とその必要に応じての自然的諸力に対する人類の支配の成長はその不可欠な条件である。

だが、現代のブルジョア社会では、この成長は、計画的に組織された社会的経営に基づくのではなく、互いにばらばらで無秩序であること、個人的経営の競争、生産手段の私的所有、その資本への転化、直接生産者からの生産手段の分離（資本の本源的蓄積を対象化している――引用者）に基づいている。

このブルジョワ―資本主義的形態が大きな社会的規模での労働と生産の集団的形態の発展を制限し歪めている限り、次のような否定的で破壊的な側面が現代の経済的発展についてまわるのである。すなわち、極端な場合は恐慌として出現する生産の無政府性、経済力の無益な消耗、労働力の価値下落と独立生産者に対する直接搾取の深化という条件のもとでの資本主義的最高経営形態の物質的非合理性、労働大衆の貧困と生活不安定性、生存と特権的境遇を求めた万人の万人に対する利己的な闘争、権力のあらゆる道徳的根幹を金で腐敗させてしまうこと、である。

にもかかわらず、たとえ一面的で不完全にではあるけれども、大きな社会的規模での労働と生産の集団的形態の発展が、ブルジョワ―資本主義的諸関係に密接にからめとられつつ進行している限り、経済的発展はその肯定的で創造的な側面をもあらわにしており、未来の社会主義体制のための若干の物質的諸要素を準備し、雇用労働者が産業軍という結束した社会的勢力になることを促進している。

これらの肯定的側面と否定的側面との間の相互関係は、重工業部門や古典的資本主義国では、より好都合な関係となっている。だが、いろいろな採取産業部門、とくに農業部門に移るに従って、また、国際的経済闘争の中であまり良くない位置にいる国に移るに従って、この相互関係はますます不都合なものとなっている。

この相互関係が好都合になればなるほど、現代の工業プロレタリアートは発展し、他の勤労被搾取住民大衆と較べてその意義は多大になるであろう。ブルジョワ的所有と経済の基盤が社会の中で全面的に首尾一貫して発展していればいるほど、その社会は、自分の労働で創造した財貨の分前をますます少量しか受けとらない被搾取勤労者階級と、天然資源と生産・流通手段を自己の手に集中し支配している搾取者階級に、より明瞭に分裂するのである。

この階級的敵対心が社会意識に浸透し、それによって明瞭になるにつれて、階級的敵対心は組織的・政治的階級闘争に転化する。この闘争は、古い階層間の闘争、人種的闘争、宗教的闘争、民族的闘争という遺物と衝突し、自然発生的事件の進行に、意識的・社会的勢力の計画的で集団的な干渉をますます持ち込んでいる。

搾取者の同盟は、生産や販売条件をシンジケートやトラストという手段によって支配し、国家機関を自己の階級支配の道具に変え、精神的・物質的に、学問・芸術・文学を隷属させることによって、自らの立場を堅固なものにしようと計っている。

他の手段によって勝てない場合には、搾取者の同盟は、過去の遺物である僧職、特権階層、君主主義的な階層と同盟することや、人種的、宗教的、民族的敵愾心という本能を扇動するという手段に訴えようとしている。

過去の進歩的内実総体を失ってしまったブルジョア体制は、ますます国の最良の知的道徳的勢力から切り離され、彼らを被抑圧者と被搾取者の陣営という対立陣営に押しやり、ブルジョワ体制内の支配階級の完全な堕落をもたらしている。

当然にも自己防衛を志向する被搾取者階級は、意識性の成長につれて、自己の闘争をますます統一し、自己の経済的・政治的・精神的完全解放の名において、抑圧と搾取の根幹に対してその闘争を向けている。

この運動の最も首尾一貫した表現であり、学問的解明、概括であるのが国際的な革命的社会主義である。

革命的社会主義は、最初は意識的な革命的少数派の世界観であった。だが、急速に大衆に浸透し、勤労被搾取住民のあらゆる階層（工業プロレタリアート、勤労農民、革命的＝社会主義的インテリゲンチャ）が自分たちを単一の労働者階級であると意識し、自分たちの階級的単一性こそが解放の保証であると考え、個人的・部分的・一時的利益をすべて、社会―革命的大変革という偉大な任務に従属させるまでになったのである。

＊この労農インテリゲンチャの労働者階級＝三位一体論は、ボリシェビキにはないエスエルの特徴。ボリシェビキのロシア・マルクス主義との相違点として強調されているところである。——引用者

この大変革の綱領は労働、所有、経済の社会化である。すなわち、私的所有とともに社会の階級的分裂そのものを廃絶すること、社会的諸機関の正規の文化的機能、すなわち全体的利益のために全体的労働を計画的に組織化することを維持し、発展させつつも、社会的諸機関の階級的・強制的・抑圧的性格を廃絶することである。

この綱領の実現によってのみ、社会的富の増大を労働者階級の依存性と抑圧の源泉からその福祉と自由の源泉に変えうるであろう。この実現によってのみ、人類のあらゆる精神的・物質的諸力の不断の発展の可能性が生まれ、人類のある層が無為と飽満から堕落することを阻止し、その他の層が過度の粗野な肉体労働と本源的要求が充足されないことで堕落することを阻止できるであろう。この実現によってのみ、社会的連帯を基にする人間的個性の全面的・調和的発展が保証されるのである。

この意味あいにおいて、革命的社会主義の大義は、全人類の解放、人々の間での相互殺し合い的闘争のあらゆる形態の除去、暴力と人間の人間による搾取の除去なのである。

＊ボリシェビキ一九年綱領前文では、次のように書かれている。「プロレタリアートの社会革命は、生産および流通の手段の私的所有を社会的所有に代え、社会の全成員の福祉と全面的発展とを保障するために社会的生産過程の計画的組織化を実施することによって、諸階級への社会の分裂をなくし、こうして、抑圧されている人類全体を解放するであろう。なぜなら、それは、社会の一部分による他の部分の搾取のあらゆる形態をおわらせるだろうからである」。

これがボリシェビキ党綱領前文の社会革命＝共産主義を規定したパラグラフに書かれていることである。この部分は、一切の搾取の廃絶、階級的分裂の廃絶、人間的個人の全面的発展を明記した左翼エスエル綱領の革命的社会主義の目的と同一であることがわかる。まさに左翼エスエルの革命的社会主義とはコミュニズムのことなのだが、そう左翼エスエルが言わないのは、共産主義者を名乗る大部分が工業プロレタリアートのみが前衛的階級だと表明していたからだと考えられる。——引用者。

この任務の実現のために、革命的社会主義は、資本主義的形態の中で達成されている経済発展の肯定的側面総体、ならびに労働大衆――プロレタリア化しているものも、していないものも含めて――の自立的創造という天賦を利用することを志向する。ロシアで活動している左翼社会主義者―革命家党は自らを国際社会主義軍の一部隊とみなしており、ロシアの実生活の具体的条件に対応する形態で、国際社会主義軍の闘争の全体的利益を念頭において、活動を行なうであろう」。

以上で、紹介を終わる。

[参考論文] 自由と責任のエシックス――「革命無罪」は虚構の論理

黒木慶子

（掲載に当たって――渋谷要）

以上の展開をふまえ、本論著者（渋谷）とは別の倫理学（エシックス）の観点・視点で、革命運動の倫理性・行為の正当性を論じた以下の文章を、著者の承諾を得て掲載する。この文章は、二〇〇六年一一月一五日発行の『ＳＥＮＫＩ』紙（当時の「戦旗日向派」の機関紙、現在は廃刊となっている）、一二二九号五面に、掲載されたものである。当時の、同グループの「脱共産主義」という問題意識の下に、その一環として書かれたものである。わたしも「革命無罪」は「虚構の論理」だと考えるべきだと思っている。黒木氏については、本文末のプロフィール参照。

とは言っても黒木氏の以下の観点は、本書著者の観点とは、区別されるべきものだ。だが、本書著者の理論的討究は、自らを絶対視せず、常に、妥当性と対話性において、「学び・学ばれる」関係として、他者に対して開かれている。そして、自らの主張に対する反照規定性、反論を想定する理論的討究と、省察をなすものである。この文章の掲載も、その一環である。

（以下、本文）――

本紙一二二二号に掲載された「自由には責任が伴うという重荷」論文を読み、あらためて「自由」と「責任」の問題について考えてみた。

以前、同じく本紙でのインタビューで、あるアーティストが次のように語っていた。「戦争責任があれば革命責任というのもある。……革命の目的や理想は正しかったがやり方が間違っていたというとらえ方をも批判する必要があるんです」（一〇五一号）。

「正義の革命」の名のもとに、これまでどれほどの命が失われたことか。そこに思いを馳せるとき、戦争責任のみならず革命責任の重みを受けとめることはとても重要だ。ましてそれが「必然」とされてきたのなら、なおさらである。

必然と自由のアポリア

「私に分かっているのは総督を殺すことが必然なのだということだ。それはテロルと革命とにとって不可避なのだ」（ロープシン『蒼ざめた馬』晶文社　一二頁）。一九世紀ロシア・テロリストのサヴィンコフは、ロープシンの名で自らの体験をこう綴っている。彼の真意をこれだけで汲むことはできないが、少なくともここでは総督を殺すことは「自由な意志行動」ではなく「必然」とされている。

いわゆる公式マルクス主義的な歴史法則発展史観に導かれた革命運動の過程でも、同じように様々な行為の動機づけが「必然」のうちに処理されてきた。

「もし、人間の行動というものが……物理的物体運動のように自然法則的必然性に服しているとすれば、責任ということも正義ということも、事の原理上成立しえない、と多くの論者たちは考えます。ここに『意志の自由』という大問題が登場する所以となります」（廣松渉『存在と意味』第二巻）。

哲学者廣松渉の指摘をまつまでもなく、自由と必然、決定論と非決定論のアンチノミーの解決は、近代哲学の大きなテーマだった。カント、ヘーゲル、フィヒテ、シェリング……。多くの哲学者が様々な解決を試みるなかで、エンゲルスは「自由とは必然の洞察である」と述べた。そのエンゲルスに導かれた公式マルクス主義が、二〇世紀の革命運動を大きく推進してきたことは疑いえないだろう。

ではたして、これら自由と必然のアンチノミーをめぐる様々な思索の中で「責任」の問題を導きだしうるのにもっとも成功したのは誰なのか。その疑問に、「カント」の独特な解釈をもって応えようとしたのは、柄谷行人の『倫理21』である。柄谷の弁を聞いてみよう。

「人が何かをやってしまったら、それがどんなに不可避的なものであろうと倫理的に責任があるのは、『自由であれ』という当為があるためです。そこで、彼に事実上自由はなかったにもかかわらず、自由であったかのように見なさなければならないわけです」（七四頁）「カントは、道徳性を『自由である』ことのみに見出します。自由がないならば、主体が無く責任がありえない。そこには、自然的・社会的な因果性しかない」（七五頁）。

柄谷が『倫理21』で展開しているのは、この世のものは常に様々な関係、原因に規定されてある以上、当然人間の行為も「自由」（ここでは他に原因がなく純粋に自発的・自律的という意味。以下同じ）ではありえない、だがしかし、われわれがそのことに「責任をもつ」ことができるのは、現実に自由ではなくても、「自由であったかのように見なす」時だということである。カントのいう義務とは、まさにその「自由であれ」という義務に他ならないと柄谷は解釈しているのである。

どのような犯罪もそこには必ず原因や理由がある。そこで「――が自分をしてそうさせたのだ」と言い訳することも可能だ。しかしそうであったとしても、起きた結果に対しては自己原因的であることが求められなければならない。でなければ、「責任」という道徳的原理は生まれてこない。いわば「責任の〝として〟機制」を柄谷は言っているわけである。

たしかに、カントの倫理学を自然的・社会的因果性をいったん括弧でくくり、自己原因的＝自由であることを意志することから道徳性がはじめて措定されるものとして読む読み方もあるだろう。柄谷はそれが戦争責任をはじめとして、さまざまな責任や倫理を考えるうえで、最も根本的だとひっぱっているのである。

実際の生活の場面でどのように思惟したときに、人は「主体的」になれるのか。犯罪とまではいかなくても、「こうなったのは――のせいだ」とか「――がそうさせたのだ」というように、おきた結果に対してその原因を「自分以外の誰か」に仮託することはとてもありがちなことだ。それが高じればルサンチマンになり、やがて他者を恨むようになっていく。対象が人間ではなく、「法則」として考えれば「必然」ということになる。だが、人はそうしたあり方をみて「なんと無責任なやつだ」「自分の問題ではないか」と非難する。

そのような現実をふりかえるとき、「自然的・社会的因果性をいったん括弧にいれて『自由であれ』と意志せよ」という定言命法は、自己責任を促す有効な手段となるのだろうか。

責任をとるということ

「あたかも自分が原因であるかのように考えるとき、責任が生じる」。ではどのように責任をとるのか。柄谷は連合赤軍の場合を例にあげ、次のように書いている。

「彼らは、旧左翼(スターリン主義)の非人間性を否定するところから出発した新左翼でした。連合赤軍の指導者は、逮捕されてから、彼が打倒しようとしていた当のものに自らがなってしまったことに絶望して、自殺してしまった。それは責任の取りかたの一つではありません。もう一つの望ましい責任の取り方は、この間の過程を残らず考察することです。いかにしてそうなったのかを、徹底的に検証し認識すること。それは自己弁護とは別のものです」(同上、七九頁)。

自殺したのは森恒夫である。以前本紙一〇四一号で荒岱介が「軍事武装闘争を遂行するという形で闘いを作り上げていこうとすると、自分たちが出発点としては否定していたものに入っていく以外ないようなパラドックスを新左翼は抱えてしまった」と、連合赤軍の問題をとりあげていた。そのパラドックスに苦しみ、「自殺」という形で責任をとったのが森恒夫だった。

柄谷も言うように、謝罪や服役、自殺というようなことだけが、「責任をとる」ことではないというのはその通りだろう。二度と同じ過ちを繰り返さないためにはどうしたらよいのか。その問いかけ無くしては、新たな思想も新たな社会も切り開くことはできないからだ。もちろん犯した罪への謝罪は前提であり、日本の戦争責任がいまだ内外で追及されるのは、それさえもまともに行おうとしないことへの苛立ちによる。そのうえで、なぜあのような侵略戦争を遂行するに至ったのかといった過程を、徹底的に検証し認識することは極めて大切だ。

翻って、連赤事件や内ゲバに代表される新左翼の抱え込んでしまったパラドックスを自覚し、その思想的内容を可能なかぎり検証することは、有効な「革命責任」のとりかただと私は思う。「革命の目的や理想は正しかったがやりかたが間違っていた」ということではなく、まさに「革命の目的や理想そのものに誤りがあった」ことも見据えられるべきことなのだ。その意味で「責任倫理」とは、自然的・社会的因果性をいったん括弧に入れつつも、時にその括弧を外して、それを生みだす現実的な要因を内容的に突き出すことを通じて完結するのである。

実現目的と正義

「革命の目的と理想」にまで責任が問われるのはなぜか。晩年、廣松渉は『存在と意味』第二巻で、行為の規範的な価値評価の視覚を「行為の動機」「行為の目的」「行為の所作」とに振り分け、「行為の目的」においては正義・不義を、「行為の所作」においては正当・不当を、「行為の動機」においては善・悪をそれぞれ基幹的な価値評価基軸としていた。

そのうえで、「価値的に高い目的の達成と低い目的の達成とが選択的に可能な場面において、高い目的の達成を期する行為は正義的行為であり、低い目的の達成しか期さない行為は（この〝より低い〟目的なるものがそれ自身としては大きな正価値であってさえ）不義的行為である」（『存在と意味』第二巻岩波書店　四五四～四五五頁）とした。

人間の行為が社会的な価値判定をうけるのは、「行為の所作」が正当か不当かのみならず、そこでめざされたもの＝「行為の目的」が、はたして正義にかなうものであったかどうかまでが射程にされる。そこから責任とは、実現的目的とその価値性とのかかわりにおいても規定されるということである。

では廣松の言う「高い目的を実現する行為は正義」「低い目的を実現する行為は不義」とは何をもって価値判定されるのだろうか。たとえば「共産主義社会の実現」は、新左翼運動を担ってきたものたちにとって「最高の目的」であり、ゆえに「正義」だったはずである。

ところが、今やその「正義」とされたものが実は「不正義」だったことが、たとえばソ連・東欧社会の崩壊によって明らかにされてしまった。共産主義の実験＝計画経済とプロ独の実施は、どの国も完全に破産した。この歴史の審判をうけとめるならば、「高い目的を実現する正義」とはあくまで実現可能な、現実社会でできうるかぎり可能な範囲においてしか規定されえないものであるべきことがみえてくる。「高い目的」「低い目的」は「空想上の高い目的」と「現実的な低い目的」などではないのである。

それは人間存在の本質的あり方から照らしあわせても合点がいく。人間の行為は、根源的に協演であり、諸個人はこの協働のなかで各人に与えられ、課せられてある分担を受け持った役割行為を担う。諸個人の行為は協働的役割行為というありかたで、それぞれの、その都度の「目標―目的」達成行為を遂行していく。その役割行為がまっさきに「正当・不当」の価値評価を余儀なくされるのは、役割行為が当該の共同体的な規範性を内具したものであるからだ。当該の共同体とはけして単一ではなく、「家族」「会社」「政治的共同体」「日本社会」というように幾重にも重層的に折り重なって存在している。従ってすべてに通底する規範性もあれば、各共同体にしか通用しない規範性もあることになる。

その場合問題なのは、当該共同体にしか通用しない規範性のレベルである。そこで掲げられている実現的目的がどんなに理想に燃えたものであろうと、当該共同体以外のものにとっては、およそ受け入れがたいケースも多々ある。「ポアもやむなし」で有名になったオウム真理教の規範は、それ以外の人間にとっては、絶対容認できない独善的なものでしかなかったことは記憶に新しい。同じく「奴は敵だ。反革命を殺せ」などといって、内ゲバを構造化させた新左翼の規範も、そう語っている人間にしか到底通用しないドグマでしかなかったのである。

家族と国家の間に、様々な中間共同体が存在する。それに応じてそれぞれの規範が内具化していく。当該共同体の規範とその規範に基づいた行為が、社会的なサンクションをうけ責任を追及されるのは、それが「他者危害」や「人権の保護」といった人間社会を司る最低限のルールに抵触する時である。どんな共同体もけっして通用的価値基準から自由ではありえず、革命無罪ではすまされないのだ。目的のためには手段を選ばないのは間違いなのである。

以上、まとめてみるならば、「責任倫理」がはたらく機制を考えたとき、自己原因にもとづく自省だけに終わらせず、そこにいたる過程をも徹底的に認識し、検証することもまた重要であり、行為の所作、動機、目的にまで及んで責任は問われると考えるべきだろう。そのなかでも「正義・不義」の問題は「行為の目的」の内容にまでかかわってくるのであり、目的は正しかったが行為はまちがっていたなどとは簡単にはいえないのだ。

実現目的の内容がどこまでリアリティがあり、社会的妥当性をもちうるのか。全く不可能な形而上学的真理を掲げていくら「正義」をもちまわっても、それはただの心情倫理にしかならない。ここから、これからの社会運動の使命も自ずと明らかになるのではないか。カタストロフィーに陥らない可能性のなかの最善の選択が正しいのである。革命問題も倫理学（エシックス）で考えなければならないのだ。

私は倫理学から考えることを措定し、内ゲバの回避を訴えたブントの選択はそうした点で正しかったと思っている。東ヨーロッパの崩壊後、現実的可能性の喪失に対しビビッドな対処をとろうとし、共産主義革命を放棄した対処もしかりだろう。

（元『理戦』編集部）

黒木慶子（くろき・けいこ）

一九五八年生まれ。法政大学社会学部卒業。大学時代、三里塚闘争に触発され、卒業後社会運動に関わる。現在は老人介護の仕事に就いている。

終章●――エコロジスト・ルージュ（赤と緑）

●――本書の構成と問題意識

序章では、本書の問題意識の背景となっている現代世界の諸相について、必要な分析を行い、〈平和〉のための「世界地図」を、共に創っていこうと提起した。そうした地図＝見取り図をつくるためには、まず、現代社会の資本主義と近代国家の基本構造がどういうものかを確認する必要がある。第一章では、近代資本主義国家とはどういう基本構造をもっているのか、それを、「収奪に基づく国家」（資本主義に先行する社会の国家）と「搾取に基づく国家」（資本主義国家）との違いを通じて、近代資本主義国家の特殊性として、資本の三位一体的範式と、それが、平等な商品所有者間の交換社会という構成の中で、自由・平等の市民社会というものを形成することをポイントとしておさえた。国家と市民社会は、二元論的に連接しているのではなく、資本主義の搾取と資本家的商品交換によってひとつのものとして作られ、現象しているのである。

第二章では、第一章での資本主義国家の機制をふまえ、資本主義国家の統治形態を、パラダイムとして分節しようとするものである。近代国家では、自由な商品交換による市民社会を一般的なパラダイムとして資本家的商品交換社会が展開される故、商品所有者（「労働力商品の所有者」も当然それを構成している）として存在する〈市民〉を核とした、個人主義を基本に置いた民主主義がルールとなっているが、このシステムが種々の動機からうまくいかなくなると全体主義の統治が、台頭することになる。これを、例えば廣松渉の社会哲学では、個人主義＝社会唯名論、全体主義＝社会実在論・社会有機体説という二項対立のパラダイムとして考察する。この現代日本における端的な事例を、二一世紀初頭の日本の「改憲状況」から考察した。自民党「日本国憲法改正草案」を社会実在論と捉え、戦後民主主義憲法の個人主義との対質を基本とする論点を展開した。また、補論として、戦争国家化に反対する「平和的生存権」とそれを護るための、帰結である「抵抗権」の考え方に言及した。さらに補論として、改憲草案の先取りの一つと考えられる（理由は本文を読んでください）「秘密保護法」に対する批判のポイントを論じた。

第三章は、そうした近代国家が近代生産力主義をもって展開してきたこと、それによる環境問題を生起している現実を如何に変革するか、その近代生産力主義からのパラダイム・チェンジが必要となっている。その問題意識のひとつの〈古形〉である、京都学派の「近代の超克」の問題意識と、廣松哲学の問題意識を媒介に対話した。

そして【補足データ】として、近代のパラダイムからのテイク・オフをめざしてきた廣松哲学の対自化のために、「廣松哲学のターミノロジー」という表を付した。これによって、拙著との関係で、廣松哲学の重要語句の学習が、比較的容易に行なえるようになるだろう。

第四章は、こうした資本主義と近代国家に関する論点をふまえ、石塚省二氏の遺稿『ポストモダン状況論』と対話しつつ、３・11フクシマ（原発事故は現在進行形で続いている）以降の放射能汚染をどう文明論的にとらえてゆくかという考察を、行い、エコロジズムを宣揚している。

これらをふまえて、第五章では、第一章での搾取論を縦軸とするなら、横軸として搾取にかぎらない収奪や資産の世襲などをつうじた富裕層の形成という問題があることを、ピケティの『21世紀の資本』を解読することを通じて確認した。第一章と第五章との関係は、宇野弘蔵の宇野経済学にもとづけば、次のようである。宇野は、経済学方法論として、三段階論を提起した。「原理論（資本主義の普遍本質論）――段階論（重商主義→自由主義→帝国主義というタイプ論）――現状分析（以上の二つをふまえた、各国資本主義分析）」というのがそれだ。第一章は、搾取論である故に「原理論」に属するのに対して、第五章は、大きくは「現状分析」に属するものである。その場合、ピケティの『21世紀の資本』が、単に資本主義の矛盾に対する分析というよりは、世襲資本主義に対する課税のシステムを考えるという〈税制論〉であるという特殊性に大きく規定されているものであって、両者を同じものとして比較することはできないという関係にある。この点とくに、注意してほしいと思う。

そして、第六章として、以上のような資本主義近代を突き抜けていこうとした闘いの一つに、一九一七年に勃発したロシア革命があったが、その挫折の〈端緒〉となる事項についての分析をおこなった。それが、「革命政権の軍政化」という問題である。ボリシェビキが持った「唯一の前衛」

幻想と、レーニンの「国家資本主義→社会主義」という近代生産力主義と、都市における労働者ストライキ弾圧と食糧徴発の食糧独裁令支配に反対する農村反乱に対するなりふりかまわぬ弾圧戦争、そして、一般民主主義を一面的にブルジョア民主主義として切り捨て、それを〈党の真理〉でおきかえたボリシェビキ革命の陥穽を内在的・省察的に分析した。

これは重要なポイントなのだが、レーニン・ボリシェビキにとって、その内戦の過程は、いたしかたなかったことではなく、望んで彼らがやったことである。なぜなら、党派戦争・対農民反乱弾圧戦争はボリシェビキが、前衛独裁を確立するための必然的な過程だったのであるからだ。白軍との戦争とはほとんど(「まったく」ではない)無関係にそれらは展開しており、また、ウクライナ・マフノ(アナキストの義勇軍、広大な解放区を形成していた)の対デニキン(白軍)戦争など、白軍とたたかったのはボリシェビキだけではないというのが、そもそもの前提をなす話だ。白軍敗走とともに、チェーカーや赤軍などボリシェビキ部隊による緑軍・農民反乱などに対する弾圧、都市の労働者ストライキに対する弾圧は激化していったのである。

それらをふまえて、一九二一年のクロンシュタット反乱の意味を考えた。また、革命ロシアには、社会主義のビジョンを持った政党は、ボリシェビキだけだったという、これは明確な臆見を払しょくするための一つの方法として、「参考資料」として左翼エスエルの歴史、「綱領草案・前文(パラダイムの部分)」の全文を紹介した。

また、【補論】として、「唯一の前衛」幻想=「前衛独裁」の考え方を簡潔に批判したものを掲載した。

さらに「参考論文」として、本論著者の観点ではないが、重要な観点として学ぶべきものとして、エシックス（倫理学）の視点から、これまでの革命運動における陥穽を論じた、かつては私と同じレーニン主義セクトに所属し、ともに党本部の編集局で働いていた同僚であった、黒木慶子氏の、「自由と責任のエシックス——『革命無罪』は虚構の論理」（初出は、「ＳＥＮＫＩ」紙——現在は刊行されていない）を、ご本人の承諾を得て、掲載させていただいた。

以上が、本書の構成である。

この終章では、それらをふまえて、「エコロジスト・ルージュ」の考え方を考察し、全体のまとめとする。

●——「緑の地域主義」——その方法的措定をめぐる問題

社会変革の方法論の話から入ろう。宇野弘蔵の経済学における「三段階論」（原理論—段階論—現状分析）を論理形式として借用する。

マルクスの「ドイツ・イデオロギー」「共産主義者宣言（共産党宣言）」「一八五〇年三月の共産主義者同盟中央委員会の同盟員への回状」「フランスの内乱」「ゴータ綱領批判」などのプロレタリア革命論は、一九世紀中葉、イギリス資本主義が商品経済の純粋な発現形態をなし純粋資本主義に形態的に接近して行った中で、その論理を摘出することを通じて論述された『資本論』（的問題意識、方法論）に大きく規定されつつ、そうした資本主義の打倒をめざして革命的批評を構想したものとして位置づけられる。それは、まさに帝国主義段階に先行した段階の産業資本主義の時代にありつつも、〈資本主義社会の全時代をつらぬく革命論において、その「原理論」的な意味〉をもつ。

これに対して、レーニン、ローザ、左翼エスエルなどの革命論（社会主義革命論）は、帝国主義段階（重商主義↓自由主義↓帝国主義という資本主義の段階）における「特殊段階論」的な意味をもつということである。二〇世紀初頭の古典的な植民地経営と、軍事的市場争奪戦として常態化した帝国主義間の軍事的抗争、帝国主義国内の古典的階級社会編成における革命論というのが、その歴史性を示すことになる。

レーニン帝国主義論の時代から、帝国主義自身が形態転換したグローバリズムを形成し、国内的には多様な市民社会を形成している現在においては、つまり「現状分析」的には、レーニンらの革命戦略論を、直接的に現代の階級闘争に適用することは妥当性を欠いているという関係の下にある（これはこれで異論・反論や議論はあるだろう）。そこで、レーニンのいろいろな闘争論（例えば、革命的祖国敗北主義＝自国帝国主義打倒、民族自決論、プロレタリア民兵論、戦略的時代状況の中で妥当な場合は中央集権党組織論など）は、継承すべきであるが、その闘争論を実践し実現する、戦略実現論はレーニンらの時代のパラダイムからは、チェンジしなければならないということだ。私論ではその戦略実現論の部分が「緑の地域主義」ということになるのである。もちろん、戦略実現論のありかたによって、闘争論の実践の仕方も多様に変わっていくわけである。だから、この「緑の地域主義」の内容性が、次に課題となる。

●――緑の地域主義と農耕共同体の位置づけ

「緑の地域主義」とは、新自由主義グローバリズムを、地域のコミュニティで切断し、地域のコミュニティのなかに、大量生産・大量消費・大量廃棄の物流システムを埋め込んで消滅させ、労働者・農民・民衆が地域自治・生産自治の社会を構想してゆくものである。それは経済システムとしては、環境主義（緑）と社会主義（赤）の結合による経済社会・市場経済の社会的コントロールを意味している。

「緑の地域主義」にとって、こうした地域社会を創造してゆくための社会革命の基本は、政治体制では、民主主義革命をかち取ることである。ここでいう民主主義革命とは、レーニン主義でいわれていたような「民主主義革命→社会主義革命」ということでの二段階革命の第一段階の謂いではなく、資本主義を批判する〈ラディカルな民主主義〉にもとづく政治革命のことだ。この革命政権の基本は、労働者階級を「代表する」という前衛党一党独裁（権力への意志論）ではなく、いろいろな勢力、社会的共同体が〈マルチチュード〉（多数多様体）として「構成する」ことがポイントである。

その下で、社会主義的改革を漸進的におこなってゆくことが可能となる。〈理想主義的で設計主義的〉な「社会主義革命」はすでに失効している。もしその「社会主義革命」が「国有化と計画経済」ならば、それはどのような体制においてもスターリン主義（を発生させること）しか意味しない。そのコースは既に失効していると考えるものである。「国有化と計画経済」は、経済システムとしては自律的に社会的再生産ができず、誰がやっても官僚主義国家を必要とするシステムだということが二〇世紀のソ連の実験でわかったからだ。これは「世界社会主義」になっても同じことだ。システムの機制は変わらないからだ。（拙著『ロシア・マルクス主義と自由』、を参照せよ）。

また、その政治革命で革命期の主導性をなす〈コミューン・ソビエト〉は、次第に〈生産管理の協同組合〉へと改組され、やがては、都市と農村を貫く〈社会的共同体〉に成長する。この核心が、農耕共同体である。都市・工業の生産システムは農耕共同体の経済社会的必要性と市場調整力に全面的に従属しなければならない。もとより、この農耕共同体には、都市の農業耕作運動が含まれる。政治的には先述したように、政党政治と一般民主主義を基礎とした行政区による民主主義革命が遂行される。そこでは一党独裁・前衛独裁・一者独裁、前衛党一党が労働者階級の利益を「代表する」という考え方は、否定される。「代表する」のではなく、一般民主主義の基盤の下で多様な社会的共同体が「構成する」、政治的な連合へゲモニーが、社会を運営する。一般民主主義は単純に「ブルジョア民主主義」として一面化され否定されるようなものではない。そういう一面化は、すべて全体主義的指向だと規定する以外ない。

農耕共同体と一般民主主義を基礎とした市場の社会主義・環境主義的コントロールが、民主主義革命の基軸となる。そしてその中で行われる「社会主義的改革」の内容性こそむしろ〈社会主義革命〉と定義できるだろう。〈社会主義革命〉は工業化論や生産力主義ではなく、〈農耕共同体を基礎とする共同体社会〉建設のための社会革命の概念として定立しなければならない。農耕共同体を基礎とする社会主義の建設が重要だ。

●──原子力帝国の解体はエコロジズム実現の絶対条件だ

この農耕共同体に基づく社会の最大の技術論的・物理的敵対物が、放射能汚染である。原発は、農業はもちろん、人間を含むすべての生命の敵対物だ。絶対に認められない。原発は「エネルギー問題」ではなく、そもそも、そのジャンルには入らない。近代市民社会のルールを基準として言うならば「人権問題」である。福島原発事故前では、とにかく、放射性物質の数値が問題になっていた。「許容限度は一年間一ミリシーベルト」と言ったように。

そして原子炉の冷却装置を破壊する全電源喪失は絶対におこらず、反原発派の批判は杞憂だというのが、安全神話であり、反対運動は、機動隊の暴力と現地での反対派住民に対する村八分によって弾圧されていた。そのときの原子力帝国の言説には、放射能の放出量での安全神話が存在した。つまり、放出量が原子力帝国と人民の「社会契約」だった。しかし、その社会契約は、福島原発の事故では、破られてしまった。

現在も事故原発は放射能を放出しつづけており、事故原発の溶けだした放射性物質が、どこにどういう形で存在しているのかは、推論は専門家によっておこなわれ、本論著者もシミュレーションをしたことがあるが、実証として具体的には、わからない状態である。

こうしたなかで、現在、「一年間の積算線量二〇ミリシーベルト基準」として、住民を安易に帰還させようとし、除染できたからと「避難指定解除」を強行する国家・行政に対して、この「二〇ミリ基準」を撤回することを求める住民運動が起こっているが、その論点について、注視してゆく必要があるだろう。

もとより、年間五ミリシーベルトで「放射線管理区域」（レントゲン室）であり、年間二〇ミリシーベルトなどは、事故前は「立入禁止」のレベルにほかならなかったのである。

また、例えば一般食品は一kg当たり一〇〇ベクレルだが、チェルノブイリ原発事故でのベラルーシの基準は、四〇ベクレル。ベラルーシの基準にまで六〇ベクレル下げれば、それだけ生産物の出荷数は減り、賠償政策の課題は増大する。

福島原発事故は、ヒロシマ原爆より桁違いといわれる放射性物質が放出されている。だから、福島の事故は、ヒロシマとも、ナガサキとも、実は、比べられない、それほど、前代未聞の汚染がおこっているのである。

例えばこうだ。「四月（二〇一一年——引用者）の時点で政府は、チェルノブイリの事故も福島第一原発の事故も同じレベル七だけれども、福島第一原発で大気中に放出された放射性物質はチェルノブイリの事故の約六分の一だと言いました。チェルノブイリの原発事故で放出されたセシウム137は、広島に投下された原爆の八〇〇発分に相当します。これをそのまま当てはめるならば、福島第一原発では原爆一三〇発分の放射性物質が放出されたことになります。しかし、チェルノブイリの事故は、一応収束しました。一方、福島第一原発の事故は、現在進行中です。これからもっと放射性物質が漏れてくるでしょう。もしかしたら、チェルノブイリを超えてしまう可能性もあるのです」（小出裕章『小出裕章は答える原発と放射能』、河出書房新社、二〇一一年、三四〜三五頁）。

すでに多くの方々が、原発周辺地域から避難を余儀なくされているが、それは、福島県にかぎったことではない。少なくとも関東平野全土や太平洋岸の海洋などが、福島原発事故以前とは比べものにならないほど汚染されている。そして、先述したように今もなお、事故原発は放射性物質を放出しつづけているのだ。こうした環境汚染に県境・国境などは存在しない。

この放出量に対する、社会契約違反の政治責任を電力会社と国家はとらなければならない。例えば、福島県は、住民の帰還を促そうと、「自主避難」住民への「住宅の無償提供」を二〇一六年度で終了するという調整に入った（『朝日新聞』電子版二〇一五年五月一七日〇五時〇〇分）。また、二〇一八年三月までで、「避難指示解除準備区域」などから避難している住民に対する一人ひと月一〇万円の「精神的賠償」を打ち切る案（二〇一七年三月までに「避難指示解除」という方針のもとに）が自民党で検討されている（二〇一五年五月現在、『毎日新聞』電子版二〇一五年五月二一日二三時五二分）が、それもまた、原発事故を軽いものに見せようとし、原発再稼動へのバネにしようとする政策の一環である。それは避難している住民に対する抑圧に他ならない。例えば、これまでの事故後の賠償政策では、家の建て替えのめどなどが経たないなど、課題が前進していない。

こうしたことに対し、例えば福島県南相馬市の「特定避難勧奨地点」の解除は違法だとして、福島県南相馬市の同地点と周辺の住民一三二世帯五三五人が、二〇一五年四月一七日、東京地裁に提訴した。これは、二〇ミリシーベルトを基準とした帰還促進政策を違法だとする画期的なものである。

本論著者は、放射能の放出量責任において、その責任を批判するために「ゼロベクレル」ということばは、もっと、使われるべきだと考えている。

他方で、日本原子力国家は、福島原発の事故がなくても、「放射性廃棄物」の処分場問題で暗礁に乗り上げており、これ以上、「核のゴミ」は増やせない、つまり、再稼動はむずかしいといわれるような、状況にある。政府はこのため、これまでのような「核のゴミ」の処分場の選定を、自治体の「公募」によるものから転換し、国が「有望地」を提示し、自治体に協力を申し入れるとする基本方針を「閣議決定」した（二〇一五年五月二二日）。これによって、三里塚空港建設での農民の農地を強制収用するような事態に類する事態も将来予想される。では、核のゴミはどうするのかということだが、停止した原発の中に処分場をつくる以外なく、原発はこれ以上、動かさず、廃炉にする以外ないということである。だが、原子力国家は、「核のゴミ問題も解決しました」とばかりに、原発再稼動に乗り出そうしているのだ。

こうした日本原子力国家のこの間の福島原発事故に対する対応の基本になっているものは、放射能汚染の賠償額の軽減政策・管理費用の軽減政策以外の何ものでもないということだ。

さらに福島事故原発労働者の被曝線量管理などに関する諸問題、そして除染作業での被曝問題をはじめ、放射能をまき散らし、あるいは移動させるだけの「除染」（もちろん、そのすべてが不要だとは、言えない）などとして、それは原発再稼動の前提をなす、放射能汚染の後景化・隠蔽政策として展開されている。

例えば、福島での甲状腺がんの多発化は、多発ではなく、また放射能汚染とは関係ないなどというたぐいの原発推進派たちの対応が、それだ。そうして、早く以前から住んでいた住居地に帰還させようとし、それによって、住民の移住・避難の権利は、ないがしろにされてきたのである（「東京電力原子力事故・子ども・被災者支援法」の実施に関する問題がある。拙著では『世界資本主義と共同体』第二章参照)。

こうした、受忍被曝の強要という以外ない事態に対して、避難の権利・放射線防護の徹底化を国家に実行させせてゆくものとして、それらの政策を現国家体制が行なわない以上、それらの政策を実現するために、現政権を打倒するため、とられる自然法上の権利として、人民の抵抗権が、措定されるべきだというのが、本論の主張である。

まさにグローバルな放射能汚染の進行と展開のなかで、人民は「生命と財産」を危機に落とし込められ、人権を蹂躙されつづけている。かかる人民の平和的生存権(平和のうちに生きる権利)を破壊する政権に対しては、人民はこれを打倒するため、平和的生存権が確保される状態を取り戻すために、抵抗権を行使することが必要である。

そもそも「二〇ミリ問題」などは、米帝国主義の核戦略のための機関(拙著『世界資本主義と共同体』四五頁参照)でしかないICRP(国際放射線防護委員会)が原子力事故からの「復興期」における被曝限度として「年間一ミリ~二〇ミリシーベルト」と定めている、その上限の「二〇ミリ」を日本の権力者たちが基準にし、賠償削減政策を展開しようとしてきたという問題である。それはまた、内部被曝を計算に入れず、内部被曝のリスクはわからないなどというふざけた主張を、基準にしてきたICRPの問題を、まったく隠蔽することから、立てられているものにほかならない。

さらに全国的に大問題となったガレキ処理の問題以外でも、例えば、汚泥の問題が存在している。

これは一つの事例にすぎないが、例えば、広瀬隆『第二のフクシマ、日本滅亡』（朝日選書）では次のようなデータが記述されているのだ。

「(二〇一一年）六月一六日、全国各地の上下水処理施設で汚泥から放射性物質が検出されて深刻になってきたため、政府の原子力災害対策本部は、放射性セシウムの濃度が一キログラムあたり（以下すべて同じ単位で示す）八〇〇〇ベクレル以下であれば、跡地を住宅に利用しない場合に限って汚泥を埋め立てることができるなどの方針を公表し、福島など一三都県と八政令市に通知した。また、八〇〇〇ベクレルを超え、一〇万ベクレル以下は濃度に応じて住宅地から距離を取れば、通常の汚泥を埋め立て処分する管理型処分場の敷地に仮置きができるとした。

さらに、六月二三日の環境省の決定により、放射性セシウム濃度（セシウム一三四と一三七の合計値）が八〇〇〇ベクレル以下の焼却灰は『一般廃棄物』扱いで管理型処分場での埋め立て処分をしてよいことになった。さらに環境省は、低レベル放射性廃棄物の埋設処分基準を緩和して、八〇〇〇ベクレル以下を一〇万ベクレル以下に引き下げてしまい、放射線を遮断できる施設での保管を認めてしまった。

おいおい待てよ。原子力プラントから発生する廃棄物の場合は、放射性セシウムについては一〇〇ベクレルを超えれば、厳重な管理をするべき『放射性廃棄物』になるのだぞ。環境省は、なぜその八〇倍もの超危険物を、一般ゴミと同じように埋め立て可能とするのか。なぜ汚染した汚泥を低レベル放射性廃棄物扱いとして、ドラム缶に入れて保管しないのか。この発生地は、無主物どころか、福島第一原発なのだから、その敷地に戻すほかに、方法はないだろう。これが『廃棄物の発生者責任』という産業界の常識だ」。

「六月二四日(二〇一一年)、農林水産省は『放射性セシウムが二〇〇ベクレル以下ならば、この汚泥を乾燥汚泥や汚泥発酵肥料などの原料としてよい』というトンデモナイ決定を下した……放射性廃棄物が、いよいよ発酵肥料に化けるのか」という具合だ。

「二〇一二年には、汚染砕石のコンクリートを使った福島県内の新築マンションなどから高線量の放射能が検出され、すでに数百ヶ所の工事に汚染砕石を使用済みという実態が明るみに出た」。「首都圏では、雨で流され、除染で流した水が、すべて海に流れていることが、本当に深刻である」。

こうした立体的な放射能汚染模様は、一度作られてしまうと、それが放射性物質の滞留・拡散・移動・濃縮という「乱雑」な動きそのままに、人間生態系を動き回り、半減期などに象徴されるように、自分で消滅するまで、消えてくれないのだ。

ここで問題なのは、これらが、日本原子力国家の権力者たちの恣意的な汚染賠償削減政策、汚染管理費削減政策として展開されているということだ。

まさに、現在も、福島事故原発からは、大気中にも、土壌にも、海洋にも、大量の放射性物質が放出されている。全国的な放射性物質の放出の影響はむしろ、広がっており、例えば関東平野の汚染は重大である。福島だけが汚染されているのではない。そして、「セシウムボール」とよばれる放射性粒子の存在も明らかとなってきた。鉄、亜鉛など原子炉をつくっている容器から派生したものや、セシウム、ジルコニウム、モリブデン、銀、スズ、テルルなどが混じってできたものだ。それは重大な内部被曝を引き起こすと批判されているものにほかならない。

このような汚染と闘うには、予防原則の徹底化が必要である。が、それは、これまでも述べてきたように、天文学的な国家財政の支出を前提とするものだ。予防原則とは、ある汚染物質と考えられる対象に対して、そのリスクについて、確証がないとき、それが安全であるという確証が得られるまで、それを使った工程を排除するというものである。ここでは、放射性物質の汚染が、どれだけ広がり、どれだけの影響を人間生態系に、この社会と地球にあたえているか、また、今後、どのように展開してゆくかということを調べることであり、徹底した検査などを基本とし、移住・避難などを支援する、まさに、医学的にも、生活的にも、必要な総てのことを、それが必要なすべての人々に提供してゆくということである。

その財政支出は、他の財政を圧迫するし、ひいては、国家財政を危機に陥れるかもしれない。上限はない。国家財政の危機がやってくるからやめろというのが、原子力帝国の祖国（市場秩序）防衛主義者たちだ。

しかし、その場合、予防原則の徹底化の立場にとっては、日本原子力帝国は破産・崩壊し、反核政府を樹立することが必要となるだけだ。ここで問題となるのは、そうした革命的情勢を創出するために、労働者人民の生活圏に、日本原子力帝国の放射能汚染責任という国家責任を追及する社会運動をつくりだしてゆくことが、問われるということである。受忍被曝を強要する原子力帝国はいらない。

最後に最近（二〇一五年）、「放射線無害化技術開発」というのを、しばしば、ネットの中で見かけるが、そうであったとしても、初期被害・汚染は避けられない。また、それで、海洋などをはじめ、どのような地域でも無害化できるものではない。そういう技術開発は、廃炉技術の一環としてのみ考えられるだろう。

●――「唯一の前衛」幻想を超えて――共同体運動の負の側面を対象化すること

ソ連のボリシェビキ革命運動は本書で詳述したように、結局、スターリン主義〈経済システムとしては官僚制国家資本主義〉を現象して崩壊していった。レーニン・ボリシェビキの〈内なるスターリン主義〉を省察し、それを、乗り越えてゆくことは、今現在でも、資本主義批判に立脚した社会変革に問われている。それは、他人事ではなく、あるいは、〈他人の起こした悪事ではなく〉、明日、〈自分が再生してしまうかもしれないこと〉でもあるからだ。そのことを、はっきりと自覚しなければならない。

そういう位置づけの中で、もう一つだけ、ケーススタディを最後にやろうと思う。農耕共同体思想のポルポト派に関するものである。

＊

カンボジアのポルポト派の指導者だったキュー・サムファンが、「終身刑」になった（二〇一四年）。かれは一九七〇年代中期におけるベトナム・インドシナ革命戦争の勝利の後、カンボジアに樹立されたクメール・ルージュ国家（「民主カンプチア」）の権力者であった。クメール・ルージュ、ポルポト派は、強力な「農村共産主義」の理想を急激に実現するため、都市解体・農村への強制移住政策をおしすすめた。その中で、「この政策に反対する人に対して」というよりは、「この政策にそぐわない人たちに対して――その人が反対しているか否かとは関係なく」例えば、旧国家官僚、都市商人や有産者、テクノクラート、インテリ、市民などを逮捕拘留し、拷問で殺傷した。そうして築き上げられた死体の山、数百万人の虐殺の責任者の一人がキュー・サムファンだということである。

ポルポト派の指向性は、どこか、日本の新左翼運動と似たところがあった。

ポルポト派はソ連派ではないし、中国派というよりは、毛沢東主義派であり、文革中央派の江青はポルポトを毛沢東思想の忠実な実践者と賞賛していた。しかし、ここで日本の新左翼と似通っているというのは、そういう意味ではないだろう。

また、ポルポトやキュー・サムファンらが、エリートの学生共産主義者（彼らはフランスへの国費・奨学金留学生であり、キュー氏は経済学博士の学位をもっている。帰国後は大学の教官になった。ポルポトも帰国後、フランス語を教えていた）として出発したことと、例えば新左翼も国立や公立、私立の有名大学が拠点だった。しかしその類似性もまた、形態論的な類比でしかないだろう。

また、この農村共産主義路線は、〈世界資本主義からの自国経済の切断〉という、この〈切断〉という思考様式に、つまり、極端な「自力更生」路線に根拠をもっていた。この「切断」はカンボジア革命が勝利した当時においては、経済学者で「世界資本主義の中心─周辺」理論＝「周辺部における〈低開発の開発〉」論という資本主義批判を展開していたサミール・アミンがとりわけ評価していたポイントでもあった。

これはある意味で、日本新左翼のある種の傾向を連想させる。

ここで、ポルポト路線と通底する回路は、革命で権力を奪取したら、平和な社会主義を漸進的に建設してゆくということでは〈なく〉、〈その革命権力をもって、（自国内外の）世界資本主義（権力─勢力）と徹底的に闘う〉という指向性だ。

しかし、これだけなら、良し悪しはともかく単なる急進主義というだけだ。

では何が、類似していたのか。それは前衛主義である。

政治情勢に対して、自分たちの理論的読みこそが、「絶対の真理」であり、正しいのは我々の言っていること、やっていることだけであり、この真理に反対したり、疑義をもったりする者は、歴史の進歩を遅らせ、勝利への道を阻害しているものとして、革命の敵と規定する、そういう指向性と結びついているのだ。クメール・ルージュによる大虐殺も、彼らのなかでは、正義の闘いだったのである。このことは、日本の新左翼で約三〇年間にわたって展開された、内ゲバテロリズム、独断的セクト主義とも共通するものでもある。

だがここでもうひとつの問題は、それは単に武装闘争路線についてだけ言えることではないということである。ここが重要なことなのである。これはポルポトたち自身にも言えることなのだが、問題なのは、武装闘争路線だけでなく、コミューン主義も極端で、セクト的になるとかなり危ないという問題だ。

共同体建設路線のプラス面は他者との協働であるが、マイナス面は、その時々にとられている共同体建設の内容とは内容的に異なったベクトルに対しては、これを異共同体的価値性として排除・排外する強力なセクト性・価値性認識を生み出すということだ。そこで、通常、その共同体の内部に充足している人間においては、そのセクト性を自分たちが醸成していることについて、例えば外部から感じるようには自覚できず、ほとんど無感覚にさえ、なってしまうという問題がある。新左翼運動にもありがちな陥穽だったと思う。

このことと、ポルポトの農村共産主義路線――都市解体・粛清とは、どこかで通底していると、私としては思っている。この問題については例えば、外在的に「スターリニストが破産した」といって、済ませられるようなことではないと私としては、考えている。

「緑の地域主義」は、こうした唯一の前衛幻想を超えて、新たな政治作風の現実をつくりだそうとするなかで、実践されてゆく必要がある。

●――他者との協働

最後に特に強調しておきたい問題意識を確認したい。〈エコロジスト・ルージュ〉という概念の特徴を一つだけあげるとするならば、「環境保護」や「平和」だけでなく、そこに、「農耕共同体」という関係性の概念が、入っていることである。

それは、農業の共同体を直接は意味し、それが、都市と工業に対して、ヘゲモニーをもつということが、ポイントとなることである。だが、もう一つ内容的におさえておきたいことは、その共同体の〈労働実態〉に関するものである。

それはその共同体で労働するすべての人々に土地を割り替え、労働するすべての人々に食卓を提供することを意味しているということだ。詳しくは前作『世界資本主義と共同体』第六章「ロシア農耕共同体と世界資本主義」を読んでほしい。それは、貧困化が広がり、富裕層が格差社会をますますつくりだしている新自由主義――資本主義競争社会において、例えば解雇された労働者と家族の争議を支え、また、資本家企業で働かなくても生きられる方法（オルタナティブ）を模索することとつながって行くはずである。エコロジスト・ルージュ（赤と緑）の挑戦は、資本主義による破壊（戦争、環境破壊）と搾取が消滅するまでつづくのである。

〔付論〕いいだもも著『赤と緑』をめぐって

——二〇一四年六月二二日「いいだもも没後三周年」シンポジウムでの渋谷要の発言

この「六・二二シンポジウム」は、「世界の危機と主体の再生を考える——いいだもも没後三周年によせて」と題されたもので、二〇一四年六月二二日（日）、東京千代田区一ツ橋の日本教育会館においておこなわれたものである。

主催は「変革のアソシエ」。協賛として、社会評論社をはじめ、七つほどの出版社が連名した。

プログラムは、第Ⅰ部「いいだももとその時代」として、いいだspringさんとともに活躍した各時代の関係者五名のお話と、第二部「歴史の岐路に立って——世界の危機と主体の再生」として、いいださんと協働をされていた二名の研究者の講演で、構成されていた。渋谷のスピーチは、第一部で行われたものである。

渋谷要と申します。自己紹介から始めさせていただきます。五八歳です。『季刊クライシス』の一九八四年から始まった第三期編集委員会から九〇年終刊までの、編集委員でした。

いいださんとは、この『クライシス』で協働するだけの関係だったのですが、今日お話しするのは一九八〇年代にいいださんが主張されていた、「赤と緑」というテーマについての話です。

なぜ、わたしが、話すことになっているのかということですが、わたしはこの四月に『世界資本主義と共同体――原子力事故と緑の地域主義』という本を社会評論社から上梓しました。その中の一章で、この「赤と緑」というテーマでかいた。そういうことで、私にご依頼がきたのではないかと思っています。

緑風出版から発行された、いいださんの『赤と緑』は、チェルノブイリ事故の一六日前、八六年四・一〇が発行日です。この本はパラダイムとして、そうした原発の過酷な事故をはっきりと見越した上で書かれていると思います。

いいださんの問題意識を端的に言うとこういう事です。

『赤と緑』の二〇〇頁あたりに書いてあることですが、大量生産・大量消費・大量廃棄の大衆消費社会は、廃物廃熱というエントロピーを、急速に増大させてゆきます。このエントロピーを軽減させてゆかないかぎり、地球は環境負荷でパンクします。この資本主義に対する制約は、そのオルタナティブとしての社会主義・共産主義のありかたをもあらかじめ制約している。しかし、ソ連や中国の共産党指導部はそうしたことは考えず、生産力主義的な暴走を展開している、そうしたスターリニスト官僚の暴走に対して、エコロジカルな社会主義を創造していかなければならない。これが、「赤と緑」の中心問題であったと、私は、考えています。

そこからいいださんは、どのように、環境破壊と向き合うのかということを論じます。一九七〇年代初頭、マサチューセッツ工科大学の研究者たちが、「ローマクラブ」というところの依頼によって、地球の環境汚染をどうしたら削減してゆけるかというケーススタディをやりました。それが『成長の限界』という一冊の本にまとめられました。その内容は、人口・資本が爆発的に増大することで、汚染も爆発的に増大します、これを減少させるために、人口と資本をいかにコントロールするかということでした。

僕もその内容には、大きな影響を受けたものです。

しかし、いいださんは、その限界を「〈資本制文明モデル〉を動かすべからざる前提としている」と批判しました。同時に「原子力帝国」はクリーンエネルギーではなく、環境破壊を悪化させるとのべます。

このふたつをつなげて考えることが必要です。

『成長の限界』の一一六頁には、次のように書いてあります。

「核エネルギーの生態学的影響はまだ明らかにはなっていない」。

つまり、これらのケーススタディには、核エネルギーによる環境汚染ということは、入力されていないわけですね。このように核エネルギーの影響を無視した問題は、それから同じ研究チームが二〇年後に行なった、つまり、チェルノブイリ事故以降のケーススタディ、『限界を超えて』という本にまとめられたものでも、おなじであって、そこでも核エネルギーによる環境汚染という概念はありません。

いいださんの指摘した「資本制文明モデルの枠内のもの」という指摘は正しかったといえます。

最後になりますが、核文明をともなった近代生産力主義は、二つの原発事故を現在進行形として展開しながら暴走しています。チェルノブイリは、石棺がボロボロになっており新たに石棺をつくらなければならない。福島の事故原発は現在も大量の放射性物質を放出しつづけています。

このような近代生産力主義の社会からのパラダイムチェンジが必要です。そのパラダイムチェンジの中心に、いいださんが、提起した「赤と緑」の合流ということを、位置させていかなければいけない、そう私は考えています。これでぼくの話をおわります。ありがとうございました。

あとがき

この間わかったことだが、中国共産党中央編訳局による「中共中央編訳局」というサイトに掲載されている論文で、「日本マルクス主義研究報告（２００８）」というのがあって、その論文の二か所に、拙著『ロシア・マルクス主義と自由』（社会評論社、二〇〇七年刊行）が、紹介されていた。アップは、二〇一三年五月のことだという。私は、いわゆる「中国派」ではないが、拙著も国際的になってきた感があって、ビックリだ。本書も、そうあってほしいと思う。

本書『エコロジスト・ルージュ宣言』は、サブタイトルに「続・『世界資本主義と共同体』」とあるように、二〇一四年に刊行した前作『世界資本主義と共同体——原子力事故と緑の地域主義』の続編である。これら二冊を、上・下二巻本として、購入していただければ幸いである。

社会評論社から最初に単著を出したのが、二〇〇六年であった。それ以降、同社から数冊刊行させていただき、本書は五冊目である。一〇年で五冊だから、二年に一冊の割合で、単著を刊行したことになる。

誤解の無いように確認しておくが、これらの作品は、私が、某新左翼セクトを二〇〇五年一二月に脱退してからの作品である。

その五冊の中でも、本書は、渋谷要の〈個性〉が最も表出した作品となっている。

また本書は「エコロジスト・ルージュ（赤と緑）」のガイスト（精神）となるものに他ならないこともまた、明らかだ。エコロジスト・ルージュというのは党派名ではない。それは、私がある〈思想的傾向〉に冠した名前である。

一九八〇年代、「赤と緑の合流を」と表明したのが、いいだももであった。私は、当時、いいだももが「編集代表」をやっていた『季刊クライシス』（一九七九年〜一九九〇年）の「編集委員会・編集委員」を、一九八四年〜終刊となる一九九〇年まで、やっていた。そのいいだももの問題意識から大いに学んだことは、終章に「付論」として付した、私の、いいだもも没後三周年の集まりでの、スピーチからも明らかだ。今後どのように理論を展開していくか。時代は大きく変ろうとしている。私自身、八月三〇日（二〇一五年）、一二万人があつまった、安保法制反対の国会周辺デモで、国会正門前での抗議行動に参加し、それを実感したところである。

最後に、第六章の「参考論文」として、御自分の玉稿を掲載していただき、また校正で修正加筆などしていただいた黒木慶子氏に、謝辞を表します。

本書の刊行にあたって、その機会とアドバイスをいただいた、社会評論社の新孝一氏、松田健二社長に、心よりのお礼を申し上げます。本書への理論的なご意見には時間の許すかぎりお答えすることをのべ、あとがきとすることにしたい。

二〇一五年九月一四日、国会前行動に向う新幹線の車内にて

渋谷要（しぶや・かなめ）

1955年京都生まれ。社会思想史研究。「文部省大学入学資格検定試験」（大検）合格。進学した中央大学ではノンセクト運動を展開。1984年、「首都圏学生実行委員会」の結成にOBとして参加。

1990年、戦旗・共産主義者同盟に結集。1991年首都圏にある地区委員会に所属。1994年党本部の「中央常任」として編集局入局。「マルクス主義のパラダイム・チェンジ」として「レーニン主義からのテイク・オフ」を推進するイデオロギー的、組織的闘いを展開した。2005年12月離党。現在（2015年）はノンセクト系列で、東京のフリーター労働者の労働組合の組合員。

『季刊クライシス』（1980年代）、新聞『SENKI』、季刊『理論戦線』『理戦』（1990～2000年代）に多数の論文を発表した。

環境派マルクス主義者。エントロピー学会会員。哲学は廣松哲学、経済学は宇野経済学に学ぶ。著書に『世界資本主義と共同体――原子力事故と緑の地域主義』、『アウトノミーのマルクス主義へ』、『ロシア・マルクス主義と自由』、『国家とマルチチュード――廣松哲学と主権の現象学』、（以上、社会評論社）。『前衛の蹉跌』（実践社）。『ブントの新改憲論』（大崎洋筆名）などがある。共著に『近代の超克』（石塚正英、工藤豊編、理想社）など多数。


エコロジスト・ルージュ宣言――続・『世界資本主義と共同体』

2015年10月21日　初版第1刷発行
著　者＊渋谷要
装　幀＊後藤トシノブ
発行人＊松田健二
発行所＊株式会社社会評論社
東京都文京区本郷2-3-10
tel.03-3814-3861/fax.03-3818-2808
http://www.shahyo.com/
印刷・製本＊倉敷印刷株式会社